公权力介入家庭暴力的
法理思考

刘昱辉　著

CPPSUP　中国人民公安大学出版社

图书在版编目（CIP）数据

公权力介入家庭暴力的法理思考／刘昱辉著 . —北京：中国人民公安大学出版社，2018.8

ISBN 978 – 7 – 5653 – 3362 – 0

Ⅰ.①公… Ⅱ.①刘… Ⅲ.①家庭问题 – 暴力 – 行政干预 – 法理学 – 中国 Ⅳ.①D924.341

中国版本图书馆 CIP 数据核字（2018）第 165288 号

公权力介入家庭暴力的法理思考

刘昱辉 著

出版发行：中国人民公安大学出版社
地　　址：北京市西城区木樨地南里
邮政编码：100038
经　　销：新华书店
印　　刷：北京市泰锐印刷有限责任公司

版　　次：2018 年 8 月第 1 版
印　　次：2018 年 8 月第 1 次
印　　张：16.25
开　　本：787 毫米 × 1092 毫米　1/16
字　　数：226 千字

书　　号：ISBN 978 – 7 – 5653 – 3362 – 0
定　　价：59.00 元

网　　址：www.cppsup.com.cn　www.porclub.com.cn
电子邮箱：zbs@cppsup.com　zbs@cppsu.edu.cn

营销中心电话：010 – 83903254
读者服务部电话（门市）：010 – 83903257
警官读者俱乐部电话（网购、邮购）：010 – 83903253
公安业务分社电话：010 – 83905672

摘　　要

　　家是人类成长与发展的温床，也是我们最熟悉和花时间最多的场所；家庭是舒缓情感、避免人生冲突、挫折的避风港。一般来讲，我们不会认为家是社会中暴力的场所，人们普遍认为家庭生活应该是亲密的、温柔的，家庭是人们安全的庇护所。然而，发生在家庭中的暴力，不仅会对受害人造成威胁，影响家庭生活质量，也会对国家和社会造成不良影响。对家庭暴力的不当认知，是家庭暴力中弱势群体处于无助和孤立地位的主要原因。

　　家庭暴力是一种普遍的侵犯人权的行为，在世界范围内不同程度地存在着。家庭暴力严重摧毁受暴人的身心健康，不仅是对健康权和基本自由权的侵犯，更是对人类文明的践踏。我国于2015年12月27日召开的第十二届全国人民代表大会常务委员会第十八次会议通过了《中华人民共和国反家庭暴力法》，对"家庭暴力"作出明确规定，"本法所称家庭暴力，是指家庭成员之间以殴打、捆绑、残害、限制人身自由以及经常性谩骂、恐吓等方式实施的身体、精神等侵害行为"。"家庭成员以外共同生活的人之间实施的暴力行为，参照本法规定执行"。

　　传统上，很多人喜欢用婚姻暴力这个词语，实际上从家庭暴力的定义上我们可以看出，家庭暴力不仅包括婚姻暴力，还包括近亲暴力（比如，手足相残）、儿童虐待及老人虐待，所以家庭暴力之受害者，在婚姻暴力中虽然以妇女居多，但在近亲暴力、儿童虐待、老人虐待中，可以说是男女参半。因此，制定反家庭暴力防治法不仅可以保护女性，很多男性受害者也可以用此法寻求救济和保护。本书共分为五章，具体内容如下：

　　第一章主要介绍了"家庭暴力概况"。在对国际法律文件以及不同国家和地区对家庭暴力问题的理解和规定进行梳理的基础上，阐述家庭暴力的身份特定性、形式多样性、严重危害性、社会宽容性、隐蔽性、违法性和逆变性等特点，进而分析家庭暴力的危害性，即不仅影响受害者，还会影响未成年人、家庭、社会以及施暴者自身。同时，从传统、女性主义、法律和施暴者个人特质等角度解释家庭暴力发生的原因。

　　第二章就"公权力介入家庭暴力的历史争论"进行描述，并就公权力介入家庭暴力的社会必要性予以分析。本章对公权力的概念进行界定，并探究反家庭暴力的历史沿革，认为家庭暴力从个人私事成为社会问题而受到广泛关注，是人类社会文明发展进步的结果。国家通过立法、行政和司法的方式选择性地介入到私人生活领域，目的是维护社会中弱势群体的权益。现代社会家庭法开始尊重"家庭自治"与适度公权力干预之间的角力。家庭自治只是排除不必要的法律干预，它仅仅意味着国家公权力对家庭领域的介入应该受到限制，但绝不是不能干预。目前，无论是国际公权力还是国家公权力都对家庭暴力全面介入干预，以保护家庭中弱势群体的利益。但是，传统的家庭自治理论、公私法划分理论对公权力介入家庭暴力也存在着一定的阻碍与质疑，公权力对家庭暴力的介入不可避免对受暴妇女的自主权造成侵害，也和保护隐私权存在一定冲突，但两害相权取其轻，如果我们想以行动真正去结束家庭暴力，就必须承受一些损失。在现实生活中，大部分受暴人无法依靠自身的力量去阻止施暴者，而公权力的有效介入会大大减少家庭暴力的发生率和重复率。

第三章主要论述了"公权力介入家庭暴力的正当性依据"。作为当今社会最为强势的国家公权力，介入家庭暴力的正当性依据何在？政治与法律哲学为此提供了诸多论证进路。本章从社会契约论的角度，结合"无知之幕"理论、三人社会理论论证国家公权力介入家庭暴力的正当性；从功利主义角度论证反家庭暴力法制定的道德正义性；从人权角度、妇女权利、儿童权利等角度提出施暴行为违反了人类"不得损害他人"这一基本义务规范，侵害了家庭中其他成员的安全权、身体健康权等基本人权。国家出于尊重和保护人权的理念，必须要对家庭暴力予以介入；基于"伤害原则"，公权力取得了介入家庭暴力行为的正当性。家庭暴力行为伤害到了别人，并且这种行为具有真实的危害性，个人行为给他人造成危险，为了维护受害者的利益和社会公共利益，公权力必须要对此行为加以管制。此外，本章还进行了进一步思考，即"愿者不受害准则"，但该准则只能适用于完全行为能力人。针对无行为能力人和限制行为能力人，社会需要加以强制性的保护，适用最大利益原则。

第四章阐述了"公权力介入家庭暴力的形式"。国家公权力介入家庭暴力既有必要性，也有正当性，但问题在于国家应该以什么形式介入家庭暴力。就立法介入而言，国家以立法的形式而不是道德说教的形式介入家庭暴力，本章从时间角度和不同立法层面描述了我国家庭暴力之立法现状，对我国出台的《中华人民共和国反家庭暴力法》进行评析，指出我国制定专门反家庭暴力法的社会基础，出台反家庭暴力法的意义以及不足之处。就警察介入而言，警察权力具有特殊性，是干预家庭暴力至关重要的力量，要明确警察在家庭暴力防控中的角色定位，要加强对公安机关的教育培训，提高警察对家庭暴力危害性认识，避免处置家庭暴力案件时的警察不作为问题。就司法介入而言，本章指出了我国司法对家庭暴力介入的不足之处，并就司法介入中的几个关键性问题进行了详细探讨，包括保护令制度、正当防卫的认定和证据规则的完善。就社会介入而言，社会应该与国家公权力共同承担起反家庭暴力的责任，建立家庭暴力整体防治体系，明确整体防治下司法机关、警察机关、社政机关、医疗机构、教育机关等的职责，做好受虐妇女庇护服务，在整体防治下，受虐妇女庇护服务应该坚持尊重人性尊严、负责任地照顾、对社会的责任等原则。

第五章论述了"公权力介入家庭暴力的限度"。任何权力的行使都有边界，公权力对家庭暴力的介入也有边界。我们之所以关注公权力介入家庭暴力的限度，是因为权力具有强制性以及权力可能会被滥用。公权力介入家庭暴力应该遵循一些实质原则与形式原则。其中，实质原则包括正义原则、家庭自治原则、人性尊严原则和功利原则；形式原则包括法治原则、合理性原则、比例原则和责任原则。

关键词：家庭暴力，公权力，正当性，限度

目　录

目　录

目　录

绪　　论

一、选题背景及意义

(一) 家庭暴力现象普遍存在

作为人类社会的基本单元，家庭本应该是和谐温暖的港湾，然而，家庭暴力的存在却吞噬着人类的文明，使这个本该幸福宁静的港湾变得"翻江倒海"。家庭暴力已经是世界性问题，不论在哪个国家和地区，这一现象都不同程度的存在。

在许多西方国家和地区，家庭暴力甚至被视为难以根除的"顽疾"。据统计，在美国家庭中，家庭暴力受害妇女人数超过了强奸、抢劫以及车祸受害妇女人数的总和。因为家庭暴力的原因使美国女性遭致伤害的频率高得惊人，每年达 200 万次，仅 2007 年针对女性使用强暴或性侵害的家庭暴力数量就高达 24.83 万件，而 2005 年的数量是 19.06 万件，这也就是说，相较于 2005 年，美国家庭暴力案件平均每天增长 50 件。[①] 俄罗斯《劳动报》消息称，俄罗斯是一个家庭暴力非常严重的国家，每两秒钟就有一个俄罗斯男人动手打自己的妻子或者女朋友。更让人感到无奈的是，人们似乎对施暴者束手无策。

在我国，家庭暴力也是一个不可小视的社会问题，受社会媒体关注

[①]　Judith, "Domestic Violence and Depression", http://domesticviolencestatistics.org.

的家庭暴力事件也从未消失。2011 年 9 月 4 日，"疯狂英语"创始人李某的妻子 Kim 在微博上公布了数张照片，曝光李某对其实施家庭暴力，引发热议。每年约 40 万个解体的家庭中，25% 是缘于家庭暴力。特别是在离异者中，因家庭暴力而离异的比例更是高达 47.1%。在全国的 2.7 亿个家庭中，有高达 30% 的妇女遭受过家庭暴力。①

家庭暴力行为严重侵犯人权，不仅给个人带来伤害，也会给家庭、国家和社会带来伤害，它是与现代文明背道而驰的社会毒瘤。有鉴于此，国际社会与各国政府纷纷通过道德和法律机制予以防治。实践证明，人类想要彻底消除家庭暴力，仅仅依靠施暴者的良心发现是不行的，而是需要引入一种外部机制进行干预。其中，公权力在防治家庭暴力过程中扮演了重要角色。

（二）研究意义

家若不安则社会难宁，家庭暴力作为一个严重的社会问题，在很多人的传统观念中却被认为是家庭内部矛盾，应该在家庭内部消化解决。然而，家庭暴力的普遍性与严重性让人们逐渐认识到，没有公权力的介入，想要彻底根除这一顽疾是不可能的。

问题在于，公权力介入的必要性、正当性何在，公权力如何介入以及公权力应在何种限度内介入。因此，研究公权力对家庭暴力的介入有利于进一步认识公权力介入家庭暴力的法理基础，认识公权力介入家庭暴力的必要性、程序的正当性以及局限性等重大理论问题，故该问题之研究具有重要理论价值。

有鉴于 2015 年 12 月 27 日我国通过了《中华人民共和国反家庭暴力法》（以下简称《反家庭暴力法》），并于 2016 年 3 月 1 日起正式施行，研究公权力对家庭暴力的介入问题对于《反家庭暴力法》的实施有着重要的实践价值。

---

① 《2011 年家庭暴力十大典型案例》，载胶东在线。

二、文献综述及研究现状

家庭暴力在本质上讲是一种制度性暴力，它是以不平等社会制度为基础的，从 20 世纪 70 年代起就引起了国际社会的广泛关注。1995 年第四次世界妇女大会在北京召开，我国学界掀起了对反家庭暴力研究的热潮。法学、社会学、女性学、新闻学等各领域的研究者，都在这方面涌现了大量的研究成果。具体来说：

（一）我国关于家庭暴力的研究成果

1. 具有代表性的书籍

（1）荣维毅、宋美娅主编，中国社会科学出版社 2002 年出版的《反对针对妇女的家庭暴力——中国的理论与实践》。这本书从调研报告、理论分析、项目报告、干预对策四个方面对家庭暴力进行了系统研究，讨论了我国反对针对妇女的家庭暴力的相关问题。

（2）张晓玲主编，中共中央党校出版社 2014 年出版的《人权法学》。本书全面而深入地探讨了人权问题，其中，在"特殊群体权利"一章中特别关注了妇女权利的概念，妇女人权是 20 世纪 90 年代提出的崭新概念，也是一个革命性的概念，联合国关注妇女这个特殊群体，为了消除和减少针对妇女的暴力这一全球性的问题，联合国于 1993 年通过了《消除对妇女的暴力行为宣言》，以提高公众对这一问题的重视。

（3）张李玺、刘梦主编，中国社会科学出版社 2004 年出版的《中国家庭暴力研究》。本书针对家庭暴力女性受害者，分析和探讨了家庭暴力发生的频率、类型、原因以及危害等，并且提出了干预对策和建议。

（4）刘梦著，商务印书馆 2003 年出版的《中国婚姻暴力》。本书探讨了我国家庭中存在家庭暴力的原因、过程和特点。在刘梦看来，我国社会仍保留着传统的社会性别角色期望，导致了法律上男女平等而现实中男女不平等的现象。当女性的平等要求与男性的权威地位在家庭事务中发生冲突时，婚姻暴力就不可避免地出现了。

（5）巫昌祯、杨大文主编，群众出版社 2000 年出版的《防治家庭暴力研究》。本书收录了 30 篇"中英维护妇女合法权益，防治家庭暴力研讨会"的论文，他们认为家庭暴力是一个世界性的问题，不管在世界上何种发展程度的国家，家庭暴力现象都不同程度地存在，这一社会问题应该引起国际社会的广泛关注。

（6）赵颖著，群众出版社 2006 年出版的《警察干预家庭暴力的理论与实践》。本书对中外警察干预家庭暴力的理论与实践进行了比较研究和系统探讨，探索了适合我国国情的警察干预家庭暴力的程序规范和操作模式，对警察干预家庭暴力的问题和难点进行理论分析，明确警察干预家庭暴力的正当性和职责性。

（7）高凤仙著，台湾五南图书出版有限公司 2004 年出版的《家庭暴力防治法规专论》。本书详细介绍了美国家暴法之理论发展与立法概况、我国台湾地区家庭暴力防治法对于家庭暴力案件的处理。对我国《反家庭暴力法》的出台及公安机关对家庭暴力案件的处置有很强的借鉴意义。

（8）荣维毅、黄列主编，中国社会科学出版社 2003 年出版的《家庭暴力对策研究与干预——国际视角与实证研究》。本书收录了 2002 年 11 月 15 日至 16 日在北京召开的"反对针对妇女的家庭暴力国际研讨会"会议论文 40 篇，介绍了日本、美国、丹麦、加拿大及我国学者研究家庭暴力的成果，从国际视角与实证研究的角度为我国反家庭暴力研究提供了借鉴。

（9）唐灿主编，社会科学文献出版社 2008 年出版的《家庭与性别评论（第 1 辑）》。本书主要对我国当代家庭结构变动进行了深入分析，认为家庭暴力实质上是社会不平等性别关系生产之产物。

（10）张红艳著，中国法制出版社 2006 年出版的《法律透视：婚姻家庭暴力》。本书认为家庭暴力本身在现代社会依旧非常普遍，但是对于家庭暴力的受害者，国家和社会却没有提供应有的保护和救济。在现代社会中，公共领域的暴力行为已经得到有效的抑制，法律再也不能也不允许以家庭自治为理由，对家庭暴力采取漠视的态度。因此，张红艳紧紧围绕法律分析的研究路径，探讨家庭暴力侵害的权利种类以及法律后果、家庭暴力中的正当防卫与紧急避险、家庭暴力对青少年成长及社会稳定带来的影响等问题。

（11）陈明侠、夏吟兰、李明舜、薛宁兰主编，中国社会科学出版社2005年出版的《家庭暴力防治法基础性建构研究》。本书是在对家庭暴力的认识方面收集了4000多份公众问卷、1000多份立法、司法人员问卷的基础上撰写而成的。该书做了大量的实证调查研究，形成了对家庭暴力干预模式的要点研究。

（12）宋美娅、薛宁兰主编，中国社会科学出版社2003年出版的《妇女受暴口述实录》。本书根据对家庭暴力受暴妇女的访谈写成，共收集了28位受害女性对受暴经历的描述，描绘出家庭暴力的全息图，揭示了我国不同背景、不同层次女性均遭受过家庭暴力危害的事实，展现了家庭暴力的起因、发生、发展、受暴女性的反应及家庭暴力的影响等，使读者对家庭暴力有了更加直观和生动的了解。

（13）陈敏著，人民出版社2007年出版的《呐喊：中国女性反家庭暴力报告》。本书通过对甘肃、浙江、湖南和四川等地家庭暴力问题的调研，反映了在我国家庭暴力大量存在的事实。

（14）慕霄子等著，重庆出版社2005年出版的《我为什么打老婆：家庭暴力亲历者口述实录》。本书以施暴者为研究对象，通过15篇施暴者的讲述，描述他们为什么会实施家庭暴力，第一次打老婆的原因及如何成为了习惯，来告诉人们在家庭暴力中，家庭暴力的施暴者和受暴者实际上都是受害人，要尽量避免和减少家庭暴力的发生，以减少家庭暴力对个人、家庭和社会的危害。

（15）肖树乔著，九州出版社2007年出版的《国际人权、法律和中国受虐妇女现状》。本书研究了针对妇女的暴力是如何从国际人权法的私人领域进入公共领域，我国受虐妇女生活艰苦之现状及社会救助机制的重要作用，认为妇女的权利也是人权，我国妇女从过去到现在地位发生了变化，书中叙述了一些妇女的受暴经历，探讨了家庭暴力究竟是家务事还是对人权的侵犯，提出我国应当遵循国际人权与法律，对受虐妇女进行及时救济。

2. 具有代表性的论文

（1）张晓玲的《妇女人权与和谐世界》。本文认为，性别和谐是社会和谐的重要内容，妇女人权的发展必然会促进和谐社会的建设，因此，提高妇女地位，维护妇女人权是和谐世界所必须追求的基本目标。然而，妇女人权在很多方面受到挑战，尤其是对针对妇女的暴力是广泛存在于世界各地与各阶层的严重问题。家庭暴力与性骚扰不仅是对妇女的歧视，也是对妇女人权的严重侵犯。为此，张晓玲强调，针对我国社会转型期出现的新问题，要制定专门的反歧视法和反家庭暴力法，并在《义务教育法》中明确反性别歧视机制。①

（2）佟新的《不平等性别关系的生产与再生产——对中国家庭暴力的分析》。本文通过对34名受暴女性进行访谈，并结合吉登斯的结构二重性理论和D. 史密斯的女权主义位置理论，提出夫妻之间性别不平等关系的生产和再生产机制，是通过受暴妻子给暴力行动以合理化的解释来实现的。②

（3）生龙曲珍、刘谦的《多学科视野下的家庭暴力研究综述》。本文中对反对针对妇女的暴力简史进行了总结回顾，探讨了各国法律中对家庭暴力含义的不同界定，认为警察介入家庭暴力是最普遍的干预方式，因此，要对警察的职能和权限进行研究。此外，还研究了受暴妇女的心理、特殊妇女群体的家庭暴力以及多元文化下的家庭暴力。③

（4）黄列的《家庭暴力：从国际到国内的应对（上）》。本文中论述了应对家庭暴力的背景与进程，尤其是在国际层面反对妇女暴力的发展。

---

① 张晓玲：《妇女人权与和谐世界》，载中国人权网。
② 佟新：《不平等性别关系的生产与再生产——对中国家庭暴力的分析》，载《社会学研究》2000 年第 1 期。
③ 生龙曲珍、刘谦：《多学科视野下的家庭暴力研究综述》，载《现代妇女》2012 年第 3 期。

对家庭暴力的含义进行了界定并从不同方面对家庭暴力原因进行分析。比如，以个人为取向的理论，如个人病理模式论、心理理论、生物学解释；以家庭为取向的理论，如暴力循环理论、家庭结构论、交换与社会控制理论；文化与社会结构理论，如文化认可暴力论、社会—结构因素论；此外，还有女权主义的解释。黄列认为，家庭暴力是关涉个人、家庭和社会各方面的问题，没有任何一种理论可以对家庭暴力作出全面而充分的解释。解决和预防家庭暴力，需要跨学科多领域的协调合作，人权和法律战略是减少和最终消除家庭暴力的重要基础和前提。①

（5）李华的《不放弃追诉政策——国家介入家庭暴力的价值选择》。本文中首先对国外家庭暴力案件刑事司法政策的改革与发展进行了介绍，认为对"不放弃追诉"政策目前尚无统一认识。在美国现代司法制度中，虽然严格遵循国家强制介入家庭暴力政策，但检察官对于是否起诉仍掌握相当大的余地。李华认为，既要倡导国家司法机关对家庭暴力的干预，又要保护婚姻当事人的自治权是一件两全其难的事，必须要在两者利益中进行权衡。对家庭暴力进行刑事追诉，既可以减少家庭暴力案发率，又可以减少其他潜在犯罪，将受暴妇女从家庭暴力中解脱出来。②

（6）仲鑫的《中国家庭暴力研究评述》。本文认为，对家庭暴力的认识需要具有跨学科的综合视角，并对近年来国内对家庭暴力问题的研究作了简要综述，其中包括陕西省妇女理论婚姻家庭研究会的家庭暴力项目及研究、中国法学会对家庭暴力的研究、社会学和社会工作领域的研究、医学领域的研究和历史研究。③

（7）莫瑞丽、袁泽民的《从和谐的视野看亲密关系的冲突——家庭

① 黄列：《家庭暴力：从国际到国内的应对（上）》，载《环球法律评论》2002 年第 1 期。

② 李华：《不放弃追诉政策——国家介入家庭暴力的价值选择》，载《环球法律评论》2004 年第 1 期。

③ 仲鑫：《中国家庭暴力研究评述》，载《哈尔滨工业大学学报（社会科学版）》2008 年第 3 期。

暴力与女性犯罪研究》。本文论述了两性不平等导致冲突的极端表现就是男性对女性实施的家庭暴力，认为家庭是社会的细胞，要想构建和谐的社会首先要构建和谐的家庭。[1]

(二) 国外关于家庭暴力的研究现状

在国际社会层面，1948 年《世界人权宣言》、1959 年《儿童权利宣言》、1966 年《经济、社会及文化权利国际公约》和《公民权利和政治权利国际公约》、1979 年《消除对妇女一切形式歧视公约》、1993 年《消除对妇女的暴力行为宣言》等都提出了保护妇女权利、反对家庭暴力等方面的内容。从 1975 年到 1995 年，联合国召开了 4 次世界妇女大会，在维护妇女权利、提高妇女地位方面作用重大。这些国际公约和文件都明确了尊重人权，反对家庭暴力。

各国政府和专家学者也撰写了大量高水平的学术著作和学术论文，在对反家庭暴力问题研究的理论和实践上取得了较大成果。

具有亲密关系的人之间的暴力问题最早被引起重视是在 20 世纪 70 年代早期的美国和英国，从那个时候起，大量关于家庭内部暴力的信息才被公之于众。在美国和其他西方国家，大量的著作描述了受害者与施害者，家庭暴力行为背后的理论，家庭暴力持续存在的原因、影响和社会对家庭暴力的反应。[2] 家庭暴力在所有国家都存在，但是人们对这个问题的意识和反应却是大大不同的，在一些特定的国家里人们甚至对家庭暴力知之甚少。

家庭暴力常常指发生在配偶之间或者有亲密关系的人之间的暴力，的确，这种暴力主要发生在家庭内部。对儿童的虐待和对老人的虐待也常常是这种原生暴力的后果。很难讲这种暴力是仅仅发生在伴侣之间，

---

[1] 莫瑞丽、袁泽民：《从和谐的视野看亲密关系的冲突——家庭暴力与女性犯罪研究》，载《河南大学学报（社会科学版）》2008 年第 2 期。

[2] Sylvia M. Asay, John DeFrain, Marcee Metzger, and Bob Moyer. Family violence from a global perspective.

还是发生在所有的家庭成员之间,因为他们常常是相互交错的。家庭内部的暴力发生在亲密关系的人之间,施害者试图控制对方的行为、情感或者精神生活,消灭或者阻止对方的自由选择。虐待行为包括身体上的伤害,性暴力、恐吓、语言暴力、经济控制、隔离或者阻止受害者做他/她想做的事,等等。① 对儿童的虐待包括各种形式的身体的和精神的折磨,性虐待,实际的或潜在的对儿童的健康、发展和人格尊严造成影响的行为。② 对老人的虐待是单一的或者是重复性的行为,或者缺乏适当的照顾,给老人造成伤害的行为。③

家庭是两个或者更多的人一起分享亲密关系、资源、共同作出决定和实现价值。④ 当然,有数不胜数的关于家庭的定义,这个定义的特别之处在于它的可容性,允许家庭结构、家庭价值和种族群体的多样性。

家庭暴力在每个国家都是一个非常严重的问题。家庭暴力包括对儿童的虐待与忽视,亲密关系的伴侣之间的暴力和对老人的虐待。⑤ 亲密伴侣之间的暴力是家庭暴力最常见的形式,而妇女则是主要的受害者。从世界卫生组织关于多国家庭暴力的调研确认,身体的和性的暴力在 10 个国家的 24095 名妇女中比例占 15%—71%。⑥ 一半的女性死于前任或者现任伴侣的伤害。⑦ 在过去的 30 年中,这种世界范围内的针对女性的暴力

---

① Nebraska Domestic Violence Sexual Coalition. (2012). Domestic violence offender program standards. Lincoln, NE: Nebraska Domestic Violence Sexual Assault Coalition.

② World Health Organization, 2010.

③ World Health Organization, 2010.

④ Olson, D. H., &DeFrain, J., &Skogrand, L. (2011). Marriage and families: Intimacy, strength, and diversity(7th ed.). New York, NY: McGraw – Hill Higher Education.

⑤ Phinney, A., & de Hovre, S. (2003). Integrating human rights and public health to prevent interpersonal violence. Health and Human Rights, 6(2), 64—87.

⑥ Garcia – Moreno, C., Jansen, H. A. M. F., Ellsberg, M., Heise, L., &Watts, C. H. (2006). Prevalence of intimate parter violence: Findings from the WHO multi – country study on woman's health and domestic violence.

⑦ McCue, M. L. (2008). Domestic violence(2nd. ed.) Santa Barbara, CA: ABC – CLIO.

已经被认为是严重的国际人权问题。①

在反家庭暴力方面，国外也形成了比较成熟的制度与理论，包括保护令制度、夫妻共有关系强制终止制度、受虐妇女综合征理论等。对家庭暴力的干预研究正逐渐从不干预转向合法的、有限度的干预。

三、研究思路和主要内容

本书拟对反家庭暴力问题进行全面而深入的研究，对家庭暴力的概念、特点、影响及诱因，从多学科多角度进行论述剖析。对国内外的反家庭暴力情况进行介绍，并借鉴不同国家和地区先进的反家庭暴力经验，为我国反家庭暴力工作提供借鉴。家庭暴力作为一个长期存在的社会问题，与现代文明格格不入，而公权力对家庭暴力的适当介入无疑是解决这一顽疾最有效的手段。但公权力的介入也受到部分学者的质疑，他们认为，家庭领域作为私领域应该有绝对的自由，公权力对家庭暴力的介入会侵犯个人隐私，影响家庭和谐。笔者就是要从法理学的角度来论证公权力介入家庭暴力的合法性和正当性，并提出公权力介入家庭暴力的形式及限度，以应对家庭暴力这一社会问题。

具体来讲，本书包括以下几部分内容：

第一，介绍我国家庭暴力概况，不同国家和地区对家庭暴力的界定，以及对家庭暴力的特点、影响及诱因作出全面分析。

第二，总结公权力介入家庭暴力的历史，指出传统家庭理论与法律理论对公权力介入家庭暴力的阻碍与质疑，分析目前我国公权力介入家庭暴力存在的障碍，并最终作出可行性分析。

第三，从法理学的角度，利用社会契约理论、人权理论、功利主义理论、三人社会理论等对公权力介入家庭暴力作出法理分析，论证公权力介入家庭暴力的正当性。

① Kishor, S., &Johnson, K. (2004). Profiling domestic violence: A multi‐country study. Calverton, MD: ORC Macro.

第四，探讨公权力介入家庭暴力的形式，从立法、行政、司法、社会的角度具体明确公权力到底该以何种形式介入家庭暴力，尤其是警察作为一线反家庭暴力力量，如何更好地履行职责，做好家庭暴力的防控工作，以遏制和减少家庭暴力的发生。

第五，为公权力介入家庭暴力划定一个限度，公权力介入家庭暴力具有正当性，但是公权力的介入并不是恣意的，要遵循一定的原则，为公权力介入反家庭暴力的限度设定一个衡量标准，以确保公权力适当合理地介入。

四、主要研究方法

第一，文献综合研究法。根据反家庭暴力这一主题，通过查阅文献来获得资料，对现实资料进行比较分析，了解家庭暴力问题的历史与现状，揭示家庭暴力长期存在的原因，寻求减少和消除家庭暴力的途径。

第二，比较研究法。通过对美国、英国、挪威、日本以及我国台湾地区和香港特别行政区的反家庭暴力现状进行比较研究，学习其先进的反家庭暴力经验，为我国反家庭暴力立法、执法、司法和社会救助提供借鉴。

第三，个案研究法。对家庭暴力的一些典型特殊案例进行调查分析，弄清个案发生的特点及过程，归纳总结对研究反家庭暴力问题的启示。

第四，跨学科研究法。综合多种学科全面认识家庭暴力这一全球性的社会问题，寻求有效干预家庭暴力的机制。

五、研究难点及可能的创新

（一）研究的难点

对实证调查研究缺乏经验。家庭暴力问题具有隐私性，很多当事人不愿向他人提及或者公开家庭暴力事实，因此，在收集一手实证资料上存在一定难度。

(二) 可能的创新

（1）综合运用多学科知识，从社会学、法学、医学、教育学、心理学等多个视角对家庭暴力这一问题进行分析，形成对家庭暴力的本质性认识。

（2）从法理学角度，利用社会契约理论、人权理论、功利主义理论、三人社会理论等对公权力介入家庭暴力的合理性和正当性进行论证。

（3）对家庭暴力的干预机制进行全面系统的阐述，特别是针对警察作为处置家庭暴力案件的一线力量，提出理论分析和实践指导，使公安机关在反家庭暴力方面能够发挥更积极有效的作用。

（4）在论证公权力对反家庭暴力介入具有正当性的基础上，指出公权力介入家庭暴力所要遵循的原则，包括实质原则和形式原则，以确保公权力对家庭暴力的正当合理介入。

第一章　家庭暴力概况

家是人类成长与发展的温床，也是我们最熟悉和花时间最多的场所，家庭是舒缓情感、避免人生冲突、挫折的避风港，"执子之手，与子偕老"的爱情誓言都定格在家的背景之下。一般来讲，我们不会认为家是暴力存在的场所，在人们心目中家庭生活应该是亲密的、温柔的，家庭是人们安全的庇护所。然而，发生在家庭中的暴力，不仅对受害人造成威胁，也会影响家庭的生活质量，破坏社会的单元细胞，影响社会稳定。

有的人认为，家庭暴力现象只是少量存在，以至于当不同类型的家庭暴力被发现时，还抱着难以置信的态度。"一名妇女溺死自己六个月大的双胞胎；一对父母将他们四个月大的幼儿丢到装满滚烫沸水的浴缸内；一位母亲将女儿丢到桥下的冰河水中；一名妇女在她的丈夫洗澡时，持枪近距离朝她丈夫的脑袋射击。"[1] 也许有人会认为，这是精神病患者或者心智异常的人才会做的事，然而事实上，实施家庭暴力的人中，只有不到10%的人患有精神病或者心智异常。[2] 家庭暴力不仅出现在社会阶层较低的家庭中，也不仅仅是酗酒或者滥用药物的家庭才会存在家庭暴力，家庭暴力的存在范围之广泛是难以想象的。

---

[1]　理查·格尔、克莱尔·派瑞克·寇尼尔著，刘秀娟译：《家庭暴力》，台湾扬智文化出版社1996年版，第4—5页。

[2]　Straus, M. , &Gelles, R. J, . &Steinmetz, S. K. (1980) . Behind closed doors: Violence in the American family. Garden city, NY: Anchor.

家庭暴力吞噬着人类崇高的文明，不仅给个人带来了伤害，也给国家和社会造成危害。家庭暴力也是我国离婚率上升的主要原因之一。1994 年国务院新闻办发表的《中国妇女的状况》白皮书中提到，全国 2.67 亿个家庭，① 离婚率为 1.54‰，其中 1/4 是由于家庭暴力。可见在我国，家庭暴力是个不容小觑的社会问题，受害者多数为妇女、儿童和老人等社会弱势群体，家庭暴力致残、致死的恶性家庭暴力案件也时有发生，残害女性的恶劣程度令人发指。有关研究表明，我国 50% 以上的女性犯罪源于"以暴抗暴"。在家庭暴力的施暴者中，低学历和职业的覆盖范围也是相当普遍，家庭暴力作为一种普遍现象存在。家庭暴力严重侵犯人权，破坏家庭和谐和社会稳定，必须引起全社会的共同关注。

一、对家庭暴力的界定

（一）国际法律文件及不同国家和地区对家庭暴力的理解和规定

1. 国际法律文件对家庭暴力的规定

家庭暴力是一种最普遍的侵犯人权的行为，在世界范围内不同程度地存在着。家庭暴力严重摧残受暴人的身心健康，不仅是对其健康权和基本自由的侵犯，更是对人类文明的践踏。然而在很多国家和地区，特别是在一些贫困及战乱地区，这个问题并没有受到应有的重视。国际社会为了减少和消除家庭暴力，作出了不懈的努力。1948 年《世界人权宣言》、1959 年《儿童权利宣言》、1966 年《经济、社会及文化权利国际公约》和《公民权利和政治权利国际公约》、1979 年《消除对妇女一切形

---

① 根据《2010 年第六次全国人口普查主要数据公报（第 1 号）》公布的数据，截至 2010 年 11 月 1 日零时，我国（未包括台湾省）31 个省、自治区、直辖市共有家庭户 401517330 户。

式歧视公约》①、1993 年《消除对妇女的暴力行为宣言》② 等都提出了保护妇女权利、反对家庭暴力等方面的内容。从 1975 年到 1995 年，联合国召开了 4 次世界妇女大会，在维护妇女权利、提高妇女地位方面都起到重大作用。特别是在北京召开的第四次世界妇女大会，通过了《北京宣言》和《行动纲领》，提出了包括针对妇女暴力问题的 12 个各国政府应该特别关注的领域。在家庭暴力中，针对妇女的暴力是最为普遍和多发的。

迄今为止，国际社会上还没有形成被普遍接受的关于家庭暴力的定义，但还是有一些问题已经达成共识。比如，不区分公共场所还是私人场所。在现实中，家庭暴力尤其是针对妇女的暴力更多的发生在私人生活中，因此，不区分私人场所或者公共领域这一点非常重要。尤其是像我国这种传统观念比较浓厚的国家，意义尤其重大。

----

① 鉴于 1979 年《消除对妇女一切形式歧视公约》中存在的缺陷，联合国消除种族歧视委员会通过了一项关于"对妇女的暴力行为"的一般性评论，建议各缔约国定期报告下列情况：(1) 关于保护妇女在日常生活中免受一切形式的暴力（包括性暴力、家庭虐待和工作场所的性骚扰等）的现行立法情况；(2) 为消除这些暴力而采取的措施；(3) 现存援助遭受性侵犯或者性虐待的妇女受害者的机制；(4) 各种形式的对妇女暴力事件和妇女受害者的统计数字。根据这一评论，"对妇女的暴力行为"是指那些包括一切形式的发生在家庭和工作场所或者其他生活领域的针对妇女的暴力行为。这个描述包含了一个非常重要的因素，即暴力的发生不分公共场所还是私人场所，针对妇女的暴力行为不仅限于公共生活领域。该委员会又于 1992 年通过了一项一般性评论，提出"对妇女的暴力行为"是指"针对妇女的并不仅仅因为她是妇女的暴力行为或严重过分影响妇女的暴力行为（包括身体的、精神的）或者对妇女造成性伤害或痛苦的行为，或者这种行为的威胁、胁迫或者其他剥夺自由的行为。"但是这个描述仍然是不太全面的。

② 在 1993 年《消除对妇女的暴力行为宣言》中，对"对妇女的暴力行为"作出了明确的规定。该宣言第 1 条规定，"对妇女的暴力行为"一词系指对妇女造成或可能造成身心方面或性方面的伤害或痛苦的任何基于性别的暴力行为，包括威胁进行这类行为、强迫或任意剥夺自由，而不论其发生在公共生活还是私人生活中。第 2 条指出，对妇女的暴力行为应理解为，包括但并不仅限于下列各项：(a) 在家庭内发生的身心方面和性方面的暴力行为，包括殴打、家庭中对女童的性凌虐、因嫁妆引起的暴力行为、配偶强奸、阴蒂割除和其他有害于妇女的传统习俗、非配偶的暴力行为和与剥削有关的暴力行为；(b) 在社会上发生的身心方面和性方面的暴力行为，包括强奸、性凌虐、在工作场所、教育机构和其他场所的性骚扰和恫吓、贩卖妇女和强迫卖淫；(c) 国家所做或纵容发生的身心方面和性方面的暴力行为，无论其在何处发生。《消除对妇女的暴力行为宣言》在反对家庭暴力、保护妇女权利方面作出了比较全面的规定。

2. 不同国家对于家庭暴力问题的理解和规定

（1）美国。

早在 20 世纪 70 年代，美国就开始了反家庭暴力运动。美国国会调查发现，近1/3 的美国妇女声称生活中曾遭受丈夫、男友身体上的或者性的虐待。人们承认家庭暴力问题是一个不容忽视的严重的社会问题，并开始予以重视。对于妇女来说，家庭暴力是她们受到伤害的最主要的来源，比陌生人强奸、车祸、抢劫所造成伤害的数量总和还要多。在家庭暴力的案件中，95% 的受害者是女性。1/4 的美国妇女会遭受伴侣的暴力侵犯，每年约 600 万妇女遭到配偶的虐待，甚至每年都大约 2000—4000 名妇女因家庭暴力而死亡。①

美国沿袭英国 1767 年普通法的"拇指法则"（the rule of thumb）。这也就是说，允许丈夫用不超过拇指粗的棍或者棒惩戒妻子。由于这个法则赋予了丈夫惩罚妻子的权力，但是这一惩罚对"猛击、重击，脚踢或者拳打不留痕迹的背部"也作了限制。这种古老的传统认为家庭暴力属于家庭隐私，外界的介入是不被允许的。一直到 19 世纪末 20 世纪初，这个传统的法则才逐渐被废弃。

针对美国社会存在的严重的家庭暴力现象，从 20 世纪 70 年代起，美国妇女开始组织起来反抗家庭暴力。1974 年建立起首批庇护所来帮助和保护受暴妇女，波士顿过渡之家于 1976 年成立。1978 年全美反对家庭暴力联盟也产生并发挥作用。美国国会于 1994 年通过了《针对妇女暴力法案》，这部法律的通过对于打击家庭暴力具有里程碑式的意义。自此以后，反对家庭暴力逐渐成为美国全国的共识，也使反家庭暴力成为政府的重要职责。

对于家庭暴力的定义，美国各州的规定并不完全一样。在美国 2005 年《反对针对妇女的暴力的司法部重新授权法案》第 3 条中对"家庭暴

---

① 赵颖：《美国警察"社区为本"的反家庭暴力模式》，载《上海公安高等专科学校学报》2005 年第 2 期。

力"作出了这样的规定："家庭暴力是指依据接收赠款的司法区的家庭暴力法律,由配偶或者前配偶、共同育有子女的人、以配偶身份正在同居或者曾经同居的人、与配偶身份相当的人对被害人所实施的,或者由任何人对其他成年人或者青少年所实施的受家庭或家事法律所规定的暴力犯罪行为,包括重罪或者轻罪。"①

（2）英国。

家庭暴力跨越了种族、阶级、国家、意识形态等在全球范围内不同程度地存在着。针对这一全球性问题,英国也出台了一系列反对家庭暴力方面的法律,包括1976年《家庭暴力和婚姻诉讼法》、1977年《住房（无家可归）者法》、1978年《家庭暴力与治安法院法》、1983年《婚姻家庭法》、1989年《未成年人法》、1991年《未成年人抚养法》、1998年《人权法》等。英国鼓励受害妇女从警察和司法中寻求帮助,同时也促进警察与司法制度给受害人提供更好的帮助。

"零忍耐运动"是英国反家庭暴力系统中的重要一项。该运动的口号是"任何形式的暴力都是犯罪、妇女不应忍受任何暴力、社会不能容忍暴力、男人没有权力施暴、每个人都不应遭受暴力"②。该运动于1992年由英国零忍耐福利基金会和大众媒体一起发起,在英国全社会引发了广泛关注,影响力甚至超出了英国本国的范围。面对家庭暴力问题的严重性和复杂性,以及受暴人求助的可利用社会资源的局限性,英国以富尔海姆区为试点,经过了长达4年的不懈努力,创建了多机构合作协同一致反对家庭暴力的模式,取得了良好效果并被人们广泛接受。这一模式打破了家庭暴力是私事的传统,使国家公权力开始介入家庭领域。同时使反家庭暴力的关联机构协同合作,包括警察局、法院、检察机关、医疗部门、律所及妇女援助机构等,反家庭暴力形成一种合力,减少了受害

---

① 夏吟兰主编:《家庭暴力防治法制度性建构研究》,中国社会科学出版社2011年版,第685页。

② ［英］爱琳·萨姆森:《零忍耐运动》,载巫昌祯、杨大文主编:《防治家庭暴力研究》,群众出版社2000年版,第337—344页。

人的求助成本，改变了原来那种受害人求助无门，相关机构互相推诿的局面，使任意一个机构都可以成为工作启动的接触点，把受害人的需求放在第一位，使受害人得到更全面和更具有针对性的保护。[①]

3. 我国港澳台地区对于家庭暴力问题的理解和规定

（1）我国香港特别行政区的《家庭暴力条例》于1986年制定，迄今为止已经经历了3次修改，使家庭暴力的保障范围不断扩大。1986年香港《家庭暴力条例》保障婚姻、异性同居和未成年子女免受暴力虐待。2008年通过修订，使反家庭暴力的保障范围扩大至同住或者不同住的前配偶及异性同居者、姻亲及其子女。2010年1月1日正式生效的2009年香港《家庭暴力（修订）条例》，又将保障范围扩大至同性同居者、前同性同居者及其子女。在香港，没有专门处理家庭暴力的刑事法律，但香港《刑事罪行条例》《保护儿童及少年条例》《侵害人身罪条例》等都对家庭暴力事件作出了规定，对涉嫌犯罪的家庭暴力行为按刑事法条作出处理。我国香港特别行政区承认婚内强奸，认为婚内强奸属于家庭暴力的一种。依香港《刑事罪行条例》第118条的规定，在婚内强奸的情况下，可以追究加害人的刑事责任。

依照香港《家庭暴力条例》的规定，法官有权决定是否颁发禁止令，并有权决定是否延长禁止令的期限。检察官可以依职权对构成犯罪的施暴者提起公诉，但是如果受害者坚持不追究施暴者的责任，检察机关则没有权力强行起诉。警察机关在家庭暴力防治中负有重要职责。首先，在接到家庭暴力案件报警时要及时作出反应，出警并记录。对违反禁止令的施暴者，有权立即实施逮捕。如果受害人同意不追究施暴者的责任，警察机关会给嫌犯发出"家庭事件通知书"，来警戒施暴者。警方还可以向家庭暴力受害人发出"家庭援助服务资料卡"，鼓励受害人转介到社会

---

① 刘晓梅：《英国反家庭暴力的立法、实践及其启示》，载《法学杂志》2006年第3期。

福利署去接受心理、法律指导和其他社会服务。①

（2）我国澳门特别行政区目前还没有专门的家庭暴力立法。对于构成犯罪的家庭暴力行为，适用澳门《刑法典》予以处罚。依照澳门《刑法典》的规定，具有夫妻关系或者同居关系的人，如果一方对他方实施身体或者精神虐待，情节严重构成犯罪的，判处1—5年徒刑；如果行为人的虐待行为使受害人的身体完整性受到严重损害，判处2—8年徒刑；虐待导致受害人死亡的，处以5—10年徒刑。②

虽然没有专门的家庭暴力防治立法，但是澳门特别行政区政府社会工作局对家庭暴力的防治工作十分重视。澳门特别行政区政府社会工作局家庭暨社会服务厅下辖的6个社会工作中心及家庭辅导办公室随时为市民提供相关服务。另外，澳门特别行政区政府社会工作局还同多个部门建立了通报机制，提供24小时紧急救援服务，为家庭暴力受害人提供帮助，并按求助者的需求转介至相关部门，让其接受进一步的服务。③澳门妇女联合总会下属的妇联励苑是澳门社会组织中反家庭暴力的标志性机构，设有24小时妇女求助热线，为受暴妇女提供帮助和庇护，接受警方、医院及社会服务机构的转介，为受害人提供法律咨询。④

（3）我国台湾地区在防治家庭暴力方面是比较先进的，制定了专门针对家庭暴力的有关规定，所谓"家庭暴力防治法"于1998年5月28日通过，于6月24日正式公布并实施。此外，我国台湾地区还颁布了其他一些针对家庭暴力的实施细则和条例等，如1999年"家庭暴力防治法实施细则""特殊境遇妇女家庭扶助条例""性侵害犯罪防治法"等，形成了以"家庭暴力防治法"为核心，"家庭暴力防治实施细则"等为配套的较为完整的家庭暴力防治体系。这些规定的颁布和实施为处理家庭暴力案件提供了法律依据，能够给家庭暴力受害人提供了更多的救济。

---

① 参见张莉：《家庭暴力问题研究》，厦门大学2002年硕士学位论文。
② 参见澳门《刑法典》第146、147条。
③ 参见澳门特别行政区政府社会工作局网站。
④ 参见澳门妇女联合总会"妇联励苑"专栏。

所谓"家庭暴力防治法"对我国台湾地区的警察机关、检察机关和法院都作出了具体的职责规定。根据所谓"家庭暴力防治法"的规定，我国台湾地区警察机关的职责有发现现行犯径行逮捕、申请和执行保护令、保护被害人免受侵害、通报和协助等；① 检察机关的主要职责是对被告的释放、缓刑和假释进行审核，申请民事保护令、通报当地主管机关等；② 法院的主要职责有审理核发保护令、执行部分保护令、撤销变更保护令、审理家庭暴力案件、通报主管机关等，法院系统是防治家庭暴力救助网络中的重要一环。同时，台湾内政事务主管部门设立了"家庭暴力防治委员会"，各地根据本地实际情况设立了家庭暴力防治中心，配合警察、司法、教育、卫生等部门的工作，为家庭暴力受害人提供庇护，并提供医疗、培训、辅导等服务。

我国台湾地区和香港特别行政区制定了反家庭暴力的专门法律和有关规定，并出台了相关的实施细则，具有很强的可操作性，澳门特别行政区也在致力于专门性的反家庭暴力立法。从整体上看，家庭暴力的受保护主体范围在不断扩大，家庭暴力的受害人也可以得到更加有力的保护。民事保护令制度的建立也向受害人提供了及时有效的救济和帮助，实践证明，民事保护令制度是反家庭暴力举措中最为有效的一项措施。纵观我国港澳台地区的家庭暴力防治工作，都有一套较为完备的防治体系，同时还有较为成熟的社工组织，对家庭暴力的防治发挥了重要作用。

4. 我国对家庭暴力的界定

2015 年 12 月 27 日，第十二届全国人民代表大会常务委员会第十八次会议通过了《反家庭暴力法》，这是我国第一部专门性的反家庭暴力法，于 2016 年 3 月 1 日起正式实施。《反家庭暴力法》的出台是国家尊重和保障人权的体现，也是促进家庭和谐和社会文明进步的必然要求，为

---

① 参见高凤仙著：《家庭暴力之立法运动与整体防治网络之建立——台湾经验分享》，载《台港澳及海外法学》2000 年第 3 期。

② 陈苇、秦志远：《我国台湾地区防治家庭暴力立法和司法之研究及其启示》，载陈苇主编：《家事法研究（2006 年卷）》，群众出版社 2007 年版，第 48 页。

预防和制止家庭暴力提供了有力的法律依据，具有非常重大的历史和现实意义。《反家庭暴力法》的出台是业内专家学者呼吁和等待了20年的结果，标志着我国的反家庭暴力工作已经迈向了法治化、专业化的新高度。

这部《反家庭暴力法》被著名学者李明舜评价为"集大成者"，这一法律的出台解决了我国在反家庭暴力领域顶层法律空缺的尴尬，有利于反家庭暴力工作与国际社会接轨。

我国的反家庭暴力立法在打通了公权力干预家庭暴力渠道的同时，也确立了多部门合作反家庭暴力的工作机制。反家庭暴力是一个系统工程，仅仅靠某一个部门是绝不能独立完成的，我国出台的《反家庭暴力法》在突出和强化政府职责的同时，也涉及了报警、医疗、救助等多方面，顺应了国际趋势，有利于法律的落实。

此外，《反家庭暴力法》还将"家庭暴力的预防"专设一章，这些预防性条款并非宣誓性的。《反家庭暴力法》对相关部门的职责和具体工作规定得比较详细，如第7条第2款规定："医疗机构应当做好家庭暴力受害人的诊疗记录。"这一规定对家庭暴力案件后续的诉讼审理举证尤为重要。对家庭暴力的处置中，关于公安机关出具告诫书的规定，体现了我国立法的创新性。《反家庭暴力法》第16条规定："家庭暴力情节较轻，依法不给予治安管理处罚的，由公安机关对加害人给予批评教育或者出具告诫书。告诫书应当包括加害人的身份信息、家庭暴力的事实陈述、禁止加害人实施家庭暴力等内容。"第17条规定："公安机关应当将告诫书送交加害人、受害人，并通知居民委员会、村民委员会。居民委员会、村民委员会、公安派出所应当对收到告诫书的加害人、受害人进行查访，监督加害人不再实施家庭暴力。"告诫书的威慑力要远远大于口头批评教育，也可以作为曾经发生家庭暴力的证据，对于日后家庭暴力受害人的维权有很大帮助。

在人身保护令制度上，此次立法也有很大突破。保护令是国际上公认的预防和制止家庭暴力最有效的措施，并且保护令的申请可以不依附于诉讼独立申请。申请的方式既可以是书面的，也可以的口头的。《反家庭暴力法》第32条规定："人民法院作出人身安全保护令后，应当送达申请人、被申请人、公安机关以及居民委员会、村民委员会等有关组织。人身安全保护令由人民法院执行，公安机关以及居民委员会、村民委员会等应当协助执行。"在申请主体和后续执行上，也作了较为详尽的规定，从而有效地避免了各部门相互推诿导致保护令执行不到位的情况，同时也强调了多机构合作的要求。发现家庭暴力的强制报告制度和人身安全保护令制度的建立，不但扩大了《反家庭暴力法》的保护范围，提高了全民的反家庭暴力意识，也丰富和完善了国家和社会干预家庭暴力的措施和手段。

我国出台的《反家庭暴力法》尽管亮点频频，但也存在一些不足之处，如反家庭暴力案件的证据制度。《反家庭暴力法》第20条规定："人民法院审理涉及家庭暴力的案件，可以根据公安机关出警记录、告诫书、伤情鉴定意见等证据，认定家庭暴力事实。"家庭暴力的隐秘性却常常致使受害人拿不出对证明遭受家庭暴力有利的证据来，传统的"谁主张谁举证"原则对原告而言依旧很难，因此，法律应考虑将一部分举证责任转嫁到施暴者身上。另外，对于实践中那些不堪忍受家庭暴力的以暴抗暴案件，法律也应考虑减轻和免除其法律责任。

（二）对家庭暴力的本质性认识

1. 家庭暴力是侵犯人权的行为

家庭暴力在全球范围内普遍存在，并且由来已久，家庭暴力不仅侵犯受害人的人格尊严和人身权利，甚至危及生命。家庭暴力行为与其他暴力行为在本质上讲，都是侵犯公民基本人权的违法犯罪行为，对个人、家庭和社会都产生了消极的负面影响。然而家庭暴力问题直到20世纪70年代才引起国际社会的重视和广泛关注，并被认为是对家庭成员基本人权和自由的侵犯。

2. 家庭暴力的本质是基于权利不平等导致的施暴者对受暴者的控制

在家庭暴力发生的家庭中，大多存在着施暴者和受暴者之间权利的严重不对等。施暴者多在经济上、身体上、精神上占据着优势，他们利用这种优势并通过家庭暴力的方式使受害人产生恐惧，以达到控制受害人的目的。在家庭暴力中，大部分是针对妇女的，还有针对老人和儿童的，他们都是社会中的弱势群体，有的甚至必须依附于施暴者才能生存下去，这也导致了他们在遭受家庭暴力时不敢反抗，忍气吞声，不敢也不能表达自我。正如 1995 年在北京召开的第四次世界妇女大会通过的《行动纲领》所指出的：妇女的社会和经济地位低下是对妇女的暴力行为的起因，也是其后果。

3. 家庭暴力是一种犯罪行为

在传统观念中，家庭暴力是发生在家庭内部的事情，男人打老婆天经地义。随着社会的发展和人权观念的提升，人们逐渐认识到家庭暴力不只是私事，而是侵犯人权的违法犯罪行为。国际社会上很多国家和地区进行了专门的反家庭暴力立法，我国于 2015 年 12 月 27 日正式通过了《反家庭暴力法》，其中明确规定，"国家禁止任何形式的家庭暴力"。加害人实施家庭暴力行为，如果违反治安管理行为的，就给予治安管理处罚；如果构成犯罪的，就追究加害人的刑事责任。从家庭暴力的犯罪要件进行分析：家庭暴力犯罪的主体是家庭成员；侵害的客体是受害人的人身权利；施暴者在主观上是故意的。施暴者需要承担相应的法律责任。[①]

（三）家庭暴力的法律内涵

对于家庭暴力的法律内涵目前并没有一个明确统一的说法，除了国际公约和国际法律文件对家庭暴力进行定义以外，各个国家和地区也从不同学科视角对家庭暴力的法律内涵进行了总结。不同的国情也决定了

---

① 参见赵颖著：《警察干预家庭暴力的理论与实践》，群众出版社 2006 年版，第 6 页。

家庭暴力法律内涵的差异。然而，要想对家庭暴力的法律内涵进行科学的界定，必须与本国的传统观念、家庭暴力现状和对家庭暴力的认识程度相结合。

1. 家庭暴力主体

"主体"是界定家庭暴力法律内涵的核心内容。家庭暴力主体的合理界定，可以增强家庭暴力的禁止实效，更好地保护当事人的权益，也有助于进一步提高家庭暴力的防治效率，减少家庭暴力的发生。

国外对家庭暴力主体的规定也不一致。在美国，对于家庭暴力并没有一个标准的定义，各州的规定也不尽相同，"家庭暴力"普遍是指现任或前任伴侣之间的暴力。[①] 1995年新西兰《家庭暴力法案》第4条规定，具有家庭关系者包括同居者以及互为伴侣的亲密关系者。[②] 1996年法国《家庭法案》规定，家庭成员包括配偶、前配偶、同居者、前同居者。由于国情和习惯传统的关系，国外界定家庭暴力主体一般倾向于有共同生活之实，而不强调有亲属关系之名。

我国出台的《反家庭暴力法》对家庭暴力的适用主体作出了明确的规定。《反家庭暴力法》第2条规定："本法所称家庭暴力，是指家庭成员之间以殴打、捆绑、残害、限制人身自由以及经常性谩骂、恐吓等方式实施的身体、精神等侵害行为。"第37条规定："家庭成员以外共同生活的人之间实施的暴力行为，参照本法规定执行。"这部酝酿已久的《反家庭暴力法》将"家庭成员以外共同生活的人之间实施的暴力行为"也纳入家庭暴力的范畴，意味着婚前同居关系、前配偶关系也被列入了法律保护之列。这是《反家庭暴力法》适用范围的一大亮点。此外，法律还特别重视保障社会弱势群体的利益。《反家庭暴力法》第5条第3款规定："未成年人、老年人、残疾人、孕期和哺乳期的妇女、重病患者遭受

---

① 荣维毅、黄列主编：《家庭暴力对策研究与干预——国际视角与实证研究》，中国社会科学出版社2003年版，第23页。

② Bill Atkin, Dealing with Family Violence: Family Law in New Zealand 1995, in Bainhamed. The International Survey of Family Law 1995, The Netherlands, p. 386.

家庭暴力的，应当给予特殊保护。"这也是我国立法尊重和保障人权的体现。

2. 暴力行为

各国立法里对于暴力的定义向来分歧颇大，不少国家对暴力采取较为广泛的定义。例如，依厄瓜多尔的法律规定，暴力不限于身体虐待，精神虐待及性虐待亦属之，而且得以作为或者不作为的方式实施。所谓虐待，包括限制个人之行动自由在内；波多黎各的法律规定，所谓精神虐待，包括严重之情感伤害以及恐吓等；圭亚那的法律规定，所谓虐待，系指一种具有以下目的之常态行为：侮辱、破坏或嘲弄个人价值、不当限制共同财产之使用或管理权、勒索、经常守夜、孤立、使人得不到适当的食物或休息、威胁剥夺子女之监护权、破坏非属于自己且为他人所尊贵之物品等。[①] 1995 年新西兰《家庭暴力法案》第 3 条规定，所谓家庭暴力，是指一个人对于其现有或曾有家庭关系（domestic relationship）者实施暴力行为而言。所谓暴力，是指身体虐待、性虐待及精神虐待而言。所谓精神虐待，包括但不限于下列行为：（1）恐吓；（2）骚扰；（3）毁损财物；（4）以身体、性或心理虐待要挟；（5）财物或经济虐待（例如，拒绝或限制获得财物资源，防止或限制就业机会或接受教育等）；（6）致使或容许儿童目睹或听闻与该儿童有家庭关系者遭受身体、性或心理虐待，或致使或容许儿童置身于该虐待之危险中。

世界卫生组织（World Health Organization）在 2002 年发布了《世界暴力与健康报告》（World Report on Violence and Health），对"暴力"进行了十分广泛的定义，即故意对自己、他人、团体或社区威胁或实际使用身体武力或权力，造成或非常可能造成受伤、死亡、精神伤害、发育不良或剥夺的行为。这份报告将暴力依实施对象分为三种类型：自我暴力（self - directed violence）、人际暴力（interpersonal violence）、集体暴力（col-

---

① For Woman, law&Dev. International, State Response to Domestic Violence 77, 78 (Rebecca P. Sewall et al. Eds, 1996).

lective violence)。人际暴力又依实施对象是否有亲人或亲密关系而再分为两个类型：家庭及亲密伴侣暴力 (family and intimate partner violence)、社区暴力 (community violence)。[1]

我国的《反家庭暴力法》规定了几种暴力行为方式，包括殴打、捆绑、残害、限制人身自由以及经常性谩骂、恐吓等。家庭暴力行为应该包含以下几方面内容：首先，家庭暴力是以"作为"的方式出现，非暴力的"不作为"不能被认定为家庭暴力；其次，家庭暴力既包括经常性暴力，也包括偶发性暴力；再次，必须对受害人的身体或精神方面造成侵害，有一定的伤害后果或者存在造成伤害后果的可能性；最后，以伤害后果的严重程度来考量法律责任的承担。[2]

暴力行为的常见形式有以下几种：

(1) 对生命健康权的暴力，如殴打、推搡、使用工具攻击、火烧、脚踢等。

(2) 对人身自由权的暴力，如非法拘禁、捆绑、限制人身自由等。

(3) 对精神的暴力，如经常性的辱骂、恐吓等。

(4) 性暴力。

(5) 其他形式的暴力，如对婚姻自主权的暴力、对生育权的暴力等。施暴者在施暴时，往往将各种暴力行为结合在一起。[3]

在家庭暴力行为中有几种行为尤其值得研究：

(1) 性暴力。

虽然强奸或性虐待不一定是人生中可能遭遇的最糟糕的事，但是它对于受害者来说，始终是一种可怕而痛苦的经历。强奸不是隐喻一座城市或一个国家被摧毁（《南京梦魇》或《洗劫科威特》），也不是一场自然灾难（《入侵我们的星球》）。让·阿梅利 (Jean Amery) 在描述其被纳

---

[1] World Health Organization, World Report on Violence and Health: Summary 4—5(2002).

[2] 罗杰:《家庭暴力立法与实践研究——以民事法律规制为中心》，西南政法大学 2012 年博士学位论文。

[3] 参见赵颖著:《警察干预家庭暴力的理论与实践》，群众出版社 2006 年版，第 14 页。

粹折磨的情境时表示，虽然身体的创伤会逐渐抚平，但永远不会消失的是意识到他人根本对自己遭受的苦难无动于衷。这就是摧毁"对世界信任"的最主要因素。①

任何未经双方同意的性行为或不尊重的性接触，如强迫对方性交，或在对方意识不清难以抗拒情况下发生性关系及强迫对方做一些性举动等皆属性暴力。性暴力发生的比例并不低，根据相关的调查结果，发现在所有已婚妇女或有同居关系的女性中，约有10%—14%的妇女曾经遭受其亲密伴侣至少一次以上的性侵害。②

妇女遭受性侵害，大多数妇女不愿意提出告诉或寻求帮助，原因如下：

一是觉得对丈夫应该要忠诚。许多遭到性侵害的妇女觉得一旦让事情曝光，等于是背叛丈夫，并且极有可能让丈夫受到伤害。

二是觉得要严守家庭隐私。对许多人而言，家庭隐私是一个重要原则，即家丑不可外扬，即便发生了家庭暴力这种事情，也要严守原则。

三是难以接受自己受到这样的伤害。被自己爱的人伤害，是一件令人难过的事情，特别是受害妇女在经济上依赖于丈夫的话，就更难就此提出申告。

四是无法接受"强暴"这样的事情发生在自己身上。"强暴"的主体是亲密伴侣，伴随着身体伤害，难以被受害人接受。

五是对"婚姻责任"的误解。受害人往往认为"婚姻责任"包括性义务。因此，即便在不愿意、不同意的情况下，仍然不能说"不"。

六是不能区分"正常的"性关系和"强迫的"性关系。一些受害人认为强迫的性关系是正常的。

七是性暴力合并肢体暴力所产生的混淆。受害人为了避免遭受更严

---

① [英]乔安娜·伯克著，马凡等译：《性暴力史》，江苏人民出版社2014年版，第4页。

② 柯丽评等著：《家庭暴力：理论政策与实务》，台湾巨流图书公司2007年版，第36页。

重的肢体虐待或恐吓威胁，就屈服于性虐待。

八是社会文化压力。在父权传统之下，妇女的性自主权一向被视为是附属于男性的商品，而婚姻更使得丈夫使用这种商品的权力合理化了。①

虽然一些国家在立法中让遭受性暴力的配偶提出告诉，然而这个观念根深蒂固，使得妇女一旦揭露个人遭到亲密伴侣，尤其是丈夫的性暴力时，往往要面对亲友的责备、社会大众的异样眼光与司法系统的可能不友善的态度。我国立法并未就此作出规定。

（2）冷暴力。

近年来，"冷暴力"这个字眼频频出现在新闻媒体和学术期刊中，新型家庭冷暴力在我国悄然流行，并逐步成为一个严重的社会问题，研究家庭暴力必须对冷暴力加以分析。关于冷暴力的含义，并没有明确统一的说法。一般来讲，家庭中的冷暴力主要是指家庭成员在发生矛盾时，不通过积极的交流和接触解决问题，而是采用冷落、疏远、放任、疏离等方式，从精神上虐待对方的方式。主要强调行为人故意实施的针对人的精神上的具有持续性和长期性的行为。

对于新型家庭冷暴力是否要由法律进行规制，目前在学界也存在很大的分歧。有学者认为，应该通过法律手段对家庭冷暴力进行规制，理由是：第一，家庭冷暴力发生率高、危害性大，有必要纳入法律调整的范围。家庭冷暴力已经成为家庭暴力的主要形式，在法院受理的离婚案件中，存在家庭暴力的占1/3，而涉及冷暴力的又几乎占到一半。② 同时，家庭冷暴力的危害也是不容忽视的。第二，将家庭冷暴力纳入法律规制是反家庭暴力立法的必然趋势。第三，可以在法律实践中不断解决在立法和法律救济上的难题。也有学者提出了相反的观点，理由是：第一，

① 柯丽评等著：《家庭暴力：理论政策与实务》，台湾巨流图书公司2007年版，第37—38页。

② 刘双玉：《家庭冷暴力法律仍是空白》，载《北京日报》2003年6月25日。

对家庭冷暴力概念众说纷纭，难以有统一的标准。第二，对消极的不作为方式，法律难以介入干预，把冷暴力纳入法律调整实际上有虚设之嫌。第三，无限扩大家庭暴力的外延，会削弱对家庭暴力的打击力度，导致立法目的难以实现。[①]

笔者认为，家庭冷暴力目前还不宜由法律进行调整，理由是：首先，在对家庭暴力的暴力行为进行分析时，我们已经提到，作为的方式是暴力行为的重要特征，而冷暴力是典型的不作为的方式，不符合家庭暴力的法律内涵。其次，在现实生活中，冷暴力的主体多为弱势群体，由于性别和体力的原因，男性倾向于用积极的作为的方式来解决问题，而作为弱势群体的女性却经常采取冷暴力的方式进行对抗，如果将家庭冷暴力纳入法律规制，并使其承担相应的法律责任，恐怕与保护家庭中弱势群体的立法目的相违背。最后，家庭冷暴力在法律规制中存在诸多难题，如界定难，取证难，损害结果难以认定，追究法律责任也难以确定，这些问题目前在实践中还无法得到解决，如果只是一味地将冷暴力纳入家庭暴力的范围，却无法使问题得到解决，会使法律有虚设之嫌。

（3）针对儿童和少年的虐待。

儿童及少年虐待事件存在于古今中外，由于近年来报道的一些严重虐待儿童和少年的事件，已经引起了人们对这一现象的普遍关注。在西方社会的历史中，儿童经常遭受无法形容的残暴对待。历史学家 Samuel Radbill 指出，在古代的传统惯例上，只有婴儿的父亲才有决定新生命是否存活的权力，当父亲决定留下新生儿时，这个婴儿才有生存和存活的机会与权力。正因为如此，有些婴儿便会遭受抛弃和遗弃，并因此死亡。在古代和史前文化历史中，杀婴是一件被接受的并且非常普遍的事。或许是因为婴儿爱哭，或者是患有疾病、畸形等，婴儿很有可能被放置一旁，无人理会直至死去。女婴、双胞胎和未婚妈妈的孩子，更容易成为被杀害的对象。杀害儿童并不是父母虐待儿童的唯一方式，从史前时代

---

① 陈丽平：《"冷暴力"应否由法律调整分歧明显》，载《法制日报》2009 年 2 月 7 日。

到美国殖民地时代，砍断儿童的手脚、殴打等对待方式，不仅被允许和原谅，还被认为是管教子女的适合的方式。①

受虐儿童及少年最需要特别的保护。受虐儿童及少年由于身心稚嫩，且没有经济基础，缺乏自我防卫与自我保护能力，其身心所受之伤害往往历经长久时日仍难以康复。有一些研究者认为，未受治疗的受虐儿童，长大以后常常会成为谋杀犯或者行为不端，或者会殴打下一代子女。受虐待的儿童常常被描述成是具有认知上、情绪上和社会性困难的一群人。近年来的研究显示，遭受严重程度虐待的儿童，在智力发展上显著呈现迟缓的现象。其他的研究发现，受虐儿童的各种社会的、情绪的发展不良，包括沟通问题、在校表现差、学习失能等。如同成人一样，受虐儿童也被认为有较高比例的滥用药物、酒精虐待、精神困扰等问题。② 社会同样的也为对儿童施暴和施虐付出了代价。许多谋杀犯都是在暴力中度过童年的。企图暗杀美国阿拉巴马州州长 George Wallace 的 Arthur Brermer,在他的日记中留下这样一段话："我母亲一定是把我当做一艘独木舟，因为她是那么经常的打我。"③ 对儿童的虐待，不仅仅是在身体上烙下疤痕，还有在情绪上和发展上的难以抚平的伤痕。

在暴力环境下长大的小孩，往往认为外在世界是不稳定的，父母的行为难以预料，暴力是解决问题的好方法，是我的错造成父母失和，人们有时就该被揍。相应的，儿童也会呈现一定的问题，如自尊心低、以破坏性的行为来得到注意力、具有较强的攻击性、有罪恶感或破坏性行为、害怕做小孩等。之所以要特别强调国家必须要特别保障儿童人权的原因有两个：第一，传统上认为儿童附属于父母及家庭，即认为父母、

---

① 理查·格尔、克莱尔·派瑞克·寇尼尔著，刘秀娟译：《家庭暴力》，台湾扬智文化出版社1996年版，第25—26页。

② 理查·格尔、克莱尔·派瑞克·寇尼尔著，刘秀娟译：《家庭暴力》，台湾扬智文化出版社1996年版，第78—79页。

③ Button, A. (1973). Some antecedents of felonious and delinquent behavior. Journal of Clinical Chind Psychology, 2, 35—38.

家庭可任意支配、宰制儿童；第二，儿童心智尚未成熟且身体体力不如成人，易遭他人侵害。事实上，从各种报纸、杂志、电视、广播的报道，我们不断地看到有关儿童的惨剧发生，如体罚、虐待、性侵害、遗弃、贫困、独居等。[1]

针对儿童与少年的虐待，通常包括对儿童及少年实施身体虐待、精神虐待、性虐待及疏忽等行为而言。由于儿童和少年虐待事件绝大多数属于家庭暴力事件，因此，应该打破传统的"天下无不是之父母"和"法不入家门"的观念，让公权力不仅介入到家庭外之儿童及少年虐待事件，也要介入到家庭内部的儿童及少年虐待事件，这样才能够对受虐儿童和青少年提供及时有效的救援。所谓公权力介入儿童及少年虐待事件，除了由社政单位、警察机关及医疗单位提供救援和医疗服务以外，司法救济也是不可缺少的一环。

（4）对老人的虐待。

虐待老人，也是近些年才引发社会的关注，在 1980 年以前，虐待老人就像虐待青少年、虐待父母以及手足暴力一样，并没有得到社会的广泛认知。"在六十五岁到七十二岁之间的老人，每五十位就有一位需要长期照顾。在七十三岁以上的老人，需要长期照顾的人口的比率为 1/15。"[2] 人活得时间越长久，就越是需要中年子女来分担照顾老人的责任，在我国尤为如此。但是，将虐待老人视为家庭暴力的共识并对受害者进行辨识确认却并不是一件容易的事。首先，在面对难题时，很多老人并不试图与社会网络联系。老人比年轻人更容易被排斥在社会主流之外，这种疏离加剧了暴力行为的发生，受虐老人局限于家中的生活，并且依赖受虐人而生存。因此，很多老人即使遭遇暴力虐待，也不愿意将虐待的事说出来，也很少有老人自己求助举报的。"没有人知道，还有多少遭

---

[1] 苏景辉著：《弱势者人权与社会工作》，台湾巨流图书股份有限公司 2010 年版，第 35 页。

[2] Koch, L., &Koch, J. (1980, January27). Parent abuse – a new plague. Washington Post, pp. PA14 – PA15.

到不当对待的受虐老人没有曝光。有时候，朋友、亲戚或邻居察觉到发生的事情，但是他们却会感到害怕，而且也不确定该如何做。大部分的案例中，有关单位往往是通过第三者的告知，才发现老人受虐案件。但是，即使是虐待被呈报出来并且查证属实，许多受虐者仍不愿意承认。"[1]

有许多原因可以解释他（她）的犹豫。基于社会的态度，许多老人羞于承认他们养育了这样的子女。很多受虐老人对子女的爱，远胜于想离开受虐处境的意愿，他们关心施虐子女的安全与幸福，远胜于考虑自身的安危。他们不愿意采取任何法律行动，担心施虐者受到惩处，这也进一步加深了他们的孤立。这样孤立让他们感到害怕，是因为大部分施虐者和受虐者都同处在一个屋檐下。[2] 老人如果在生理上、经济上、情绪上都有赖于施虐者，他们不确定在受虐被报告以后，他们还有什么选择。他们担心，离开之后所做的选择，可能比留在受虐环境中还要更糟糕。很多受虐老人通常认为，选择机构化的照顾是养老的最糟糕的选择。[3]

对老人虐待的方式有很多种，如照顾者在外出的时候或者做家务的时候，可能会把老人绑在椅子上或者床上；给老人服用过量的药物，来"减轻"他们的不舒服，并且使他们更易于管理；对老人施加暴力的人身攻击，以使老人"提高注意"；强迫老人更改遗嘱内容，将房产或者其他财产转移给自己，等等。有的照顾者甚至采取非常极端的暴力行为或者疏忽老人的需求，直至老人死亡。[4]

根据资料显示，最容易受虐的老年人是高龄女性。[5] 最常见的老人受

---

① Legal Research and Service for the Elderly. (1979). Elder abuse in Massachusetts: A survey of professionals and paraprofessionals. Unpubished manuscript.

② Legal Research and Service for the Elderly. (1979). Elder abuse in Massachusetts: A survey of professionals and paraprofessionals. Unpubished manuscript.

③ 理查·格尔、克莱尔·派瑞克·寇尼尔著，刘秀娟译：《家庭暴力》，台湾扬智文化出版社1996年版，第136页。

④ 理查·格尔、克莱尔·派瑞克·寇尼尔著，刘秀娟译：《家庭暴力》，台湾扬智文化出版社1996年版，第137页。

⑤ Senstock, M. C., &Liang, J. (1983). Domestic abuse of the aged: Assessing some dimensions of the problem. Interdisciplinary Topics in Gerontology, 17, 58—68.

虐的原因，是照顾者对长期照顾的老人产生的愤恨。虐待老人和虐待儿童有一些相似的地方，他们在家庭中都处于依赖的地位，仰赖照顾者提供基本需求的满足，都有可能形成家庭中经济上、物质上和情绪上紧张的压力源。但是，大部分的夫妇愿意照顾儿童的意愿还是比照顾老人的意愿要高，因为随着儿童的长大，会变得越来越独立，依赖性也会相应地减少，但是老人却会因为年龄增长、身体状况变差等原因变得越来越需要照顾。随着我国社会老龄化的加剧，老人数量会越来越多，针对老人的家庭暴力行为也需要特别予以关注。

二、家庭暴力的特点及影响

（一）家庭暴力的特点

1. 身份的特定性

身份的特定性包括施暴者主体身份的特定性和侵害对象的特定性。根据相关法律的规定，家庭暴力的施暴主体与一般的侵权主体不同，特指家庭成员之间实施的身体、精神方面的侵害，不仅包括配偶、父母、子女以及其他共同生活的近亲属，还包括家庭成员以外共同生活的人，其他自然人不能成为家庭暴力主体。其中，针对妇女的暴力又是家庭暴力的主要表现形式。联合国对妇女暴力报告中指出：尽管"家庭暴力"是一个中性词，但是在大多数情况下，家庭暴力是一种具有明确性别特点的男人对妇女的暴力行为。[①] 无论是来自国外的数据还是来自国内的数据都表明，在家庭暴力案件中，妇女是主要的受害者，对家庭暴力的认识，是与对妇女、儿童的人权保护相关联的。

2. 施暴形式的多样性

施暴者对受暴者的侵害包括身体侵害、精神侵害和性侵害。对身体的侵害既包括采取暴力方式，如殴打、推搡、脚踢、毁容、火烧、使用

---

① 赵颖著：《警察干预家庭暴力的理论与实践》，群众出版社 2006 年版，第 18 页。

工具攻击等；也包括采取控制人身自由的方式，如捆绑、暴力威胁、非法拘禁等。对精神的侵害一般采取的方式有辱骂、恐吓、威胁、罚跪、诽谤等。性侵害一般是在违背女性意志的情况下，男性以暴力手段强迫与女性发生性行为等。

3. 危害的严重性

危害的严重性表现在家庭暴力发生的极端性和反复循环性。暴力行为发生后，施暴人一般会向对方悔过，受害人也期待着施暴人能够痛改前非，可是经历短暂的平静期后，家庭暴力又会重新出现，如此反复循环，严重摧毁受害人的身心健康和人格尊严，也对未成年子女造成不良影响。有的暴力行为从一开始就具有极端性，直接造成被害人死亡的严重后果。

4. 社会的宽容性

无论是西方还是东方，在历史上都对家庭暴力有极大的社会宽容性。在西方，早在古罗马帝国的法律中就确立了家父权制度，规定子孙有接受监管和惩罚的义务。随着古罗马帝国的不断强盛，法律才使亲情义务逐渐让位于法律义务。欧洲文艺复兴时期，虽然启蒙运动提出了"自由、平等、博爱"的口号，但是这一人权观念却并没有深入到家庭中。法国《民法典》规定，"夫应保护其妻，妻应顺从夫。"卢梭认为，女人要把男人当做主人："她们自己既然没有判断能力，所以她们应该把父亲和丈夫的话当做宗教的话加以接受。"直到20世纪70年代，妇女解放运动才使人们开始关注家庭暴力，重新审视原来的人权观念。在东方，中国的家庭暴力直接源于封建社会的文化传统和等级制度。汉代董仲舒的"君为臣纲、父为子纲、夫为妻纲"表明在国则君臣等级森严，在家则父子、夫妇尊卑有序。《元律》规定，"诸父有故殴其子女，邂逅致死者，免罪"。我国封建法律都规定了父母殴打子女、丈夫殴打妻子的行为是不予处罚的，本质上是为了确保封建社会的父权和夫权统治，形成了对家庭暴力宽容的社会观念。①

---

① 参见赵颖著：《警察干预家庭暴力的理论与实践》，群众出版社2006年版，第17页。

5. 家庭暴力行为的隐蔽性

家庭暴力行为的隐蔽性主要源于两个因素：一是暴力行为发生的空间。暴力行为一般发生在相对私密的家庭内部，外人很难知晓。二是施暴者与受害者身份的特殊性。很多受害者认为"家丑不可外扬"，家庭暴力属于个人隐私，一旦被他人知晓，不但不利于问题解决，还会被外人笑话，所以受害者宁可忍气吞声，也不愿意张扬，不到万不得已的情况下，不会向社会求助。况且施暴者一般在家庭中占据着经济等方面的优势，受害者对施暴者有一定的人身依附关系，致使受害者也不敢声张和反抗。而外界一般也觉得家庭暴力是隐私，"夫妻床头吵架床尾和"，不愿意进行干预，使得家庭暴力的追究和举证都非常困难，纵容了家庭暴力的发生和升级。

6. 家庭暴力的违法性

家庭暴力是一种违法行为，无论出于何种动机和目的，家庭暴力行为都是违法的。有的人认为，家长出于教育孩子的目的打骂孩子是合法的，丈夫由于妻子出轨而责罚妻子是可以被接受的，这些观点都是错误的。任何家庭矛盾都可以通过其他方式来解决，暴力行为侵犯了受害人的人身权、健康权，甚至是生命权，因此，无论出于何种理由的家庭暴力都具有违法性，这一点毋庸置疑。

7. 暴力行为的逆变性[①]

暴力行为的逆变性，是指受害者（女性居多）在忍无可忍的情况下，采用极端的方式"以暴抗暴"，将施暴者致死或致伤，从受害者转变成施暴者。[②] 这样的案例不胜枚举，很多女性长期生活在家庭暴力的环境中，求助无门，痛苦不堪，在采取多种求助措施无效的情况下，认为只有将施暴者杀死才能保全自己和家人，于是采取极端方式，将施暴者致死。

---

① 罗杰：《家庭暴力立法与实践研究——以民事法律规制为中心》，西南政法大学 2012 年博士学位论文。

② 曾毅：《谈家庭暴力及其预防》，载《求实》2006 年第 2 期。

这是"受虐妇女综合征"的表现。存在受虐妇女综合征的案例中,家庭暴力一般表现为暴力周期性发生和暴力程度不断加剧,当家庭暴力的严重程度已经超出了她们的承受范围,就会爆发她们对于施暴者的过激反应。

(二)家庭暴力的影响

1. 对受害人的影响

家庭暴力侵犯了受害人的基本人权,对受害人来说,无论是在身体上还是在精神上,都是对其人权的侵犯。家庭暴力在一定程度上反映了家庭成员之间的权利不平等关系,侵犯了受害人的基本人权,包括人身权、人格尊严、健康权、婚姻家庭权等。家庭暴力会导致受害人致伤、致残甚至致死的后果。身体上的伤害或许可以衡量,精神上的创伤和心理上的伤害更是无法弥补的。家庭暴力对受害人身心健康的影响是显而易见的。很多受暴妇女由于长期生活在对家庭暴力的恐惧中,自尊和自信受到严重打击,人格扭曲,心中充满悲哀和无助感,有的对生活失去信心,心情抑郁以致精神分裂,甚至走上自杀的道路。她们要么麻木地忍受,要么在忍受不了时进行反抗。积极的反抗包括向公安、妇联、男方单位等求助,也有以暴抗暴、回娘家等消极的反抗方式。但是不管怎样,许多受虐妇女在一定程度上丧失了对生活的信心,在恐惧和不安中性格变得孤僻敏感和自我封闭。

2. 对未成年人的影响

家庭暴力对未成年人的影响包括两个方面:

(1)父母间的家庭暴力行为使未成年人的心理遭到伤害。家庭暴力对未成年人带来的心理压力是巨大的,孩子们常常难以理解父母矛盾冲突的实质和后果,从而感到恐惧害怕,产生沮丧心理。在一个充满暴力、争吵、悲愤的家庭中成长起来的孩子,往往会在心理上和心灵上留下烙印,容易产生焦虑、恐惧心理,甚至会对社会产生敌意,严重影响学习和生活。如果在心理上得不到及时的纠正和治疗,很有可能在成立自己的家庭以后效仿父母,成为新的家庭暴力者,有的还会报复社会,走上犯罪的道理。孩子的心灵是脆弱而敏感的，难以承受家庭暴力的摧残。长期家庭暴力导致的家庭破裂更使未成年人的心灵蒙上阴影。

（2）父母对未成年人的打骂和虐待行为直接伤害未成年人。我国目前的教育体制使未成年人的学习任务非常繁重，很多家长"望子成龙，望女成凤"，担心孩子"输在起跑线上"，因此，孩子在学习任务之外，还要奔走在各种辅导班、补习班之间，可是不少父母对孩子存在着过高的期望和要求，一旦达不到自己的要求，或者孩子有所抵触，打骂便成了教育手段。再加上我国传统文化中"棍棒底下出孝子"的观念，很多家长不认为对孩子的暴力属于违法行为。孩子是一个独立存在的个体，有他们自己的个性、思想和情感。不顾未成年人心理发展的棍棒教育、高压教育只会适得其反。孩子表面上服从，但发自内心的厌恶和反抗却是必然的。对未成年人施暴是违反未成年人成长规律的违法行为，任何年龄段的孩子遭受更多的责骂，都会感到受挫，管制越严，对心理的伤害越大。对未成年人的直接的家庭暴力，完全有可能摧毁一个孩子的自尊，甚至养成自私、冷酷、残忍的性格，进而影响孩子的一生。

3. 对施暴者自身的影响

家庭暴力的施暴者在整个家庭中往往处于一种孤立的状态，虽然大多数施暴者在家庭中占据着优势，是家庭中的强者，但是家庭暴力使得家庭生活中亲情关系缺失，其他成员由于恐惧，对其敢怒而不敢言，这种其他家庭成员在心理上的反感和精神上的叛逆足以使施暴者产生孤家寡人之感，并且这种众叛亲离的孤独感会愈加严重。[1] 有的时候，施暴者也会遭受内疚和自责的煎熬。施暴者的行为会使与之有亲密关系的家庭成员与之疏远、产生怨恨，严重的施暴者也可能会受到舆论谴责、行政处分、治安处罚，甚至法律制裁。在受暴者忍无可忍以暴抗暴的情况下，施暴者也会致伤、致残，甚至生命受到威胁。据陕西省妇女理论婚姻家庭研究会1999年对陕西省女子监狱的一项调查，在101例女性杀人案中，

---

① 参见朱强著：《家庭社会学》，华中科技大学出版社2012年版，第239页。

杀夫案有 64 宗，占案件总数的 63.36%。在上述 101 份案卷中，还有 5 起杀子案，都是因为妻子不忍心抛下年幼的孩子，但又不堪忍受丈夫的家庭暴力，想先杀了孩子再了却自己的性命。因此，家庭暴力不仅使受暴者受到伤害，还会使施暴者自身失去家庭、妻子和孩子，甚至是自己的生命。

4. 对家庭的影响

家庭本来应该是一个温暖和谐的港湾，然而家庭暴力的存在却破坏了家庭温暖的氛围。根据司法部门的有关数据显示，离婚案件中有三成与家庭暴力有关。根据 1994 年国务院新闻办发表的《中国妇女的状况》白皮书，在每年离婚的约 40 万个家庭中，有 1/4 是由于家庭暴力。因此，家庭暴力是家庭和睦的毒瘤，长期的家庭暴力必然会影响夫妻之间的感情，破坏原有的家庭秩序，导致人际关系紧张，从而使家庭的稳定性受到挑战，最终导致家庭分崩离析。家庭暴力还会造成经济的损失，如家庭设施的损坏、受暴者的医疗费用等。这种因家庭暴力而解体的家庭带来的影响可能是长远的，一方面，如果施暴者和受暴者得不到及时的心理矫治，很有可能在新的婚姻中还会出现新的家庭暴力；另一方面，子女对于父母之间的暴力耳濡目染，很容易造成心理上的障碍，甚至造成家庭暴力的代际遗传，成长为潜在的施暴者和受暴者。

5. 对国家和社会的影响

家庭暴力虽然发生在家庭内部，但是却影响了国家和社会的和谐与稳定。尤其是针对妇女的家庭暴力，不仅使受害妇女的身心健康、人格尊严受到极大损害，也破坏了社会生产力，阻碍了社会的进步。马克思在 1868 年就曾经指出："每个了解一点历史的人都知道，没有妇女的因素，就不可能有伟大的社会变革。社会进步，可以用女性的社会地位来精确的衡量。"[①] 家庭暴力侵犯了受暴者的人身权、健康权、生存权、生

---

① 王京霞等编著：《法官、检察官、律师培训手册》，中国社会科学出版社 2004 年版，第 20 页。

命权等，当这些基本的人权都无法得到保障时，怎么可能有心思去为社会的发展贡献力量？因此，家庭暴力直接破坏了社会生产力，影响了经济的发展。同时家庭暴力也是国家和社会安定的隐患，如果不对家庭暴力进行预防和控制，从家庭暴力演变成违法犯罪的现象也并不少见。长期遭受家庭暴力的受暴女性，采用以暴抗暴的方式，以极端手段结束施暴者生命的案例也时有发生。家庭暴力破坏了社会的安定，严重地扰乱了社会秩序，因此，家庭暴力绝不仅仅是家庭内部的私事，而是关系到家庭成员的安全，关系到国家和社会安定与否的大事，每个人都不应该对家庭暴力袖手旁观，公权力也必须介入家庭暴力对其进行干预。

三、家庭暴力的主要原因

（一）从文化传统的角度分析

（1）从传统的婚姻家庭制度来看，经过几千年的社会变迁，婚姻家庭制度已经从以生育为主要功能转化为以财产继承、物质生产和利益分配为主要功能，然而，传统的一夫一妻制家庭仍然遵循着以父权和夫权为权力中心的意识，即使是在现代家庭生活中，这种价值和观念也仍然根深蒂固。因此，在这种观念的支配下，父亲、丈夫当然地成为家庭中最高的统治者，控制和支配妻子和儿女的生活。如果他们的意志得不到贯彻执行，那么，他们就可能动用暴力来维护自己的权威。正如恩格斯所说："为了保证妻子的贞操，从而保证子女出生自一定的父亲，妻子便落在丈夫的绝对权力之下了；即使打死了她，那也不过是行使他的权力罢了。"这种传统婚姻家庭制度中的父权和夫权意识是导致父母对子女施暴、丈夫对妻子施暴的重要原因。①

（2）无论是在世界历史上还是我国历史上，性别偏见、男性对女性的歧视都不可否认的存在着。我国从奴隶社会到封建社会，几千年的传

---

① 参见朱强著：《家庭社会学》，华中科技大学出版社 2012 年版，第 236 页。

统文化中，男人一直处于主宰地位，而女性则处于附属地位。古人云，唯女子与小人难养也；女子无才便是德；家中如果生了儿子叫"弄璋（美玉）之喜"，生了女儿叫"弄瓦之喜"，这些老话都体现了传统观念中的性别歧视。封建宗法制的文化架构，实际上就是男性对女性绝对权威和支配的权力分配体制。因此，在这样的文化体制下，无论一个男性在外面受到怎样的压迫，回到家中都还有一个他可以自由支配和压迫的女性，也就是他的妻子。男尊女卑、男主女从、男强女弱都是传统性别观念中的核心要素。[①] 虽然中华人民共和国成立后，女性的地位大有提高，但不得不承认，这种传统的性别歧视仍然在我们的潜意识中存在着，在社会生活中仍然是男性占据主导地位。一些在社会竞争中失利的男性，无端地感受到来自女性的威胁，他们不知道女性本来就应该在社会拥有与男性同等的地位，他们也不愿意承认在整个社会生活中男性仍然占据着有利的地位，更好的工作机会也都更加青睐于男性。在这样的背景下，那些看来只是家庭私事，发生在家庭内部的夫妻关系纠葛甚至暴力，都与传统观念中的性别歧视有着深层次的关系。

（3）我国有两千多年的封建传统文化。"君为臣纲、父为子纲、夫为妻纲""三从四德""天下无不是之父母"，这些封建文化的指导思想经过统治者的宣传和鼓吹，已经在人们的头脑中根深蒂固。这种传统文化使得有些男性将妻子和孩子视为自己的私有财产，认为他们在家庭中有不容置疑的支配权，这种大男子主义思想使男人采用双重价值观来看待女性，认为妻子必须对丈夫无条件地服从，否则就要用暴力为维护自己的权威和尊严。中华人民共和国成立后，确立了男女平等的宪法原则，在保护妇女和未成年人权益方面都作出了很多努力，包括在工作岗位上提拔和任用女干部，但是这些成就主要集中在政治领域，在家庭和社会生活中，封建传统思想仍然潜移默化地影响着人们的判断，从而使侵害

---

① 参见荣维毅、宋美娅主编：《反对针对妇女的家庭暴力——中国的理论与实践》，中国社会科学出版社 2002 年版，第 187 页。

妇女、子女的暴力行为合理化。

(二) 从女性主义的角度分析

女性主义法学 (Feminist Jurisprudence) 是 20 世纪 60 年代源于美国的法学流派,后引发世界各国的广泛关注。女性主义法学在法律问题上的研究成果集中体现在对法律领域内隐含的性别歧视的批判。它注重对社会的性别结构的分析,利用社会性别等分析工具,探讨在法律领域内女性受到压迫,法律如何保护男性对女性的压迫、歧视,从而探讨这种现象的根源以及如何改变这种不合理的制度和思想。① 女性主义法学唤醒了妇女捍卫权利的意识,引导人们正视伤害女性的行为,并对司法产生了深刻影响。在审理家庭暴力案件中,对受虐妇女综合征的引入,就是在司法实践中取得的重大成果之一。

女性主义法学对家庭暴力的分析和论证是来源于早期经典著作思想并在此基础上加以发展的,法国作家西蒙娜·德·波伏娃曾经在《第二性》中提出了她的著名论断:女人并不是生就的,而宁可说是逐渐形成的。② 婚姻对于女性来说失去了一些原有的权利,而男性却获得了统治者的地位。英国的约翰·斯图亚特·穆勒在《妇女的屈从地位》一书中把"家"定义为"内部奴役"制度的核心。认为妇女不过是婚姻中的奴隶,并且是体现了"奴隶"这个字眼的全部含义的奴隶。穆勒认为,越是在社会底层的家庭中,家庭暴力越容易发生。在穷人阶层中,女子是男子唯一可以体现自己优越性并能用暴力予以证明的对象。对于发生在家庭内部的暴力行为,法律更倾向于为施暴者提供逃避法律制裁的空间,因此,从某种程度上讲,法律间接地纵容了家庭暴力的发生。③ 美国作家贝蒂·弗里丹在《女性的奥秘》一书中提到,对美国的妇女来说,女性的

---

① 参见吕世伦主编:《现代西方法学流派》,中国大百科全书出版社 2000 年版。

② [法] 西蒙娜·德·波伏娃著,陶铁柱译:《第二性》,中国书籍出版社 2004 年版,第 251 页。

③ [英] 约翰·斯图亚特·穆勒著,汪溪译:《妇女的屈从地位》,商务印书馆 1995 年版,第 284 页。

完美就只存在于唯一的一种定义，那就是主妇加母亲。正是母亲和妻子的角色使得女性无法充分地参与社会生活，限制了女性人格的发展。因此，她鼓励女性更多地进入到公共领域中，通过对更多的社会角色的尝试，来打破传统角色对女性的控制和束缚。① 在对早期经典著作继承和发展的基础上，美国女性主义法学对家庭暴力有了更加深刻的认识。美国研究家庭暴力的先驱 M·A·斯特劳斯提出，在欧美国家，存在着一种奇特的规范，它使结婚证书变成了一张准予殴打的契约，切不要以为这是危言耸听。②

社会主义女权法学特别重视生产与再生产理论，认为资本主义与父权制具有内在联系，妇女遭受暴力不仅仅是意识形态的问题，更是一个经济问题。激进主义女权主义认为，男女的角色定位是由于后天文化形成，而不是先天如此。女性受压迫的根本原因是她们养育子女从而在经济上不得不依赖男性。要想消除家庭暴力，就要从根本上抛弃男性中心主义的文化构成。生态女权主义认为，生态危机的实质是女性原则的毁灭，在经济的发展中，女性不断地被边缘化、被贬低、被取代，甚至最终被否定，只有基于女性原则建立的可持续发展模式才能够解放女性和自然界。③

(三) 从国家法律的角度分析

1. 法律的宣传和预防不到位

虽然我国开展了大规模的普法活动，但是效果并不十分显著。很多妇女虽然知道保护妇女权益方面的法律，但却不知道具体内容，当正当权益遭到侵害时，不知如何拿起法律的武器保护自己。而很多男性则觉

---

① ［美］贝蒂·弗里丹著，程锡麟、朱徽、王晓路译：《女性的奥秘》，北方文艺出版社1999年版，第36页。

② 张贤钰：《中美关于"对妇女的暴力侵犯"国际研讨会评述》，载《法学》1995年第5期。

③ 杨飔：《女性主义研究视角下的家庭暴力问题分析》，载《三峡大学学报（人文社会科学版）》2004年第5期。

得保护妇女权益和自己没什么关系，没必要学。我国2015年出台的《反家庭暴力法》对"家庭暴力的预防"专设一章，反家庭暴力工作遵循以预防为主，教育、矫治和惩治相结合的原则，体现了现阶段我国政府对反家庭暴力宣传和预防工作的重视。

2. 先前的立法不完善

对于任何一个社会来说，要想使法律真正发挥作用，立法都要与当时当地的经济发展水平和人们的认识水平相结合，过度超前或者滞后的立法均不能使法律真正发挥效能。我国在保护妇女、儿童权益、制止家庭暴力方面虽然早有立法，如《刑法》《婚姻法》《治安管理处罚法》《妇女权益保障法》《未成年人保护法》等，但是惩治家庭暴力的专门法律——《反家庭暴力法》出台的时间并不长，不过相信反家庭暴力专门立法的公布会对家庭暴力的发生起到遏制和减少的作用。

3. 执法不力

先前法律的缺失也导致了司法的态度漠然，对于发生在家庭内部的暴力行为，在很多司法人员看来，性质不同于一般的治安或者刑事案件，存在着"清官难断家务事"的观念，认为自己正经的事儿还管不过来，哪有时间去给两口子劝架，况且等到夫妻二人和好，自己反倒成了多管闲事。执法人员有法不依、执法不严，对施暴者没有予以严厉打击，而是采取放任、漠视的态度，使受害人的权益得不到保障，进而使受害人丧失了信心，要么一味容忍，要么走上以暴抗暴的道路。

（四）从施暴者个人特质的角度分析

对于施暴者的个人特质，陶勒恒教授从心理学的角度作出了全面而完整的分析。他认为，在所有的家庭暴力施暴者身上都或多或少的有一些特质，这些特质深深地存在于施暴者的内心，虽然他们不一定能意识到，但是这种特质却深深地影响着他们的行为。

1. 自卑心理

研究表明，许多施暴者都有一种较差的自尊。[①] 健全的自尊能够让人感觉到安全、力量、有能力、能够信赖自己和他人，而低自尊却会给人带来压力，如果不能正视和面对，就会陷入自卑的泥沼而无法自拔。自尊一般由重要感、能力感、品德感和权利感四个方面组成。[②] 很多施暴者在外面看来八面威风，实际上对重要感、能力感、品德感和权力感是缺失的，他们的挫败感和不满足感最终在内心形成一种深深的自卑，施暴行为往往就是自卑心理在作祟。"当个人面对一个他无法适当应付的问题时，他表示他绝对无法解决这个问题，此时出现的便是自卑情结。"[③] 自卑本身并不会成为问题的症结，相反，如果能把握好尺度，还能促使人进步。但是，一旦自卑成为疾病，那么，就会成为暴力行为的根源。施暴者的以下特质容易形成自卑情结：

（1）控制欲。很多施暴者都有非常强烈的控制欲，他们几乎想要控制社会和家庭中发生的一切，这种控制甚至达到一种极端的程度。问题是他们的目标是不可能达到的，事情往往不会完全按照他们所希望的那样发展，这种失控使他们感到恐慌、挫折和冲击。过分的控制欲望使他们无法获得自尊感，并因为自己不能掌控而陷入自卑，最后不惜用暴力的手段来维持自己的控制。

（2）过度负责。健康良好的自我责任感是相信自己有能力作出合理的决定和选择，对属于自己的责任勇于承担，同时也相信他人能够担负起自己的责任，做好他人自己的事情。而施暴者往往有过度负责的倾向，他们普遍认为他们有责任去教导家人该如何处理问题，他们希望自己成为这个家庭的主宰，这种负责感实际上也就是权力感。但是这种负责感

---

① Domestic Violence : The criminal justice response/authors, Eve S. Buzawa and Carl G. Buzawa (1966 2nd edition), pp. 1—34, SAGE Publication. 中华女子学院社科系译。

② 参见陶赖恒：《男性施暴者特质的心理学分析》，载荣维毅、宋美娅主编：《反对针对妇女的家庭暴力——中国的理论与实践》，中国社会科学出版社 2002 年版，第 52 页。

③ ［奥］A. 阿德勒著，黄光国译：《自卑与超越》，作家出版社 1986 年版，第 47 页。

并不是施暴者的自我负责，而是指向于对外部的控制和操纵，他们通常并不能对自己的行为负责，却总是从外部来解释自己的行为，他们想影响任何他们想影响的事，但实际上这是不可能的，因此又要感到挫败，在不断的碰壁中产生自卑感。

（3）过度依赖。这个社会从表面上看大多是女性依赖男性，无论是在心理上还是在经济上，但更深的层次上，很多男性也是依赖女性生活的，他们不仅需要妻子在生活上的照顾，也需要妻子对他们的肯定、支持、赞美等。他们实际上已经得到了很多，但仍然不能感到满足，施暴者的过度依赖心理使他们自己感到无能，他们的自卑和挫败又不能自己处理，无法处理好自己的情绪和感受，于是又把怨气发泄到对方身上。

（4）界限不清。界限不清包括人我界限不清和内外界限不清。施暴者往往没有明确的人我界限，他们总是从自己的标准出发，希望别人像他思考的那样去行动，同时也希望侵入他人的世界，当无法侵入时，就会产生抱怨。他们既搞不清自己也搞不清他人，处于一种混沌的状态之中。在家庭关系中，他是一种孤立的状态，无法理解她，又太想控制一切，不断的痛苦挣扎，暴力的冲动也会不定时的爆发。内外界限不清，是指施暴者无法把自己在社会中所扮演的角色和自己的内在部分区别开来，他们不能容忍和接纳自己内在的东西，为了所谓的"面子"耗尽心力，这也使得许多施暴者在外人看来成功、沉稳和文明，但实际上很大程度上却是伪装的。施暴者的这种内外界限不清，使得他们的压抑会在对他们来讲相对私密和安全的家庭环境中毫无节制地爆发，同时，这种努力的扮演也会使他们心力交瘁，迷失自我，伤害自己也伤害他人。①

2. 能力欠缺

首先，施暴者缺乏自我肯定的能力。在与他人的沟通中不知道该如何提出自己的要求，很难考虑他人的感受，他们往往使一个眼神、一个

---

① 参见陶勒恒：《男性施暴者特质的心理学分析》，载荣维毅、宋美娅主编：《反对针对妇女的家庭暴力——中国的理论与实践》，中国社会科学出版社 2002 年版，第 52—57 页。

动作就以为妻子应该明白他的所需，结果常常感到被拒绝，觉得自己不受重视。同时对超出自己能力所及的事情或者不符合自己意愿的事情又不知道如何去拒绝，要么简单粗暴地生硬拒绝，要么一味接受，但是又充满了怨恨、勉强和抵触。其次，缺乏处理批评的能力。很多施暴者对于他人对自己的负面评价或者批评非常敏感，甚至是抱有敌意的。他们不但无法对批评进行理性的分析，进而调整自己的行为，相反对于批评，在心理上还感到伤害，从而对外界感到不满。他们越是拒绝别人越是感到挫败，所采取的行为也愈发具有攻击性。再次，缺乏调解冲突的能力。对于已经存在的矛盾和冲突情绪，自己浑然不觉。冲突发生后，又束手无策不能理性解决，控制不了自己的情绪，采取攻击性的行为来解决矛盾。在冲突结束后也不能进行反省，不能作出调整和适应，依然我行我素，导致家庭暴力一再发生。最后，缺乏处理情绪的能力。施暴者往往既不能察觉他人的情绪也不能察觉自己的情绪，搞不清不良情绪产生的原因。对于不良情绪也不善于表达，压抑自己的情绪，而不去梳理和减轻它们，最终往往是以冲动的爆发来解决这种痛苦。[①]

3. 对女性的憎恶心理

男女平等已经是这个时代的呼唤和趋势，但是施暴者的暴力行为表面上看起来是一种情绪的宣泄，实际上却包含了内心中对女性的憎恶。这种憎恶虽然不能公开表达，但却深藏于施暴者的内心之中。这种憎恶或来源于过去的经历，或来源于对女性的依赖，或是自我憎恶投射到女性身上的表现。他们认为，在工作和生活中，由于女性对社会生活的参与，导致了自己的竞争失利，威胁了自身的发展，从而对女性产生某种憎恨。[②]

---

① 参见陶勃恒：《男性施暴者特质的心理学分析》，载荣维毅、宋美娅主编：《反对针对妇女的家庭暴力——中国的理论与实践》，中国社会科学出版社2002年版，第61—63页。

② 参见陶勃恒：《男性施暴者特质的心理学分析》，载荣维毅、宋美娅主编：《反对针对妇女的家庭暴力——中国的理论与实践》，中国社会科学出版社2002年版，第58—59页。

4. 非理性思维

人的思维有理性思维和非理性思维。情绪上的困扰及引发的不良行为都是非理性思考的结果。[①] 在施暴者看来，之所以引发他们的暴力行为或者施虐行为，是因为他们遇到了某种不顺心的事导致的。实际上，人们遇到某种事情并不是引发他们行为的直接原因，引发行为和情绪的是人们对于所遇到的事情的看法和态度。对于施暴者来讲，性别歧视与性别偏见是导致暴力行为发生的非理性的看法和信念。他们对所发生的事情的非理性思考，引发了非理性的情绪反应和暴力行为。[②]

除了从以上几个角度分析的家庭暴力的成因之外，还包括其他一些成因。比如，背景方面的因素，包括酗酒、赌博等不良行为，常会激化家庭矛盾；挥金如土、隐匿钱财、开支不明等会引发家庭成员间的积怨；语言的沟通不畅有碍家庭和睦；望子成龙、望女成凤的心态会引发教育环节上的施暴现象，等等。随着经济的高速发展，西方的价值观念不断涌入，冲击着我国传统的家庭伦理观念，一些缺乏家庭责任感的人开始出现"婚外情"等现象，甚至成为某些人炫耀的资本，回到家中却对妻子、子女冷嘲热讽，为了达到离婚的目的，有的不惜对妻子实施暴力。此外，引发家庭暴力还包括宗教、迷信等方面的因素。有些家庭暴力是单方面因素起作用的结果，但大多数家庭暴力则是多方面因素综合起作用的结果。

---

① 吴丽娟认为，过度、极端的思考会蒙蔽生活中的感觉与行为。错误的思考则是会使生活瘫痪、无效。人有非理性想法时，常会引起情绪困扰，因此，常会觉得焦虑、罪恶感、无价值感、沮丧。

② 吴丽娟著：《让我们更快乐：理性情绪教育课程》，台湾心理出版社1998年版，第60—61页。

第二章　公权力介入家庭暴力的历史争论

一、公权力介入家庭暴力的历史脉络

在我国古代社会，公权力对家庭的私法关系介入是比较少的。一方面，国家委诸家长对家庭中的内部事务进行自治；另一方面，又通过礼制和法律的手段对事关专制统治和社会"公序良俗"的家庭事项进行管制。① 但总体来说，"法不入家门"还是我国古代社会的基本观念。在中华人民共和国成立初期，曾经全面否定公私领域的划分，国家将婚姻家庭生活全面纳入到其管制之下，凸显了公权力的过度干预。在现代社会，随着经济的发展，人们的观念也发生改变，民主和法制已经成了社会的主流，在这样的背景下，如何处理好家庭生活与公权力的关系尤为重要。

(一) 公权力概念界定

人类历史证明，权力是必要的恶。正如约翰·密尔所论述的："权力被看作是必要的，但也是高度危险的，在一个群体中，为着保护较弱成员免遭无数鸷鹰的戕贼，就需要一个比余员都强的贼禽受任去压服他们，但这个鹰王之喜戕其群并不亚于那些较次食物，于是这个群体又不免于经常处于要防御鹰王爪牙的状态。"② 在人类社会共同体中，消灭权力的

---

① 王洪：《家庭自治与法律干预——中国大陆婚姻法之发展方向》，载《月旦民商法研究：新时代家庭法》，清华大学出版社 2006 年版。

② ［英］约翰·密尔著，许宝骙译：《论自由》，商务印书馆 2007 年版，第 2 页。

努力不仅是枉然的，也是有害的。同样，防治家庭暴力，也离不开公权力的干预。

1. 权　　力

汉语"权力"一词对应于英文 power，该词源于拉丁文 potestas 和 potentia。① 在古代中国，"权"写作"權"，在东汉许慎编著的《说文解字》中，"權"是一个名词，指一种树木；又指"秤砣"，转化成动词有权衡或衡量之意。权与力结合成"权力"，原来仅指"威势"，并没有现代的政治学或法学方面的特殊含义。② 直到 19 世纪西学东渐之时，"权力"才逐渐有了现代意义上的政治学和法学的内涵。权力现象并不是一开始就有的，而是人类社会发展到一定阶段才逐渐出现的，权力这一现象自出现开始就再也没有消失过。"全人类共同的爱好，便是对权力永恒的和无止境的追求，这种追求至死方休。"③

目前，"权力"并没有一个准确的并为公众所普遍接受的定义。"权力一直是人人使用而无需适当定义的字眼"④，不同的学者对权力从不同角度进行阐释，但一般认为，权力具有如下一些特征：

（1）权力具有社会性。"社会是由多重交叠和交错的社会空间的权力网络构成的"⑤，权力在社会关系中产生，是社会的权力。"一切人类关系在一定程度上都是权力关系。"⑥ 权力存在于社会主体之间，而不可能属于独立于社会之外的任何主体，也不可能仅存在于思想或者意识当中，权力与社会是同构关系，离开了社会，权力便无从谈起。权力是"各种

---

① ［英］戴维·米勒、韦农·波哥丹诺主编，邓正来译：《布莱克维尔政治学百科全书（修订版）》，中国政法大学出版社 2002 年版，第 641 页。

② 参见周永坤：《规范权力——权力的法理研究》，法律出版社 2006 年版，第 96 页。

③ ［英］霍布斯著，黎思复、黎廷弼译：《利维坦》，商务印书馆 1985 年版，第 72 页。

④ ［美］丹尼斯·朗著，陆震纶、郑明哲译：《权力论》，中国社会科学出版社 2001 年版，引言。

⑤ Michel Foucault, Politics, Philosophy, Culture: Interviews and other Writing of Michel Foucault, 1977—1984, New York and London : Routledge, 1988, P. 168.

⑥ ［英］迈克尔·曼著，刘北成、李少军译：《社会权力的来源（第一卷）》，上海人民出版社 2002 年版，第 1 页。

人际关系不可分割的组成部分，它影响着我们的一切。"①

（2）权力具有动态性。权力是一个动态的过程，只有在行动中才能表现出来，否则，权力只能是一种潜在的内在力量。同时权力也是变化的，同样的权力为不同的人掌握，其影响力是不同的。

（3）权力具有相对性。权力的相对性包括以下几个方面的含义：首先，权力必须要受到权利的制约。绝对的、无止境的权力是不符合现代法治理念的，权力与权利在基本定位确定的情况下，是一种此消彼长的关系。其次，权力要受到时间和空间的限制，绝对的普遍的权力是不存在的，任何权力都只能在一定的地域范围内存在。再次，权力要受到社会领域范围的限制，能够调整任何社会的权力是不可能存在的，因为权力只能在一定社会层面上成立。最后，权力因性质不同有所区别，不同的组织或机构行使不同的权力。

（4）权力具有支配性和权威性，两者紧密相连又有所不同。"权力之所以引人特别关注，乃在于权力对人们所具有的支配性"②，但是权力具有支配性并不意味着权力是一种强权，权力是依靠于人在社会上的意志和合同所订立的制度关系，而强权往往是"独裁"或者"英雄政治"的缩影。权力的权威性与权力的支配性不可分割、紧密相连，没有权威性就不会有权力，但两者又有所不同。"权力的支配性是从权力对资源的优势占有而获得，权力的权威性则从权力的具体运行当中得到确立，权力的支配性是权威性的基础，而权力的权威性则是支配性的延伸。"③ 权力的权威性主要来源于以下几个方面：首先，权力的运作具有规则性。如果权力的运行没有规则，那就会给人们和整个社会的安全和稳定带来威胁，会使人们感到反感和不安。其次，权力的运作具有公开性。这是对

① ［美］阿尔温·托夫勒著，刘江等译：《权力的转移》，中共中央党校出版社1991年版，第20—21页。

② 谢晖著：《法学范畴的矛盾辨思》，山东人民出版社1999年版，第291页。

③ 徐靖著：《诉讼视角下中国社会公权力法律规制研究》，法律出版社2014年版，第16页。

权力运作的一个必然要求，不具有公开性的权力运作，那么也就谈不上权力的权威性。最后，权力的运作具有正当的暴力性。权力必须有服从的性质，它不由得人们，如果有人不服从权力，那么他就要遭受正当暴力的强制。这种正当暴力的强制往往具有法律上的依据。权力运行的规则性与公开性是从应然意义上讲的，并不是所有的权力运行都具有这些特征，而权力正当的暴力性不仅是应然意义上的也是实然意义上的，所有的权力都具有这个特性。①

（5）权力具有组织性。权力系统是复杂的，是一种有组织的系统支配力量，由专门的法律予以调整，由有组织的国家机构来行使。这就意味着权力系统包含着复杂的组合要素和层级关系，权力的组织性使权力拥有强大的力量，远比一般的个人或者组织有力。

2. 公权力

本文研究的介入反家庭暴力的公权力主要是指国家公权力。

在当前法学、政治学、社会学领域内有众多关于权力的修饰语，因此对权力类型的界定也各有不同。孟德斯鸠将权力分为立法权、司法权、行政权，奠定了"三权分立"的理论根基；洛克在继承前人分权的基础上将国家权力分为立法权、执行权、对外权，对外权实际上也是执行权；迈克尔·曼认为权力有四种不同的类型，即经济权力、政治权力、军事权力和意识形态权力。②"对权力存在形态进行现实分析，是寻找公共权力公共化的途径。"③ 在传统法学理论中，人们通常将权力、公权力不加区别的混同使用，因为权力与公共利益的维护紧密相连，如果从权力的起源来看的话，那么权力本身就是具有公共属性的；然而，与权力相关的公共利益是具体的而不是抽象的，在一些特定的语境下，公共利益的

---

① 卓泽渊著：《法政治学》，法律出版社 2005 年版，第 269 页。

② 参见［英］迈克尔·曼著，刘北成、李少军译：《社会权力的来源（第一卷）》，上海人民出版社 2002 年版，第 3 页。

③ ［德］马克斯·韦伯著，黄宪起、张晓玲译：《文明的历史脚步——韦伯文集》，上海三联书店 1997 年版，第 10 页。

范围是特定的而不是泛指的。

公权力是权力的其中一个分支，是在公共领域范围内，受公众的委托而行使的权力，它所维护的是最大范围的公共利益，如国家的公共利益、社会的公共利益、国际社会的公共利益等。据此，公权力可分为国家公权力、社会公权力、国际公权力。其中，国家公权力是公权力最基本的形态。它与国家的产生紧密相连，是国家实现其职能的工具，在国家组织机构构建过程中发挥着重要功能。[①] 国家公权力与其他类型公权力的关键区别在于，国家公权力的主体是拥有合法暴力工具的垄断性权威机构。

(二) 公权力介入家庭暴力的历史沿革

家庭暴力究竟是个人私事还是社会问题，不同年代以及不同社会对这个问题有不同的认识，对"社会问题"的界定差异也很大。长期以来，人们对家庭暴力的看法始终存有很大差异，甚至直接影响国家公权力对家庭暴力介入的正当性。事实上，若探究反家庭暴力的历史沿革，会发现家庭暴力逐渐从私领域的家人之间的争吵问题逐步变成了人权问题甚至犯罪问题，这种变革的背后是当代女性对于政治经济社会生活发挥了越来越大的影响。

女性在心理上与男性十分不同，这是流行已久的说法。有两派思想家，一派主张女性比男性低，一派认为女性不同于男性。事实上，这样的分类并不如乍看起来那么绝对。举例来讲，康德通常被视为主张男女互补的哲学家，他认为应该尊重、珍惜那些具有独特优点的女性，但康德也认为，只有发自理性与责任感（而非情感或热情）来行动的人，才算是真正的道德人。他主张，对女性来说"根本没有责任，没有什么抑制力，也没什么义务！"对他而言，因为女性缺乏责任感，所以她们不可能成为值得尊敬的道德主体。我们很难不这样认为，这是将女性视为比

---

① 参见徐靖著：《诉讼视角下中国社会公权力法律规制研究》，法律出版社 2014 年版，第 19 页。

男性低的想法。因此，就算康德主张，我们应该重视男性与女性的不同，若我们只把他归类于主张男女互补的思想家，我们将错失某事。事实上，思想家在主张差异时，可能都会偷偷进行排序。①

可能自有家庭以来，就客观存在家庭暴力问题。但是，这个问题受到人们关注，却是晚近的事情。以美国受暴妇女权益保障为例，妇女从被统治的地位到受到尊重和保障，经历了一个漫长的历史变迁过程。

在英美法系，家庭事务的裁决一般归属于教会法庭，法庭后来虽然与教会脱离，但基于宗教教义的法律规定仍将殴打妻子视为天经地义，理所当然。② 美国的法律主要有两个源头，一是法官制定的普通法（common law)，另一个则是立法机关制定的法律。普通法的制定，由法官通过案例制定而成。1761 年由 William Blackstone 法官编订的美国普通法，反映了当时美国社会的主流价值观。例如，在法律中明确规定允许丈夫可以用不超过其拇指粗的棍棒"教育"他的太太。这个规定被称为"拇指条款"。到了 1824 年密西西比州的高等法院正式赋予丈夫可以合法的权力殴打其妻子，随后其他州很快跟进。③

法院视妻子为丈夫的财产，不愿介入家庭暴力。1864 年北卡罗来纳州高等法院有一段陈述："一个丈夫不应该因殴打妻子而被判刑，除非是造成妻子永久的伤害，或过度地使用暴力，或因为丈夫的怨恨报复的心态而有相当残酷的行为对待时，方可加以处置，否则，法律是不会侵入家庭事务，管到窗帘内所发生的事情。"④ 这种对于妇女非常不合理的对待到了 1870 年代以后稍有改变。美国许多州认识到赋予丈夫殴打妻子的权力的法条是不正义的，于是开始采取拒绝的动作。1871 年马萨诸塞州

---

① Jennifer Mather Saul 著，《女性主义：议题与论证》，台湾巨流图书公司 2010 年版，第 224—226 页。

② Schornstein, Domistic violence and health care. California: Thousand Oaks, 1997.

③ Frederick, The Evolution of Domestic Violence Theory and Law Reform Efforts in The United States. Battered Women's Justice. 2000.

④ Schornstein, Domistic violence and health care. California: Thousand Oaks, 1997. pp. 18.

和阿巴拉马州首先废除此法条，并且认为以往经由结婚戒指所赋予丈夫管教妻子的责任，以及妻子因戴上结婚戒指之后成为丈夫的附属品的观念已不复存在。① 1874 年北卡罗来纳州正式终结"拇指条款"，明文规定在任何情况下，丈夫没有权力惩戒他的妻子。表面上看，司法系统似乎已经认识到丈夫打妻子的不合理性，但是现实中面对家庭暴力时，警察还是不愿意逮捕施暴的丈夫，检察官也不愿意对此类案件起诉，而法官则认为如果丈夫使用暴力的情况不是太严重，没有造成妻子永久的伤害，或会立即危害到妻子的生命安全的话，则对于这种事情最好的处理方式是拉上窗帘，别让大家看到，让丈夫和妻子一起学会忘记和原谅。传统对于婚姻的观念再加上长久以来一直认为丈夫有规训妻子的特权，使得警察司法系统都没有意愿介入家庭暴力。②

1880 年妇女结社运动（the Women's Club Movement)针对受虐待妇女若寻求离婚，加大法律协助力度。在此期间，有些州虽然立法限制了丈夫惩罚太太和孩子的权力，然而对于逾越法律限制的丈夫们，政府并没有任何具体的惩罚政策加以配套。妇女的生活如往常一般，并没有得到任何改善。

1900 年代开始，反妇女受虐的浪潮席卷美国。1960 年代，反越战和解放黑奴运动在美国兴起，但没有惠及受虐妇女。家庭暴力依然被认为是个人私事，法官和警察不愿介入。执法者认为，逮捕加害人可能会升高暴力、破坏家庭的完整性并造成加害人失去工作，他们认为"调解"是解决家庭暴力案件的最好办法。③

20 世纪 70 年代，女性主义运动崛起，改变了局面。美国一些州相继通过了《婚内强奸法案》《民事保护令法案》等，成立受家庭暴力妇女庇护中心，设立求救热线。

---

① Schornstein, Domistic violence and health care. California: Thousand Oaks, 1997.

② Schornstein, Domistic violence and health care. California: Thousand Oaks, 1997.

③ Frederick, The Evolution of Domestic Violence Theory and Law Reform Efforts in The United States. Battered Women's Justice. 2000.

到了 20 世纪 90 年代,《模范家庭暴力法》被美国全国少年暨家事法庭法官委员会的委员采用。1996 年,克林顿政府在美国司法部专门成立反妇女受暴办公室。这个办公室的成立对于改变社会视家庭暴力为个人私事的印象具有重要意义。

为了让反妇女受暴的工作能持续且积极运作,美国联邦政府不断追加预算。例如,从 1994 年到 2000 年之间,美国政府就编列了 1.6 兆美金作为推动家庭暴力犯罪预防的预算,2000 年更是将预算提高到 3.3 兆美金。①

从美国对家庭暴力问题看法的改变,以及公权力对家庭暴力的介入,我们可以看出,国家介入家庭暴力实际上经历了一个漫长的历史过程,人们从不关注到关注,从不重视到重视,从认为是私事而不介入到全面干预,这是人类文明发展进步的结果,也是一个必然的历史进程。

(三) 私人领域公权化

20 世纪中期以后,家庭法深受福利国家介入主义的影响,国家通过立法和司法的方式选择性的介入到私人生活领域,目的是维护社会中弱势者的权益。现代社会家庭法开始尊重"家庭自治"与适度公权力干预之间的角力。一方面,扩大社会中每个人的自我决定权的范围,使其免受国家的任意干涉;另一方面,特别针对家庭中的弱势群体予以保护,使其自主权得到发挥。

在现代文明社会中,包括家庭在内的任何团体或组织都不允许具有绝对的自治权力。家庭自治只是排除不必要的法律干预,它仅仅意味着国家公权力对家庭领域的介入应该受到限制,但绝不是不能干预。国家公权力对家庭的介入基于以下几个理由:

(1) 在传统家庭模式下,将权力集中授予家庭中的掌权者,通常是父亲或者丈夫,由他来对家庭中的事务进行决定和管理,这种所谓的家

---

① 柯丽评等著:《家庭暴力:理论政策与实务》,台湾巨流图书公司 2007 年版,第 23 页。

庭自治实际上是以牺牲妇女和儿童的权益为代价的，是一种扭曲的状态。父权或夫权体制使家庭中的权力关系失衡，加剧了妇女与儿童的弱势。这样的家庭自治侵蚀了现代法治的根基，违反了平等原则，压制了妇女和儿童的权利与自由。因此，国家公权力应该出于保护弱者的立场，积极介入到家庭领域，保障家庭全体成员，特别是妇女儿童的平等和自由发展。

（2）从某种程度上讲，国家对家庭领域从来就没有袖手旁观，只是介入的重点有所不同。传统上，国家以公权力确认父权或夫权结构并深化此传统，而现代社会，在新的家庭法的发展中，父权或夫权制度已经不再披着公益或伦理道德的外衣作为拒绝公权力介入家庭的依据。① 国家介入的重点已经转变为维护家庭中弱者的权益，以保障两性平等权和儿童最佳利益为前提，旨在修正和矫治既有的价值结构。在尊重家庭领域的同时，保护弱势群体，对现代社会的发展来说，更为紧迫和必要。

（3）在划分公私领域的过程中，女性和法律被塑造成对立的两面，他们之间的联系被有意的割裂开，致使女性只能在法律的边缘徘徊。这种划分极大地限制了女性在法律领域内的能力。长期以来的男主外女主内的家庭模式，迫使女性不得不把精力更多的花费在家庭为中心的私人领域。女性受教育的机会也普遍少于男性，使得女性参与公共领域活动的能力受到限制。女性与法律在关联上的隔绝，也使得女性的权利无法在法律上得到有效的保护。有的女性主义学者指出，实际上根本就不存在公私领域的区分，这种划分只不过是人为建构的产物。理由如下：首先，公私领域的划分实际上并没有明确的标准，到底什么属于公共领域，什么属于私人领域，往往依赖的是男性所掌控的有权机关的判断，而这一判断又不免武断。其次，公私领域的划分无法绝对化，没有什么领域是绝对的私人领域，像婚姻、家庭、合同等传统上所认为的私人领域现

---

① 王洪：《家庭自治与法律干预——中国大陆婚姻法之发展方向》，载王文杰主编：《月旦民商法研究：新时代新家事法》，清华大学出版社 2006 年版，第 79—81 页。

在也是由法律来规制的，也是公共权利的产物。最后，私人行为通常会受到政治的影响，同时私人行为也会影响政治领域内的事项，两者是一种互动的关系，因此私人事务也具有政治性。① 这种对公私领域划分的否定，试图把传统上认为属于私人领域的事务，特别是涉及家庭和女性的事务纳入到公共领域中去，使女性能够在遭遇家庭暴力时，公权力能够予以干预，使女性获得法律上的救济。

不可否认，随着社会的变迁，家庭关系也经历了发展与演变，但家庭表象的进化并没能触及到这个事实，即人类在家庭共同体中得以实现的最基本的需要是每一个人的基本利益。② 以性别角色为基础的，形成于18、19世纪的传统家庭法，认为婚姻和家庭是永久的、不可分离的组织，是一种"不以配偶意愿为依据的道德和法律秩序"③，是应当受到保护的永远的组织体。这一时期的家庭自治理念，似乎倾向于在封闭的家庭内部，任何公权力的干预都难以接受，阻止法律和他人对家庭权利或者家庭隐私的侵犯。政府或者相关机构不能去解决夫妻之间或者其他家庭成员之间的纠纷，而是应该靠夫妻之间或者家庭成员之间的爱去解决纠纷。④ 然而20世纪中叶以来，政治、经济与社会的变革席卷全球，婚姻家庭也不断发展，传统的家庭自治理念运用所导致的结果已经不能为现代社会价值观所接受。民主、平等与自由不可分割。平等原则使家父权一步一步地受到限制，已婚妇女的行为能力得到了认可，儿童的权利也受到保护，家庭成员平等的自决权受到尊重。虽然对妇女的家庭暴力问题的认识远远滞后于这种暴力现象的出现，但它终究还是作为一个社会

① Ruth Gavison . Feminism and the Public/Private Distinction [J] . Stanford Law Review, 1992, (45). P11—21.

② 王洪：《家庭自治与法律干预——中国大陆婚姻法之发展方向》，载王文杰主编：《月旦民商法研究：新时代新家法》，清华大学出版社2006年版。

③ ［德］拉德布鲁赫著，米健、朱林译：《法学导论》，中国大百科全书出版社1997年版，第68页。

④ ［美］阿丽塔·L. 艾伦、理查德·C. 托克音顿著，冯建妹等编译：《美国隐私法：学说 判例与立法》，中国民主法制出版社2004年版，第390页。

问题受到了关注。家庭中的暴力行为不可能通过"私的方式"彻底解决，必须通过公权力的介入才可能得以消除。

（四）公权力介入家庭暴力现状

1. 国际公权力对家庭暴力的介入

联合国自成立以来就一直关注人权问题。随着家庭暴力尤其是针对妇女的家庭暴力案件的增长，这个问题也越来越受到联合国的关注，为了减少和消除家庭暴力，联合国采取了一系列举措。

（1）多次召开全球性会议，使家庭暴力涉及的权益问题引起全世界的广泛关注。对家庭暴力问题的分析和解决是历次世界妇女大会的重要议题。

1975 年 6 月 19 日至 7 月 2 日，联合国在墨西哥首都墨西哥城召开了第一次世界妇女大会，庆祝国际妇女年，会上通过了《关于妇女的平等地位和她们对发展与和平的贡献的宣言》，即《墨西哥宣言》。

1980 年 7 月 14 日至 31 日，在丹麦首都哥本哈根召开的第二次世界妇女大会又进一步讨论这些问题。这次大会指出：家庭暴力产生严重的社会后果，使该问题本身一代又一代地永久化，妇女应该得到保护，不受家庭暴力和强奸的侵犯。

1985 年 7 月 3 日至 26 日第三次世界妇女大会在肯尼亚首都内罗毕召开，讨论对于反家庭暴力行动意义深远的《到 2000 年提高妇女地位内罗毕前瞻性战略》，即《内罗毕战略》。

1995 年 9 月 4 日至 15 日，第四次世界妇女大会在北京召开，对家庭暴力进行了充分的讨论通过了《北京宣言》。把"对妇女的暴力"问题确定为国际社会的优先关切领域，并确定了消除对妇女暴力行为的三个战略目标。

此外，世界反家庭暴力大会至今已召开九次。世界反家庭暴力大会主要由美国家庭暴力与性攻击研究所发起并主持。美国家庭暴力与性攻击研究所的前身是 Robert Geffner 博士于 1984 年建立的家庭暴力资源与培训中心，主要为国际干预和预防家庭暴力及性攻击提供培训与相关资源。自 1992 年 5 月 8 日于美国德克萨斯州召开第一届大会以来，世界反家庭暴力大会已经召开了九次。大会涵盖了几乎所有的有关家庭暴力的预防和干预主题。其涉及的内容包括针对妇女的暴力、针对儿童的家庭暴力、亲密关系之间的暴力、虐待老人、青少年虐待、青少年暴力、性攻击、残疾人暴力、司法法律援助、施暴者治疗等。世界反家庭暴力大会的目标是要通过分享信息，建立交流的平台，以协调各种努力，动员国家官员、儿童工作者、倡导者、专业人员、研究者、政策制定者、各种组织（基金会、教育机构、政府、大学、诊所、家庭暴力庇护所）的工作者、受暴者一起工作，以检验干预和预防家庭暴力的各种战略，发展新的战略目标以促进减少社会中的家庭暴力。历次世界反家庭暴力大会期间，都设立多种论坛，各国介绍本国的经验，讨论家庭暴力干预与预防的变化与进展及其未来的发展方向。除了论坛，会议还提供展览等多种形式，请工作在不同领域的先行者，包括倡导者、研究者、实地工作者、政策制定者等介绍各自的经验、想法、理论、干预或预防项目或技术。世界反家庭暴力大会的召开，对于各国经验的交流与积累起着极为重要的作用。①

（2）联合国颁布了一系列反家庭暴力的纲领性文件。

阻碍妇女享受充分人权的重要障碍之一就是歧视，联合国通过的《世界人权宣言》和《公民权利和政治权利国际公约》都明确载明不得有基于性别等的歧视，然而歧视妇女的事件仍然屡见不鲜。基于此，联合国大会于 1967 年 11 月 7 日通过了《消除对妇女歧视宣言》，该宣言是联合国在提高妇女地位、保障妇女权益工作方面的一个重要的里程碑。宣言把歧视妇女称为"根本的不公正……是对人格尊严的侵犯"，要求采取措施，确保男女平等，包括采取措施，废除歧视妇女的法律、习俗、规

---

① 参见赵颖著：《警察干预家庭暴力的理论与实践》，群众出版社 2006 年版，第 32—36 页。

章和惯例，为男女平等建立适当的法律保障以及舆论导向，引导国民意愿，扫除偏见，取消基于男尊女卑观念的习俗和一切惯例的措施。

联合国大会于 1979 年 12 月 18 日通过了《消除对妇女一切形式歧视公约》，该公约于 1981 年 9 月 3 日生效。这一公约迄今为止仍是防治和消除对妇女家庭暴力的重要国际性法律文件。它对基于性别的种种歧视提出了全面的挑战。公约虽然没有直接论述家庭暴力的条款，但它将对妇女的暴力当作是一种歧视形式。

1985 年，第三次世界妇女大会通过《内罗毕战略》，对于反家庭暴力行动意义深远。它揭示了暴力的普通性和危害性。《内罗毕战略》第 287 段指出，在各个社会的每天日常生活中均存在针对妇女的暴行，如妇女被殴打遭残害、烙烧、性虐待及强奸。这些暴行是实现"联合国妇女十年"提出的平等、和平和发展目标的主要障碍。它强调应给与受害妇女以特别关注和综合性援助。为此，它提出了一系列措施，包括：通过立法和执法，制止与性别有关的暴力犯罪；进行培训，以指导执法及其他有关人士敏感地对待暴力受害人；通过教育使妇女意识到她们有权利和义务对暴力行为进行斗争，以维护自身的权利；设立为受虐妇女与儿童及通常作为施虐者的男性提供帮助和指导的长期性机构。此外，它还突出政府在预防暴力及帮助受害人方面的作用。《内罗毕战略》呼吁各国政府发展预防性政策，使对经受各种形式暴力的女性受害人的援助制度化，指出培训处理暴力犯罪的女性受害人的执法官员的重要性，强调促进妇女人权、特别是应对对妇女暴力的优先地位，建议设立国家机构，旨在处理家庭暴力问题。

1993 年 6 月，在奥地利维也纳召开的第二次世界人权大会上通过了《维也纳宣言和行动纲领》，第一次明确提出了"妇女人权"概念，并阐明了妇女人权与普遍人权的关系，确认妇女和儿童的人权是普遍性人权当中不可剥夺和不可侵害的组成部分；提出将妇女人权纳入联合国整个人权领域的活动之中，并特别强调必须消除公共和私人生活中对妇女施加的暴力。从此，对妇女施暴作为对人权的践踏和侵犯得到了广泛的认同。这对于国际社会反对对妇女施暴的斗争有着深刻的影响。

1993 年 6 月，在奥地利维也纳召开的第二次世界人权大会通过的另一个重要成果就是《消除对妇女的暴力行为宣言》，宣言于 1993 年 12 月正式通过。该宣言明确指出，对妇女的暴力包括发生在公共领域中的暴力，也包括发生在私人生活中的暴力。在此之前，大多数国家倾向于认为对妇女的暴力是发生在个人中间的私人事务，不需要国家进行干预。宣言的通过，极大地推动了国家对妇女暴力问题的关注，同时采取立法、行政、司法等措施来防止和消除这种暴力。1999 年 12 月 17 日，联合国大会通过决议，将每年的 11 月 25 日定为"国际消除对妇女的暴力日"。

1995 年 9 月在北京召开了第四次世界妇女大会，并通过了旨在提高全球妇女地位的《行动纲领》。其中，对妇女的暴力问题被列为 12 个关切领域中的第 4 个。各国政府宣布，对妇女的暴力是对妇女基本人权的侵犯。此次大会以后，各国都积极开展了反对对妇女一切形式的暴力活动，家庭暴力问题也受到了越来越广泛的关注。《行动纲领》还提出了三个战略目标：（1）采取综合性措施，预防和消除对妇女的暴力；（2）研究对妇女施暴的原因、后果及各种预防措施；（3）消除贩卖妇女的活动，援助卖淫和贩卖活动的受害人。它还针对每一项战略目标，对国际组织、各国政府、非政府组织及有关机构提出了一揽子整合性的措施，以增加受害妇女本身的权利，并改变对妇女暴力合法化和永久化的社会文化环境。①

国际层面出台的这些相关公约、宣言、文件和决议，是国际公权力对家庭暴力介入的重要形式，为家庭暴力领域的理论研究与实践都提供了重要的指导，也推动了各国政府对家庭暴力问题干预的步伐。

2. 公权力对家庭暴力的介入

（1）美国。

自 20 世纪 60 年代以来，家庭暴力问题逐渐在美国社会受到关注。针

---

① 赵颖著：《警察干预家庭暴力的理论与实践》，群众出版社 2006 年版，第 36—39 页。

对严重的家庭暴力现象，自 1975 年开始由律师界展开美国家庭暴力法的制定工作，经过近 20 年的努力，以州立法的形式对家庭暴力问题进行了规定，并且将家庭暴力行为视为刑事违法行为。美国各州立法机关制定的法律中较有成效的有《民事保护令》（civil protection orders）、《家庭暴力监护权》（domestic violence custody）、《家庭暴力逮捕法》（domestic violence arrest statutes）、《被害人权利法》（victim rights statutes）、《强制监护调解法》（mandatory custody mediation）、《受虐妇女经验之专家证言法则》（expert testimony on the experience of battered women）等。①

为了消除和减少家庭暴力，美国于 1994 年制定并通过了《针对妇女暴力法案》，对推进反家庭暴力具有重大的意义。美国警察对于家庭暴力的干预政策是认真而谨慎的，采取 "强制逮捕政策" （mandatory arrest policy) 或 "推定逮捕政策" （presumptive arrest policy)，对家庭暴力的处理也从传统的消极处理态度向现代的积极处理态度转变，是美国社会防治家庭暴力的重要力量。美国检察官实行 "不放弃" （no drop) 或 "不驳回" （no dismissal) 政策，对家庭暴力行为采取积极主动的干预政策。实施这一政策的理由在于：家庭暴力行为不仅给家庭中的受害人带来危害，也危及整个社会的安全与安定，因此，在要求施暴者承担责任方面，检察官不能依赖家庭暴力中的受害人去维护国家利益，因为受害人往往因其在家庭中的特殊地位而拒绝指控，检察官应积极介入保护家庭暴力的受害者和他们的孩子，并采取措施防止施暴者进一步威胁受害人。② 法官根据检察官的指控以及被告人的辩护，行使很重要的职权，包括：第一，有权开具 "保护令"，以保护家庭暴力中的受害人，不允许施暴人靠近受害人。第二，开具 "培训令"，让受到指控的属于轻罪的施暴者去 "男性制怒中心" 上课，接受培训和心理方面的治疗，"培训令" 具有强制性，

---

① 赵颖：《美国警察 "社区为本" 的反家庭暴力模式》，载《上海公安高等专科学校学报》2005 年第 2 期。

② Donna Wills, Domestic Violence : The Case for Aggressive Prosecution, 2000 年第五届国际反家庭暴力大会论文。

如果施暴者不按规定去上课，则将其送到监狱进行关押。第三，对于那些严重的家庭暴力施暴者，法官则可以依据相关法律直接判处刑罚。①

由此可见，美国对家庭暴力采取的是主动干预政策，公权力的介入对预防和减少家庭暴力产生了积极的效果，对家庭暴力的干预和治理已经成为美国全社会共同的责任。

（2）英国。

英国从 20 世纪 70 年代开始，系统地介入和干预家庭暴力，出台了一系列的涉及家庭暴力方面的法律。迄今为止，英国是制定有关家庭暴力法律文件最多的国家。② 从立法上看，英国在反家庭暴力方面可以说是走在世界前列的。

英国警察对待家庭暴力的态度和举措发生了很大变化。起初，受传统观念的影响，多数警察认为家庭暴力是家庭内部的私事，不愿依照法律对施暴人实施逮捕，这使家庭暴力在司法实践中并没有得到有效遏制。根据 1976 年通过的英国《家庭暴力与婚姻诉讼法》，民事法庭在发布制止家庭暴力的判令以后，如果施暴者抵制此判令，那么，警察就有权力将其逮捕。"这标志着社会对家庭暴力的态度发生了根本的变化"，但是"即使违反判令的行为已经确凿，法官在判决时往往仍旧疑虑重重"，认为把一个家庭的男人关起来是一件严重的事情。③ 从 20 世纪 90 年代开始，英国警方开始重新评估自己的行为，并改变了对家庭暴力的工作做法。凡搜集到的证据足以对施暴者提起控诉时，警方将提出指控。④ 英国法院通过实施民事保护令等一些法律措施，来保护家庭暴力中的受暴者，

---

① 赵颖：《美国警察"社区为本"的反家庭暴力模式》，载《上海公安高等专科学校学报》2005 年第 2 期。

② 参见罗杰：《家庭暴力立法与实践研究》，西南政法大学 2012 年博士学位论文。

③ 参见［英］伊丽莎白·伍德克拉夫特著：《运用法律机制制止家庭暴力》，载中国法学会、英国文化委员会、中国法学会婚姻法学研究会、中国人民大学婚姻家庭研究所编著：《防治家庭暴力研究》，群众出版社 2000 年版，第 202 页。

④ 蒋月：《论警察介入和干预家庭暴力——若干国家和地区的经验及其对中国的启示》，载《福建行政学院学报》2007 年第 1 期。

取得了良好效果。1996 年英国《家庭法》赋予法院下达互不妨碍令的权力，根据这一命令，可以禁止一个人骚扰他人；占有令是调整对家庭住宅占有的法令，凡是相关人均可以依法申请占有令，占有令可以要求一方当事人离开家庭住所的部分或者全部，也可以要求一方当事人允许另一方当事人在家活动，包括维护和修理家庭住所的义务，承担和支付贷款、租金等；根据 1997 年英国《免受骚扰保护法》，相关人可以向法院提出保护请求，法院可以核发禁止骚扰令，以禁止对受害人或者可能受到伤害人实施骚扰；根据 1989 年英国《儿童法》第 43 条和第 44 条的规定，申请人可以对儿童申请儿童评估令和儿童紧急保护令，以保护家庭暴力中儿童的利益。此外，根据 2003 年英国《刑事司法法》，对于家庭暴力行为，除了可以定罪以外，还可以附加罚款。[①]

（3）我国。

在我国，家庭暴力首次出现是在现行《婚姻法》中。我国《婚姻法》第 3 条明确"禁止家庭暴力"。2001 年最高人民法院公布的《关于适用〈中华人民共和国婚姻法〉若干问题的解释（一）》首次界定了"家庭暴力"，家庭暴力方式重点在于作为的方式，对个人造成身体或精神的损害。目前，我国《反家庭暴力法》已经正式出台，并于 2016 年 3 月 1 日起施行。这是我国反家庭暴力立法方面一个巨大进展，是多方面共同努力和推进的结果，有着极其重要的历史与现实意义。此外，我国绝大部分省份都对家庭暴力进行了立法，制定了地方性的反家庭暴力法规、规章等，对本地区的家庭暴力防治工作起到了重要作用。

警察在我国家庭暴力防治中起着不可忽视的作用，其他任何机构都不能替代。警察权力作为一种重要的国家权力，因其特殊的强制性、内容的法定性、主体的特定性、形式的多样性以及影响的广泛性在反家庭暴力工作中发挥重要职能。对此，《反家庭暴力法》也对公安机关的职责

---

① 参见蒋月：《英国法律对家庭暴力的干预及其对中国的启示》，载《太平洋学报》2008 年第 11 期。

进行了详尽的规定，为警察有效处置家庭暴力提供了法律依据。《反家庭暴力法》第 15 规定："公安机关接到家庭暴力报案后应当及时出警，制止家庭暴力，按照有关规定调查取证，协助受害人就医、鉴定伤情。无民事行为能力人、限制民事行为能力人因家庭暴力身体受到严重伤害、面临人身安全威胁或者处于无人照料等危险状态的，公安机关应当通知并协助民政部门将其安置到临时庇护场所、救助管理机构或者福利机构。"第 16 条规定："家庭暴力情节较轻，依法不给予治安管理处罚的，由公安机关对加害人给予批评教育或者出具告诫书。告诫书应当包括加害人的身份信息、家庭暴力的事实陈述、禁止加害人实施家庭暴力等内容。"警察作为制止家庭暴力的第一道防线，公众对警察干预家庭暴力抱有很高的期望。此外，受害人向警察的求助也不用受到时间和地点的限制。目前，全国各地都成立了"110 家庭暴力报警服务电话"，通过这种方式，受害人可以得到及时的救济。在司法方面，我国越来越重视对家庭暴力案件的处理，通过有效地运用法律手段，对家庭暴力案件，特别是对严重虐待、伤害妇女等家庭暴力行为进行了有力的打击，保护受害者的合法权益，对施暴者起到了明显的震慑作用。但是，总体来讲，由于之前我国没有反家庭暴力方面的专门立法，司法机关在家庭暴力的介入方面还显得有些不足。《反家庭暴力法》不但对人民法院的职责进行了较为详细的规定，还专设一章规定人身安全保护令制度。《反家庭暴力法》第 20 条规定："人民法院审理涉及家庭暴力的案件，可以根据公安机关出警记录、告诫书、伤情鉴定意见等证据，认定家庭暴力事实。"第 23 条第 1 款规定："当事人因遭受家庭暴力或者面临家庭暴力的现实危险，向人民法院申请人身安全保护令的，人民法院应当受理。"据此，司法机关在审理家庭暴力案件时已有了充分的法律依据，随着对家庭暴力认识的深入，司法机关对家庭暴力的介入力度也会不断增强。

世界上大多数国家和地区对家庭暴力的处理经历了从当事人自治解决到公权力主动介入的过程，我国台湾地区也是如此。在专门的反家庭暴力法出台以前，我国台湾地区对家庭暴力案件用一般的民事和刑事法律机制予以解决。但是，因为一般的民事和刑事法律不具有专门性和针对性，在处理效果上往往不尽如人意。首先，防范措施不到位，救济途径一般只能针对已经发生虐待行为后，却无法有效防范家庭暴力行为的发生。其次，执法成效也不明显。受传统的"家务事不宜干预"思想的影响，在执法过程中采取忽视和冷漠的态度，使受害人无法得到有效的救济和保护。最后，一般法律针对家庭暴力也缺乏整体的规范，无法与社会服务法规配合。

正是由于上述缺陷，我国台湾地区借鉴西方国家（主要是美国）的经验，于1998年5月28日通过了"家庭暴力防治法"，同年6月24日正式公布。此法确立了"家庭暴力不是家务事，而是严重的刑事犯罪"的认识，一改过去公权力消极冷漠的态度，转而采取积极的干预政策。所谓台湾"家庭暴力防治法"总共7章66条。第一章是通则，主要对立法目的、相关概念等作了定义；第二章是民事保护令；第三章是刑事程序；第四章是父母子女与和解调解程序；第五章是预防与治疗；第六章是罚则；第七章是附则。该法综合了民事、刑事、家事、防治服务四大内容，包含了警察、司法、教育、医疗、社工等诸多机构和内容，以民事保护令制度作为司法预先介入，最大限度上保护了家庭暴力中的受害人，并且刑事追诉功能强大，配套措施全面，从务实角度出发，以解决实际问题作为立法目的，为整治家庭暴力建构了系统性的纲领。1999年，我国台湾地区又颁布了"家庭暴力防治法实施细则"，进一步了配合了"家庭暴力防治法"的施行。此外，还有"警察机关执行保护令及处理家庭暴力案件办法""检察机关办理家庭暴力案件注意事项""特殊境遇妇女家庭扶助条例""性侵害犯罪防治法""家庭暴力加害人处遇计划规范"等，建立了我国台湾地区关于家庭暴力的全面立法防治网络。

我国台湾地区警察机关在家庭暴力的防治中起着至关重要的角色，绝大多数的家庭暴力案件是由警察机关来调处的。警察机关的主要职责有明定管辖、保护并协助被害人、申请并执行保护令以及协助取得紧急保护令、径行逮捕权、通报管制、配合执行加害人处遇计划、宣传与教育等。此外，警察的职责还包括建立家庭暴力数据库、简化处理家庭暴力程序、训练处理家庭暴力案件的警官等。[①] 警察在家庭暴力的预防方面也起着重要作用，根据所谓台湾"家庭暴力防治法"第40条之规定，警察处理家庭暴力案件，必要时可以采取若干措施保护被害人及防止家庭暴力的发生。[②] 警察机关作为公权力介入家庭暴力案件，不仅可以更好地保障被害人的权益，也可以对施暴者形成震慑，从而避免家庭暴力事件的恶化和升级，同时，如果警察机关处理得当，也可以大量节省司法资源。

我国台湾地区检察官在家庭暴力案件中不仅维护受暴人的权益，也会对施暴人提起刑事司法程序。检察官的主要职责包括申请保护令，确定被告缓刑、假释和释放的条件，通报当地主管机关等。为了更好地行使检察机关在家庭暴力案件中的职责，台湾法务主管部门颁布了"检察机关办理家庭暴力案件注意事项"；1999年起成立"妇幼保护督导小组"，积极办理妇幼安全案件。此外，我国台湾地区检察机关还与警察、社工、教育、医疗等相关机构建立了"联络人"制度，形成对受害人的保护网络。法院依据法律对家庭暴力案件进行审理，职责主要包括核发保护令，裁定缓刑、假释和释放条件，通知被害人、通报主管机关等。[③] 我国台湾地区司法系统改变传统的消极处理模式，全面介入家庭暴力，成为家庭暴力救援网络中的重要一环，对防治家庭暴力起到重要作用。

[①] 参见蒋月：《论警察介入和干预家庭暴力——若干国家和地区的经验及其对中国的启示》，载《福建行政学院学报》2007年第1期。

[②] 陈苇、秦志远：《我国台湾地区防治家庭暴力立法与司法评价》，载夏吟兰、龙翼飞主编：《和谐社会中婚姻家庭关系的法律重构——纪念〈婚姻法〉修订五周年》，中国政法大学出版社2007年版，第366页。

[③] 陈苇、秦志远：《我国台湾地区防治家庭暴力立法与司法评价》，载夏吟兰、龙翼飞主编：《和谐社会中婚姻家庭关系的法律重构——纪念〈婚姻法〉修订五周年》，中国政法大学出版社2007年版，第366—367页。

二、传统家庭理论与法律理论对公权力介入家庭暴力的质疑

(一) 传统的家庭自治理论

1. 家庭自治的理论基础

家庭自治的基础来源于个人自治。个人自治之所以具有正当性，基础在于"自己决定权"。所谓自己决定权，就是"就与他人无关的事情，自己有决定权，仅仅对自己有害的行为，由自己承担责任的权利；或者是就一定个人的事情，公权力不得干涉而由自己决定的权利。"① 个人自治具有正当性的伦理基础，在现代社会为各个国家所普遍认可。"自己决定权"之所以具有正当性，是因为每一个人都具有独立的人格，而一个智力健全的人是一个理性的个体，他对自己的行为和利益应该具有独立的判断能力，每一个人都是自己利益最大化的最佳判断者和决策者。② "自己决定权"作为个人自己的伦理基础，不但可以说明个人自治的正当性，同样也可以说明作为个人自治联合和延伸的家庭自治的正当性。赋予家庭自治权，是对个人私生活保护的必然要求。

家庭自治原则还来源于一个基本的政治理念，实施家庭自治原则是实现多元民主的重要实践单位。每个人都有追求自己所认为的幸福生活的权力，也同样有权在自由的空间里塑造自己的性格，这是多元民主的前提，而这必须以自治的家庭环境作为基础。此外，家庭不但具有重要经济辅助功能，满足家庭成员生活、教育、健康等需要，还给其成员提供必需的关怀和情感上的扶助，使家人有一种强烈的归属感，这种心理上的依靠是任何其他外在机构所不能提供的，这也是长久以来公权力不能贸然介入家庭的本质原因。

所谓"最佳"的生活模式并不存在统一的标准，每个人都有自己向往的生活模式，这是民主发展的要求。家庭自治原则就意味着要尊重个

---

① 参见 [日] 长谷部恭男主编：《现代宪法》，日本评论社 1995 年版，58—59 页。
② 参见周安平：《社会自治与国家公权》，载《法学》2002 年第 10 期。

人自我思考与自我衡量的能力，要尊重每个人自己的选择，并且国家对家庭事务的干预也存在着操作上的难度。家庭成员间的权利义务不仅仅是根据法律，更是根据亲情，并且以血缘、情感为纽带，如果法律介入的限度掌握不好，不但不能维系好家庭，还会加剧家庭的破裂。

2. 家庭自治原则的两面性

（1）根据家庭自治原则，家庭作为一个自治组织，对自己的内部事务的决定享有排他权。但是，家庭自治绝不意味着仅仅是家长的一人之治，家庭自治权的主体是家庭全体成员，如果以家长一人之治来排斥家庭成员的权利，就动摇了家庭自治的正当性基础。自治是为了排除他治，是为了排斥来自家庭外的干预，但是如果家庭自治沦为家长一人之治，那么，家庭成员就有可能成为家长专制的牺牲品，权利受到漠视，也得不到法律上的救济。

（2）一方面，在家庭自治原则之下，保护家庭免受其他组织和个人的侵犯，保护家庭隐私，维护家庭完整，由道德、宗教、传统等家庭内部规则调整家庭事务，法律的干预是一种例外；另一方面，法律也起着重要的作用，正是通过法律对家庭自治原则的确认，家庭自治原则才得以存在并得以巩固。①

（二）传统的公私法划分理论

传统的二元世界观将社会分为公共领域和私人领域。"工作场所、政治、经济、法律、知识以及文化等具有权威性和权力的层面都被视为男性当然的领域，而家庭、孩子和炉灶边等层面则被认为是最适合妇女的领域。"② 这种公私领域的划分方法下，公共领域被视为核心地带，并受到高度重视，私人领域则被边缘化并受到忽视。这种划分的结果导致了

---

① 参见王洪：《家庭自治与法律干预——中国大陆婚姻法之发展方向》，载王文杰主编：《月旦民商法研究：新时代新家事法》，清华大学出版社 2006 年版，第 79—80 页。

② 参见谭兢嫦、信春鹰主编：《英汉妇女与法律词汇释义》，中国对外翻译出版公司、联合国教育、科学及文化组织 1995 年版，第 247 页。

这样的观念：私人领域不应受法律干预。法律通过公私领域的划分实现了对女性压迫的正当化。二元世界观对社会的公私领域划分直接影响了法律对受暴女性的潜在态度，性别歧视的合法化导致受暴女性受到一种系统性的压迫，使妇女在家庭领域不受保护有了正当理由，进一步纵容了家庭暴力的发生。①

"法律的目的不是废除和限制自由，而是保护和扩大自由。这是因为在一切能够接受法律支配的人类的状态中，哪里没有法律，哪里就没有自由。"② 所以，所谓的自由，是相对的，而不是绝对的，自由并非"人人爱怎样就可以怎样的那种自由，当其他任何人的一时高兴可以支配一个人的时候，谁能自由呢?"③ 公权力合理介入私域，不但不会侵犯公民的权利和自由，还会积极促进合法权益的实现，成为自由的保障。"如果人民企图摆脱束缚，则他们就更加远离了自由。因为他们把与约束相对立的那种放肆无羁误解为自由。"④ 当然，公权力的行使也必须要有限度，公权力与自由本是悖论，公权力在保护和实现人们的自由的同时又必须限制和剥夺人们的某些自由，于是公权力与自由价值之间存在着冲突，然而，正如国家是必要的恶，公权力也是必要的恶，是人们在实现自由的过程中必须付出的代价，这种代价是不好的，但确是必要的，因为没有它们，社会就会陷入无序状态，自由就会虚妄。

1. 公权力介入家庭暴力与受暴妇女自主权的冲突

公权力对家庭暴力的介入不可避免地对受暴妇女的自主权造成侵害。"强制逮捕"政策，一方面，可以促使警察改变传统的对家庭暴力的消极

---

① 参见史莉莉：《西方女性主义法学视野中的家庭暴力及启示》，载《甘肃社会科学》2014 年第 3 期。

② ［英］洛克著，叶启芝、瞿菊农译：《政府论》（下篇），商务印书馆 1964 年版，第 35 页。

③ ［英］洛克著，叶启芝、瞿菊农译：《政府论》（下篇），商务印书馆 1964 年版，第 36 页。

④ ［法］卢梭著，李常山译：《论人类不平等的起源和基础》，商务印书馆 1962 年版，第 2—3 页。

观念和做法；另一方面，也很容易成为单一的做法。这会使得很多受暴妇女不敢报案，因为受暴人与施暴者之间的特殊关系，受暴人往往并不希望施暴者被逮捕，受到刑事处罚，留下犯罪记录。"强制起诉政策"则会使受暴人失去对诉讼的控制权，是否追究施暴者的刑事责任，施暴者将会受到怎样的追究都不以受暴人的意志为转移。因此，对公权力是否应该干预家庭暴力及其干预的正当性产生了分歧。一种观点认为，家庭暴力虽然是发生在私人领域，但却危害了国家和社会的稳定，尤其是潜在的引发严重暴力犯罪的影响已经远远超出了私人领域，而上升到对公共领域的威胁，因此，公权力应该介入。另一种观点则认为，婚姻是私人生活的城堡，受暴人有权力决定公权力是否介入，国家应该更多的考虑受暴人的需求，由受暴人自己判断是否提起诉讼。如果国家不顾受暴妇女的意愿对施暴者进行惩罚，可能会导致受暴妇女面临经济上的困境和情感上的痛苦。

既要倡导国家公权力对家庭暴力的有效干预，又要保护当事人的婚姻自主权不受侵犯，是一件两全其难的事情。"两权相害取其轻"，在这种情况下，我们必须要做一个取舍。如果我们想以行动真正去结束家庭暴力，就必须要承受一些损失。国外的司法实践证明，绝大多数受暴人无法依靠自身的力量去阻止施暴者，而公权力的有效介入会大大减少家庭暴力的发生率和重复率。从长远来看，公权力对家庭暴力的介入也可以对公众起到教育警示作用，使人们认识到家庭暴力也是一种违法犯罪行为，是这个国家和社会所不能容忍的，最终会受到法律的追究，从而营造一个防治家庭暴力的良好氛围。

2. 公权力介入家庭暴力与隐私权的冲突

"隐私权是自然人所享有的，对与公共利益无关的个人信息、私人活动和私有领域进行自我支配以及排除他人干涉和侵扰的权利。"[①] 有的观点认为，公权力对家庭暴力的介入造成了对公民隐私权的侵犯，但实际

---

① 梁慧星、廖新仲：《隐私的本质与隐私权的概念》，载《人民司法》2003 年第 4 期。

上并不是所有的隐私权都可以对抗公权力的审查。首先，隐私权作为一种法律上的权利，只有在不违背公序良俗和法律的强制性规定的情况下，才会受到保护。家庭暴力行为违反了法律的规定，是一种侵犯人权的犯罪行为，因此，不能以保护隐私权为由来对抗公权力的介入。其次，一些严重的家庭暴力犯罪不仅侵犯受害人的权益，也危及了国家和社会的安全与稳定，公权力的介入是对社会秩序进行修复的良好途径。最后，家庭暴力破坏家庭和谐，也不符合社会主义公共道德的理念，这样的隐私权失去了存在的条件和根基。[①] 基于上述理由，以保护隐私为由阻碍公权力对家庭暴力的全面介入是行不通的。

当一般性暴力发生时，公权力介入毫无问题，当家庭暴力行为发生时，公权力的介入就遇到如下障碍：

首先，社会上客观存在着对家庭暴力持不介入的态度。认为"清官难断家务事"，对家庭暴力的干预会使家庭问题复杂化，不利于家庭矛盾的化解和家庭整体的和谐。家庭内部的冲突和矛盾应该在家庭内部化解，公权力的介入有可能引发更为严重的暴力甚至会导致家庭的破裂。现实中，一些施暴者认为自己失了面子，更加无所顾忌地实施暴力以进行报复，但实际上，更加严重的暴力或者家庭破裂的结果并不是因为公权力的介入，而是外界对家庭暴力的干预力度还不够强大。家庭的和谐不是能够靠社会和受暴人的姑息忍让可以获得的。如果施暴者不停止其家庭暴力行为，公权力又对家庭暴力袖手旁观，那么，更可怕的惨剧随时有可能发生。

其次，对家庭暴力的性质和危害缺乏足够的认识。家庭暴力的大部分受害者往往也只是希望制止加害人的暴力行为，却不希望让加害人受罚，也不愿意家庭因此而破裂。这是公权力介入家庭暴力存在的重大难题。家庭是靠亲情和血缘维系的一个综合体，家庭暴力发生在家庭成员

---

① 王国珍、宋海鸥：《家庭暴力防控中的公权力角色分析》，载《传承》2009 年第 2 期。

内部，公权力的介入涉及公民隐私权和社会知情权之间的矛盾，因此，对家庭暴力案件的处理显得更加复杂和棘手。

再次，认为公权力对家庭暴力的介入是一种资源浪费。要实现对家庭暴力案件的积极主动的干预，不仅需要立法的明确规定，也需要大量的行政和司法资源作为支撑。有人认为，家庭暴力与其他暴力犯罪行为相比，对国家和社会的危害性小得多，没必要动用那么多司法资源去干预，应该利用有限的资源去应对更为严重的犯罪。事实上，家庭暴力犯罪的危害性是全方位的，对国家和社会造成的危害难以估量。从保护人权的角度讲，如果连个人的人身安全都无法保护，还谈何发展？不能因为家庭暴力发生在私人领域，就掩盖暴力行为侵犯受害人基本人权的事实。公权力对反家庭暴力的合理介入，既可以减少家庭暴力案件的发生率，也可以有效地减少由家庭暴力引发的凶杀案和其他潜在的犯罪，这样的"投资"是值得的。

最后，从法律角度讲，婚姻家庭内部的暴力与发生在社会中的一般暴力行为没有任何本质上的区别。在法治社会中，不应该容忍任何形式的暴力，即便是发生在具有亲密关系的家庭成员之间的暴力也是法律所不允许的。有研究发现，家庭暴力中的施暴者往往是重复犯罪者，他们不仅在家庭内部实施暴力，在社会中往往也有犯罪记录。在性格上具有严重的攻击倾向，不仅对家庭成员造成伤害，也对社会上的其他成员造成威胁。家庭暴力也使他们的子女饱受目睹暴力的痛苦，容易形成代际传递，成人后以暴力的方式解决家庭中的矛盾，公权力的介入通过强制手段结束这种暴力循环，对孩子的成长也是有利的。总体来说，法律通过在实施中的教育功能，使施暴者确信家庭暴力行为绝不会被这个社会所容忍，他们必须对自己的暴力行为承担后果，这对消除和减少家庭暴力是有效的方式。

第三章　公权力介入家庭暴力的
正当性依据

　　根据《反家庭暴力法》第 3 条的规定，反家庭暴力是国家、社会和每个家庭的共同责任。国家禁止任何形式的家庭暴力。国家通过事前预防和事后救济等多种渠道介入家庭暴力。既然国家公权力通过立法向社会宣告，国家介入家庭暴力，而且禁止家庭暴力，那么，人们难免要问，作为当今社会最为强势的国家公权力，国家介入家庭暴力的正当性依据何在。毕竟，国家权力非同寻常——国家权力可以合法地拥有并行使强制手段。美国社会学者戴伊认为，"权力即是透过真实的或带威胁性的对于报酬与惩处的使用，而能够影响个人操行的能力。"① "政府权力与其他社会机构的权力不同，它的特点是：（1）对于身体强制力的合法使用；（2）涵盖整个社会，而非只是其中一部分。"因为政府的决策会影响整个社会，而且又只有政府才能合法地使用身体强制力，所以，政府的首要职责即在于维持秩序，并且解决社会不同部门之间的歧异。因而政府必须规范冲突，它可以藉由发展并强制实施一般性的规则来规范冲突。② 公权力，即此处的政府权力，也即国家权力。

---

　　① ［美］汤姆斯·戴伊著，柯胜文译：《权力与社会：社会科学导论》，台湾桂冠图书股份有限公司 2000 年版，第 3 页。
　　② ［美］汤姆斯·戴伊著，柯胜文译：《权力与社会：社会科学导论》，台湾桂冠图书股份有限公司 2000 年版，第 189 页。

不论从历史中还是从现实政治中，我们可以看到，人类有许多种类的国家，如自由民主国家、集权专制国家，等等。不论国家形态为何，国家都拥有权力。英国思想家洛克定义的政治权力是制定法律的权力，加上惩罚不遵守法律者的权力。德国社会学家马克斯·韦伯提出了类似的论断，认为国家拥有对合法暴力的垄断权。所有的暴力或强制行动都由国家实施，或受国家指导。与此同时，国家承担责任，保护境内每个居民不受非法暴力的伤害。当然，如果家庭暴力是非法的，国家有责任保护每个家庭成员免受家庭暴力之伤害。可见，国家有两个基本特性：（1）它有对暴力的垄断权；（2）它对境内的每一个人提供保护。的确，国家应该介入社会生活，否则社会就可能陷入无法无天且人吃人的无政府状态。问题在于，国家是否应该介入家庭暴力。如果国家权力介入家庭暴力，自然会带来一个问题，受害人和加害人是否有义务服从国家权力对家庭暴力的介入。如家庭暴力的加害人是否有遵守《反家庭暴力法》的义务。我们为什么遵守《反家庭暴力法》，因为它是法律，我们就遵守吗？或者说是因为反对家庭暴力而遵守这个法律。我们也许会说，家庭暴力是错误的，是不道德的。如果家庭暴力是不道德的，那么，《反家庭暴力法》的道德依据是什么。因此，为国家公权力介入家庭暴力提供证明，就需要明确反家庭暴力的道德依据。这是一个道德哲学问题。当然，在政治哲学上，人们往往从很多不同角度来论证国家权力介入社会生活的正当性，这种论证同样适用于国家公权力对家庭暴力的介入。

一、基于社会契约论的论证

（一）社会契约论的逻辑

由于每个个体都是社会的一部分，所以个体并不能单单只为了维护自己的利益，个体同样负有义务去维护整个共同体的安全。每个人都有责任去捍卫公共利益，去促进共同的善。如此，每个人也都会从这个有序的共同体中受益。否则社会就可能陷入"一切人对一切人"战争的无政府状态，最终使每个人都遭殃。

公权力为了维护公共利益，有时候必须要限制个人的行为。事实上，个人与社会是休戚相关的，一个健康的、安全的社会可以给人们带来和平和幸福，而一个不健康、不安全的社会充斥着暴力犯罪，那么，个人的利益最终也会受损。①

公权力介入到家庭领域，意味着整体行为自由的范围扩大，而个体行为自由的范围缩小，所以预设权利空间必须要提供正当性的理由。

洛克在《政府论》（下篇）中写道："我还进一步断言，所有的人自然地处于这种自然状态，在他们同意成为某种政治社会的成员以前，一直就是这样。我相信这篇论文的以后部分会把这点说得很明白。"②

为了证明国家的正当性，洛克提出了社会契约论。假如我们能以某种方式证明，每个成员都已经认可国家的权威，或是与国家签订了契约，或是与其他成员相互签订了建立国家的契约，那么，问题似乎就迎刃而解了。通过证明每个人认可国家的权威，我们就证明了国家具有普遍的权威。于是，华夫认为，"我们可以这样来理解假设契约论的推理：即使人们不在国家权威管辖之下，而且由于某种原因处在自然状态之中，如果人们会理性地思索，就会尽全力去建立国家。具体地说，人们会理性地、自愿地订立创建国家的契约。"③

（二）女性主义版"无知之幕"

女性主义主张，忽视家庭是个错误，家庭结构对人的将来有莫大的影响。苏珊·欧金（Susan Okin）藉由约翰·罗尔斯（John Rawls）的正义论（Theory of Justice）来探讨女性与家庭。据罗尔斯所言，如果要决定什

---

① 杨彤丹著：《权力与权利的纠结——以公共健康为名》，法律出版社 2014 年版，第103 页。

② [英] 乔纳森·华夫著，龚人译：《政治哲学绪论》，香港牛津大学出版社 2002 年版，第46 页。

③ [英] 乔纳森·华夫著，龚人译：《政治哲学绪论》，香港牛津大学出版社 2002 年版，第53 页。

么是正义社会所需，最好的方式，就是去问什么是各方的"无知之幕"（Veil of ignorance）背后都同意的原则。任何一方都只知道人类生活及历史的基本事实，却不知道关于他们自己的任何事情，尤其是他们的经济状况、阶级、种族、智能、健康与性别等，或对于什么是良善生活的看法。因此，他们必须去一一考量，自己身陷社会任一处境的可能性。这意味着，在不知道自己会成为哪一种人的情况下，每个人都极力确保，作出对社会所有成员最好的决议。因此，在"无知之幕"背后达成的协议，私利将能激发公平。①

罗尔斯并不十分关注"无知之幕"背后的人会如何思考社会中的男女角色，而欧金却认为"无知之幕"背后的人会很关注这些问题。他们可能很清楚一般的性别结构是导致女性比男性贫困的主要原因。还要考量其他的可能，如在传统的家庭结构中，妇女负责照顾孩子，也赚不到什么钱，或者可能遭受暴力等。"无知之幕"背后的人，因为不知道自己的性别，也不知道自己会是哪一种人，扮演哪一种角色，因此，他们不希望自己因为性别而被迫扮演一个冒着贫穷的高度风险、无法逃离暴力、在人生的重要议题上缺乏决策权力的角色。

（三）"三人社会"的逻辑延伸

"三人社会"理论为家庭正义提供契约论的支持。在力量不平等的两人社会不存在正义，正义只有在一个利益无关的第三方存在的情况下才有可能存在。当代共和、民主国家政府通常由选举产生，他们同每个具体家庭中任何一方都不存在利益关联性，这使得他们能够以第三方的身份评价家庭暴力问题，以一个相对公正的态度对施暴者提出否定性评价，并运用法律手段加以干涉。这种干涉并不破坏家庭正义，而是保证家庭正义的实现。

在 19 世纪以前，西方学者将人类社会简化为两人社会，这种两人社

---

① ［英］Jennifer Mather Saul 著，台湾国立编译馆主译、谢明珊译：《女性主义：议题与论证》，台湾巨流图书公司 2010 年版，第 14—15 页。

会的背景设计影响巨大，阶级斗争学说就是以两人社会为背景的。人类社会确实在很多场合下表现为两人社会模式，在宏观的社会生活中，两人社会模式或许是一种较为常见的模式，但在非政治生活中，如经济生活、社会交往中，两人社会模式是基本上不适用的。在阶级、国家出现以前，道德规则所赖以产生的社会模式以及在阶级、国家出现之后道德规则所赖以存在、变化、发展的社会模式不是两人社会模式，而是三人社会模式。张恒山认为"三人社会"模式是指，"在社会生活中，当任何两人的行为发生互相影响时，都有一个旁观者——他们是该社会的所有其他人——对此行为进行观察和评判。在一个社会中，任何两个人在发生相互的行为作用和影响时，都不仅仅是两个人的事，而是存在着社会其他的人以观察评价的方式表现的参与。"① 在"三人社会"模式中，有三种主体，即行为人、受动人、旁观者。他们作为不同的角色，可能会对同一种行为或情况作出不同的评判。但是，当他们作为旁观者时，他们作出的评判却是一致的。

人民通过社会契约的方式形成公权力，委托公权力的执掌者以旁观者的身份评价社会中各种各样的不公正行为，包括一些强者欺负弱者的行为，如家庭暴力中的施暴行为。

对家庭暴力中施暴行为（损他行为）的评判：

评判标准 ＼ 评判主体	行为人	受动人	旁观者
由自利心评判	无法评判	不应当	无法评判
由道德心评判	不应当	不应当	不应当
由理性评判	不应当	不应当	不应当

施暴行为是一种"损他行为"，行为人、受动人、旁观者在自利心、道德心和理性的基础上对这一行为作出评判，当他们从自利心出发时，

---

① 张恒山著：《法理要论》（第三版），北京大学出版社 2009 年版，第 90 页。

出于自利本能，不一定能够得出统一的评判意见。当他们从道德心出发时，他们却能够形成统一的意见，那就是"不应当"，旁观者作出的评价——不应当——是最为关键的评价。

当他人的行为作用于第三人，并产生不利和损害时，如果我们作为第三方，即使并没有接受过任何文明理论的教育或者宗教信仰的熏陶，仅依据我们的良知的自然情感去做判断，作出的评判也必然是"不应当"，会认为那是一种"恶"。

理性进一步对这一行为进行评价，正如前文所提到过的，如果说道德心是从利他的角度作出评判的话，那么，理性则是从自利的角度作出评判。对于施暴行为这种损他行为，旁观者的理性告诉他：如果听任损他行为的蔓延，自己将来也有可能成为损他行为的受害者。因此，旁观者从避免自身利益受到损害的角度来考虑，就不可能同意损他行为的实施。这也就是说，对损他行为的评价是"不应当"。

公权力的执掌者，实际上是代表社会多数的第三方，对家庭中的强者欺负弱者的行为加以评价，并且以第三方的身份介入，保护家庭中的弱者。公权力受人民的委托，并且由于其作为第三方的身份，一般被认为是处于公正的立场。公权力介入家庭暴力，表面上看是国家公权力介入私人生活，实质上是社会支持公权力代表社会解决家庭内部的不公正现象。

"正义是社会制度的首要德性，正像真理是思想体系的首要德性一样。"如何实现公平正义，公权力就要按照"同一率"的标准行使，对所有的相对方都给予相同的保护，对同样的违法行为要给予同样的处理。公权力有效介入家庭暴力领域，就要有相对统一的法律制度，还有严格遵循程序，尊重而不歧视相对人，从而保护相对人的合法利益，实现法律的公平正义。

公权力是人民委托的权力执掌者，它站在旁观者的立场上，对社会中具体的一个一个的家庭暴力行为、对强者利用其优势欺负弱者的行为进行评价，得出"不应当"的结论。这也就是说，在两人发生矛盾时，由公权力介入，使矛盾双方各得其所，来解决家庭内部的不公正现象，这是"三人正义"的要求。

人们心中存在着对正义的需要，但是它不同于对他人的爱心、同情心、怜悯心等道德心。我们在确定了家庭暴力中的施暴行为是一种"损害他人利益的行为"后，形成了"不应当"的社会评价，进一步形成了"应当不做这一行为"的规则，这是对人们的行为要求，也是普遍主体对这一事物的态度。

当然，上述传统的社会契约论论证、女性主义版的社会契约论论证、三人社会版的社会契约论论证等诸种证明仍然不能打消无政府主义的疑虑。丈夫在家里打老婆，或者说，老婆在家里打丈夫，警察上门过问甚至拘捕丈夫（妻子），是不是狗拿耗子多管闲事。如果这个丈夫（妻子）是一个无政府主义者，他（她）会理直气壮地问警察：是否应当建立这个国家，你们没有征求过我的意见；你们上门采取行动也没有征求过我的许可；现在，你们凭什么来管我们家的事情。可见，在无政府主义者眼里，警察介入家庭暴力的行动是非法的。虽然我们知道，国家是必要的，但无政府主义对国家和警察采取的是严格批评的态度，至少会让国家和警察在采取行动之前三思而后行。国家和警察的行为有时代表了某种道德权威，但当他们的行为违背道德要求时，我们应该予以拒绝。所以，国家法律不正当，不符合道德要求，遵守法律就不是公民的道德责任。一个法律，特别是《反家庭暴力法》就需要诉诸功利主义的论证来证明自己是道德正当性。

二、基于功利主义的论证

（一）功利主义的逻辑

法律要证明是正当的，可以诉诸功利主义。《反家庭暴力法》要证明自己的道德正当性，也可以诉诸功利主义。经典的功利主义者边沁写道：

"臣民应当服从君王，只要服从可能带来的损害小于抵抗可能带来的损害。"① 在任何情况下，道德上正确的行动总是能够带来最大功利的行动。对功利有很多理解，如幸福、快乐或者对欲望或偏好的满足。在功利主义看来，"作为人民的整体，只有在符合他们的利益时，服从法律才是他们的责任。"②

所谓正当性，其实都是针对行为所作出的判断，衡量政府权力干涉个体行为的正当性，就是个体行为/权利的正当性。功利主义者认为，这个正当性就是"最大多数人的最大幸福"原则。

功利主义具有合理性，从总体上讲，人类追求幸福和快乐，是在追求一种"好的""对的"事情，但这是就人类这个整体而言，对于个体来讲，却会出现无法适用的情形。因此，一些学者提出了"共同善"（Common good）的概念，也就是行为对错的判断标准应以促进共同善为原则。共同善是"体现在公共生活方式中的或体现在对善的共同理解和实践中的共同利益。"③ 如果行为促进了共同善，那么，这种行为就会得到社会的肯定；如果行为阻碍了共同善，那么，这种行为就会遭到社会的否定。共同善的价值取向包括自由、平等、正义等。家庭暴力中的施暴行为就是不符合共同善的价值取向，它破坏了家庭内部的正义，也摧毁了家庭成员之间的自由和平等，它是阻却社会共同善的行为，必然要遭到社会的否定。

（二）国家介入家庭暴力的功利主义逻辑

行为的对错是一种价值上的判断，如果上升到法律层面，就成了一种法律判断，即行为是合法的还是非法的。权利在本质上讲就是法律对

---

① ［英］乔纳森·华夫著，龚人译：《政治哲学绪论》，香港牛津大学出版社 2002 年版，第 58 页。

② ［英］乔纳森·华夫著，龚人译：《政治哲学绪论》，香港牛津大学出版社 2002 年版，第 61 页。

③ ［加拿大］威尔·金里卡著，刘莘译：《当代政治哲学》，上海三联书店 2004 年版，第 835 页。

正确行为的肯定。[①] 一个人如果享有某种权利，那么，就意味着他可以合法地作出某种行为；如果他不享有某种权利，也就意味着他做这种行为是非法的，是要遭到法律否定的，否则，公权力就可以介入强制干预。在文明社会，特别是在法治社会中，没有人有权对另一个人实施暴力，不管是在社会上，还是在家庭中，暴力行为都是不能被接受和认可的，如果在家庭中发生暴力行为，那么，法律就会为公权力的干预提供正当性和合法性的保护。这种正当性就是功利主义。

根据功利主义的逻辑，人们遵守《反家庭暴力法》，乃是因为以下几点：

第一，通过《反家庭暴力法》的前提只是——这是唯一条件——与允许家庭暴力的其他任何立法相比，这个法律将为人类幸福作出更大贡献。

第二，《反家庭暴力法》应当由于是法律而被遵守（而且由于不守法会受到惩罚而被遵守），只有在避免灾祸的情况下才可以不遵守该法律。

第三，《反家庭暴力法》若不能满足功利主义原则，就应当被废止和取代。

可见，从功利主义角度来看，作为法律的制定者和执行者，国家的存在是正当的。存在的前提条件是，国家能对人类幸福作出更大贡献。同样道理，国家制定和实施《反家庭暴力法》的逻辑前提是，《反家庭暴力法》能对人类幸福作出更大贡献。

当然，功利主义也面临诸多逻辑难题，如如何把功利予以量化，来进行权衡比较；即使不需要量化，如果某个暴力行为比非暴力更能给人类带来幸福，那么，这个暴力行为是否就具有正当性？比如，一个丈夫打完老婆说，他打老婆获得的快乐远大于老婆遭受的痛苦，那是否意味着这个家庭暴力行为就是正当性？显然，我们需要引入人权原则来予以

---

① 杨彤丹著：《权力与权利的纠结——以公共健康为名》，法律出版社 2014 年版，第 105 页。

论证。

三、基于人权的论证

（一）家庭暴力是否属于人权问题

家庭暴力是否属于人权问题是存在争议的。

有一种观点认为，家庭暴力不是人权问题。因为人权关注的是国家与个人之间的关系，人们在私生活中的行为不属于人权问题。如果说一个人在战乱中遭受暴力，或者在监狱中遭受暴力，政府负有责任，这是人权问题，但是，家庭暴力是发生在私生活领域中的，因而并非人权议题。因为受控诉的对象是加害人，而非国家。

另一种观点认为，应该将家庭暴力视为人权问题，政府有责任介入家庭暴力。一般而言，家庭暴力的受害人是家庭中的弱势群体。如果国家允许加害人躲避惩罚，或者国家对于家庭暴力视而不见，不能对家庭暴力申诉作出回应，那么，国家便成了家庭暴力的帮凶。

人权是先于法律和政府存在的，因此，它既不来自于政府，也不来自于法律的规定。人权来自于人民自身，来自于人民相互间的确认。人的自利本能使人在意识上是相互隔绝的，无法对同一事物、同一问题作出同一评判。人类除了有自利心以外，还有道德心。"不得损害他人"是人类的道德心为人类设立的最基本的义务规范，也是人权得以确立的根据。① 无害性是人权最基本的特征。② 人的自由权是人的基本人权，但是，对于家庭暴力中的施暴者而言，他的自由权却不能作为其任意向受害人施暴的理由，不能为所欲为，他的自由权违反了人类"不得损害他人"这一基本义务规范，他的自由权也就失去了作为人权的依据。家庭中成员的安全权、身体健康权等基本人权，符合人权的基本特性，要受到国家和政府的尊重和保护，因此，公权力对家庭暴力的介入是必要的。

---

① 张恒山：《论人权的道德基础》，载《法学研究》1997 年第 6 期。
② 张恒山：《论人权的道德基础》，载《法学研究》1997 年第 6 期。

（二）人权逻辑

人权的含义从不同的角度可以有不同的解释。人权（Human rights）是人民的自然权利，是人天生应该有的权利；也就是一个人要为人必须拥有的权利，亦即指作为一个人理应享有的，不可被国家和他人剥夺的权利。① 人权体现了公平、正义、善良、人道等美好的人类精神，代表了人类的尊严。"人的尊严，和它所具有的特殊的道德地位，被认为构成了描述这些普遍的、平等的权利，即我们称之为人权的基础。人的尊严以及平等的思想构成了当代人权概念的核心。"② 人权是判断善恶的最高价值尺度，也是人类社会最根本的道德律令。人权是维系社会不同群体良性互动的道德底线，是促进社会团结，防治社会分裂与仇恨的价值保障。人权的三大基石是自由、平等、博爱。这也是人类一直孜孜以求的目标。

人权的产生是在 15 世纪之后，人民不满意教会和专制君主的统治，不满意神权和君权对他们的束缚，而站出来争取人权。人权思想源于1350—1600 年意大利的文艺复兴运动（Renaissance），中世纪的欧洲笼罩在封建制度下，只有王侯、贵族、骑士才能享有权利，且当时人们主要关心宗教和死后世界的问题，现世的生活遭到忽略。文艺复兴于 14 世纪初在意大利兴起，当时的人民开始怀念并钻研古代希腊、罗马的文学、艺术。人们同时也开始怀疑中世纪的美德，寻求新的精神，重视尘世生活和幸福。③ 这就是人文主义（Humanism）。

人权思想家出现于 17—18 世纪，有英国的霍布斯（1588—1679）、洛克（1632—1704），以及法国的孟德斯鸠（1689—1755）、卢梭（1712—1778）等人。霍布斯提出社会契约论，认为国家是人民意志的产物，是由人民建立起来的，不是神给予的；每个人有按照自己意愿的方

---

① 苏景辉著：《弱势者人权与社会工作》，台湾巨流图书股份有限公司 2010 年版，第 3 页。

② 沈宗灵、黄枬森主编：《西方人权学说（下）》，四川人民出版社 1994 年版，第 166 页。

③ 陶东明编：《公民政治》，香港三联书店 1993 年版。

式运用自己的力量保全自己生命的自由，他称此为自然权利。但若没有对个人的自然权利予以节制，人们会互相伤害；为了寻求秩序、和平，大家协议把自然权利转让给执政者（国家）。一如霍布斯、洛克也认为，人拥有"天赋人权""自然权利"，认为生命自由和财产自由是人人享有的、不可剥夺的自然权利，而国家的职责在保护人民个人的权利。孟德斯鸠提出行政、立法、司法三权分立思想，他也提出人民有选举执政者及议员的权利。卢梭也提出社会契约论，并认为国家要保障个人的自由平等、财产、人身安全，国家如果压迫、奴役人民，人民可以运用暴力革命推翻它，建立人民主权的国家，重获政治自由。

综合以上四大人权思想家的观点，可以知悉人权思想的重点有五项：

（1）人民本来就有各种权利，即为自然人权和天赋人权。

（2）为了寻求秩序、和平，人民将权利交给国家。

（3）国家/政府是由人民选出执政者、议员，去形成行政、立法、司法等政府部门。

（4）国家不应该侵害人权，而应该保障人权。

（5）若国家迫害人权，人民可推翻之。①

伟大的思想产生了巨大的变革行动，在18世纪下半叶发生了美国独立战争和法国大革命，革命成功的结果是人权思想得以通过政府文告的形式公示出来，分别是美国的《独立宣言》和法国的《人权宣言》。这两项宣言文件，可以发现有四项重点：

（1）人人生而平等。

（2）每个人都有不可让与的、不可转让的权利，包括生命权、自由权、财产权等。

（3）国家要保障人民的自然权利。

（4）人民可以反抗国家的压迫。

---

① 苏景辉著：《弱势者人权与社会工作》，台湾巨流图书股份有限公司2010年版，第3—4页。

人权强调的是人人平等享有生命权、自由权和财产权等权利，而国家的目的正是保障这些自然权利免受侵犯。①

简言之，人权就是人生而为人所享有的基本权利，不论性别、种族、肤色、国籍、年龄、阶级、宗教，人人皆享有公民、政治、经济、社会与文化人权，以及不受歧视的平等待遇。联合国《世界人权宣言》已经颁布 68 周年。今天，这些人权已经成为普世价值，并有多项国际条约及国内法律予以保障。认真说来，所谓人权，一般是指权利申请人主张，由于他或她属于人类，所以，他或她享有人权。人权可以按照强弱意义予以理解。在弱的意义上，任何人仅仅因为他们属于人类就主张有权享有某种最终状态，那么，他们一定认为所有的人类都想他们主张的那样享有同样的权利。在强的意义上，只有当其他人也主张享有这些权利并且这些权利主张得到承认的情况下，这些权利才是强意义的权利。②

（三）人性尊严

人权的核心在于承认平等的人性尊严。所谓人性尊严，即是人的尊严或者指个人尊严，一般并不将之称为"人类的尊严"，主要是在强调个人的独立性，以及个人之间的差异性，但也不因此否定"多数人"的尊严，或其他"动物类"尊严的存在。"人性尊严"一词，已经从传统的伦理道德、宗教或者哲学用语逐渐演化成法律用语，甚至成为宪法价值的一部分，这正足以刻画出人类争取基本权利与人性自觉的演进轨迹，并显示其时代意义。③

"尊严"二字并没有明确的定义，古罗马人认为，尊严乃是个人在公众中之声誉，尊严系因个人为社会作出贡献而获得。基督教将尊严理解为神的恩赐，因为人是神所造，因此，万民皆有同等的尊严，尊严受伤

---

① 苏景辉著：《弱势者人权与社会工作》，台湾巨流图书股份有限公司 2010 年版，第4—5 页。

② ［英］约翰·伊克拉著，石雷译：《家庭法和私生活》，法律出版社 2015 年版，第159 页。

③ 李震山著：《人性尊严与人权保障》，台湾元照出版有限公司 2011 年版，第 3 页。

害并非来自第三人，而是因为本身的罪行。康德（Immanuel Kant）认为，所谓尊严，是人能自治（或译为自律、自主）之结果，人若在作为一个基本上应自治的范围内，仍受他治或他律，即无尊严可言。[1] 从神学观点言，人性不能自觉到他在上帝面前的尊严，人的本质与存在受到严重异化，即人性自主的沉沦，是所谓的恶。

康德"把人当作目的"之人性观，无疑对人性尊严观念的诠释影响极深。他以人类理性本质，深化人性尊严，并以道德自治为重要的准则，因为自治是人性和一切有理性事物的尊严之基础，对于这种尊严的尊重，基本上就是要求不要只是把人视为一种工具或手段，而是永远的目的本身。[2] "人是由一个一个独立的个体组成的。人的优越之处，不仅在于人的智慧之独一无二性，不仅在于人有思维能力，也不仅在于人可以劳动。更重要的还在于：对于人来说，个别与一般的关系，不是像别的事务那样，'类'就其共性而言，可以代替个别的事物，可以代表个别事务中的本质部分。对人来说，个体的人虽包含人类的共性，但个体的人，不论就其个性，或就其本质而言，永远都是不可替代的，不可化约的。这就是说，在宇宙万物中，唯有人，个体的人，其个性和其本质，是绝对对立的，绝对自由的。"[3]

如果将康德的人性观运用到国家或社会之中，可以推论出，人并非仅是国家及社会之手段或客体，反之，先于国家而存在的人，应为国家之目的。[4] 社会和家庭中的人也是目的，而不能被当作手段，存在家庭暴力的家庭中，施暴者将受暴者作为发泄自己私欲的手段，对受暴者进行身体和精神的控制，是对人性尊严的极大侵犯，也是侵犯人权的行为。

---

[1] Albert Bleckmann, Staatsrecht Ⅱ – Die Grundrechte, 3. Aufl, 1989, S. 448.

[2] 李震山著：《人性尊严与人权保障》，台湾元照出版有限公司 2011 年版，第 11 页。

[3] 高宣扬著：《德国哲学的发展》，香港天地图书公司、台湾远流出版公司 1991 年版，第 96 页。

[4] 诗人 Schiller 亦言："国家本身并非目的，国家之所以重要，系因其成为满足人类目的之条件，而人类目的唯有赖人的全力教育，方能向前推进。" Vgl. Scholl, Die Weisse Rose, Frankfurt 1973, S. 105.

（四）基于妇女权利的论证

家庭暴力尤其是针对妇女的暴力，是两性不平等的重要表现。从本质上讲，这是针对妇女的性别歧视，是妇女发展的重要障碍之一。为了保障妇女人权，实现性别平等，保护家庭中妇女儿童权益，必须反对家庭暴力。①

妇女人权是一种强意义的权利。因为在很多国际文件中就妇女人权作出了规定，甚至有些国际文件对具体国家司法具有拘束力。例如，英国法院尽可能按照《欧洲人权公约》规定的人权标准来解释本国立法。《欧洲人权公约》规定：

第一，不得对任何人施以酷刑或者是使其受到非人道的或者是侮辱的待遇或者惩罚。（第3条）

第二，人人有权享有使自己的私人和家庭生活、家庭和通信得到尊重的权利。（第8条第1款）

第三，任何人在享有本公约规定的权利与自由时，不得因性别（包括性取向）、种族、肤色、语言、宗教、政治的或者是其他见解、民族或者社会的出身、与少数民族的联系、财产、出生或者其他地位而受到歧视。（第14条）②

在实践中，英国体罚儿童的法律得以修订，与《欧洲人权公约》关系密切。

对人权的保护特别是对妇女权利的保护已经在全球获得了普遍认同。联合国1979年《消除对妇女一切形式歧视公约》也体现了这一精神。妇女作为人应该与男性享有平等的权利，保持平等的地位，然而家庭暴力所呈现出的男性成为压迫者，而女性则成为屈从者的关系，背离了无论

---

① 张晓玲、李思、王浩东：《反家庭暴力与妇女权利保障》，载中国人权研究会编：《中国人权事业发展报告（2014）》，社会科学文献出版社2014年版，第187页。

② ［英］约翰·伊克拉著，石雷译：《家庭法和私生活》，法律出版社2015年版，第160页。

男女人人平等的宗旨。家庭暴力否定了受害人的平等权利，侵犯了受害人的尊严，是加害人对受害人在身体上、经济上和精神上的统治。"在家庭暴力面前，妇女被无尽的羞辱、身心的疼痛和精神上的无助包裹着，无法过一种体面的家庭生活，无法平等地发展、进步，社会的正义难以伸张。"① 当一种权利受到侵犯时，国家义务也就随之产生，国家有义务对侵权者予以制裁，对受害人予以保护。

其实，早在《世界人权宣言》起草之初，联合国人权委员会即认为人权应平等地普及于男性、女性与儿童。当时的人权委员会主席艾伦诺·罗斯福（美国总统罗斯福的夫人）在草稿会议中强烈建议，将宣言名称由"Man's"改为"Human"，以更符合宣言普遍包含了所有人类的内涵。② 或许由于女性参与了人权宣言的起草工作，《世界人权宣言》除在序言中强调男女平等权利外，第16条及第25条亦载明对女性婚姻权及寡妇、母职的特别保护。《世界人权宣言》本身成为后来国际上保障女性人权之公约与宣言的源头，如后来1967年《消除对妇女歧视宣言》及1979年《消除对妇女一切形式歧视公约》）。

显然，根据已有的国际文件看，家庭暴力是妇女人权问题。这些国际文件说明，人类社会有一个道德共识，即家庭暴力侵犯妇女人权。传统的人权保障，多针对国家（state)在公领域中对个人人权的压迫与侵害，性别观点并不受重视，女性人权之侵害行为常见诸私领域之婚姻家庭生活中，直到1993年在维也纳举行的世界人权会议上，才正式成为国际人权议题。此次会议的一个重要共识在于世界各国承认，妇女人权乃是普世人权不可分割的核心组成部分，《维也纳宣言与行动纲领》明确规定，妇女和女童的人权，是普遍性人权中不可剥夺的和不可分割的一个整体部分。国际社会的优先目标为：使妇女在国家、区域和国际层次，能够

---

① 张晓玲、李思、王浩东：《反家庭暴力与妇女权利保障》，载中国人权研究会编：《中国人权事业发展报告（2014）》，社会科学文献出版社2014年版，第191页。

② 台湾大学妇女研究室编译：《妇女人权学习手册：在地行动与全球联结》，台湾心理出版社2005年版，导读，第 xvi 页。

充分、平等参与政治、公民、经济、社会与文化生活，并消除基于性别的各种形式的歧视。在私领域中的个人暴力行为及侵权行为也是侵犯人权，必须接受惩治。1993 年年底的联合国大会通过了《消除对妇女的暴力行为宣言》。此后，经过妇女组织的不懈努力，世界各国大多承认"女权即人权"（Women's rights are human rights) 这个观念。截至 2004 年 10月，根据联合国妇女发展基金的报告，有 45 个国家立法禁止家庭暴力，另有 21 个国家正在起草相关法律，也有超过 110 个国家将妇女人权列入国家发展计划。①

（五）基于儿童权利的论证

儿童有三种利益，即"基本利益"、发展利益和自主利益。前两种利益涵盖了为了维持健康生活包括心理所必需的生活条件的满足以及自我发展所必需的各种条件的满足。"这些利益可以被视为强意义上的权利的充分依据。因为即使非常年幼的儿童，在他们的心理和生理上都表现出强烈的驱动力。这种驱动力可以帮助儿童识别出许多最终状态，那就是他们的利益所在。在儿童的发展过程中，这些利益都要得到维护。"现在，这些利益通过许多方式得到了社会认可，尤其是联合国《儿童权利公约》在这方面作了许多规定。②

拉兹认为，"具有高度自主权的个体是他们自己的道德世界的创建者之一"，"通过自主生活，人民的福祉得到了提升"。③ 他的这些论断都是价值判断。约翰·伊克拉写道："我们可以想象一下一个这样的社会，这个社会的成员认为，儿童的自决权，实际上也就是未来一代成年人的自决权不符合任何人的利益。这样的社会绝对不会是一个开放社会。开放

---

① 台湾大学妇女研究室编译：《妇女人权学习手册：在地行动与全球联结》，台湾心理出版社 2005 年版，"导读"第 xvi 页。

② ［英］约翰·伊克拉著，石雷译：《家庭法和私生活》，法律出版社 2015 年版，167页。

③ ［英］约翰·伊克拉者，石雷译：《家庭法和私生活》，法律出版社 2015 年版，第167 页。

社会的一个先决条件是，个体自治权利的行使被认为是符合该个体的利益。开放社会的另一个先决条件是，相信人们有权利认为，他们有权获得民事行为能力并表达他们自己的利益。那么，我们就有可能将这个个体实际主张的享有行使自治权的权利视为一种强意义的权利主张。"①

儿童权利是一种自决权。儿童监护人的职责是"为儿童建立最有利的环境，推动儿童逐步完善的个性得到进一步发展，以这种方式来塑造结果"②。儿童的福利是国家要考虑的首要事项。显然，家庭暴力有悖于儿童福利。不论是对儿童的虐待，还是由于夫妻纠纷对儿童引起的间接伤害。"一种充斥着争吵、扭打、虐待或冷漠的家庭生活环境极容易给家庭中的儿童带来精神阴影，造成儿童心理扭曲、抑郁、缺乏爱等一系列精神疾病问题，不利于家庭生活的健康有序开展，不利于儿童的身心健康发展，反过来也必然制约社会的进步。"③ 基于此，国家应该通过立法反对家庭暴力。

四、基于伤害原则的论证

（一）家庭成员的社会属性

对于家庭的看法似乎有两种，一个理想化的自给自足的小世界，有人说它安逸，有人说它令人窒息，而一个更大的世界，有人说它疏离，有人却说它没有压力。我们可以谴责小群体要求整齐划一的压力，忠诚的成员都是没有头脑的应声虫，也可以赞扬它们是消除孤独感和局外感的庇护所。我们可以高举自治、自由和个人主义的标语，也可以高举社区、友情和公民美德的大旗。对于"我们这个时代最大的恶"，我们既可

① ［英］约翰·伊克拉著，石雷译：《家庭法和私生活》，法律出版社 2015 年版，第167页。

② ［英］约翰·伊克拉著，石雷译：《家庭法和私生活》，法律出版社 2015 年版，第168页。

③ 张晓玲、李思、王浩东：《反家庭暴力与妇女权利保障》，载中国人权研究会编：《中国人权事业发展报告（2014）》，社会科学文献出版社 2014 年版，第192页。

以说是疏离，也可以说是社会压力。但正如很多其他令我们迷惑的主体一样，这种对照是错误的。显然有两种情况会错过目标。人要么付出个体性的代价，在群体中像羊群一样被同化，要么保持独立，像原子或孤岛付出归宿和"回家"的代价。但是没有理由认为这两者都是不可避免的，我们必须在这两者中择一轻害。在同化和隔绝之外，还有另一种选择是将个人整合到与他意气相投的群体中，他既不会被抑制，也不会被疏离，除非他愿意，他仍可以保持他的正直和自由。① 家庭是一个小型社区，这些小型社区构成了社会大社区。一个人既是小社区的一员，也是大社区的一员，个人的自由必须与社区的共同利益相协调，小社区的自治必须与大社区的共同利益相协调。国家法律就扮演了这个协调者的角色。

家庭暴力不能仅仅被看作是私人领域的话题。无论是从传统上讲，还是从现代某些学者的观点看，家庭暴力领域之所以排斥公权力的介入，最大的正当性理由就是，家庭属于私领域，公权力的介入是对私生活的干涉，是对公民隐私权的侵犯。那么，这一理论是否能站得住脚呢？从性别平等的角度分析，这一理论显然是不合理的。公权力不仅应该而且完全可以介入家庭暴力。

实际上，当家庭暴力出现时，家庭就具有了准公共领域的性质。家庭暴力作为一个全球性问题，并不仅仅是暴力问题，更多的是男性作为一个群体对女性这一群体的权利控制关系。米利特认为，"个人的就是政治的"。这也就是说，政治"并不是那种狭窄的只包括会议、主席和政党的定义，而是指一群人用于支配另一群人的权利结构关系和组合"②。显然，男性对于女性的权利结构关系和组合也被涵盖在政治概念之中。她把两性之间的支配服从关系与制度联系起来，使家庭内的两性关系摆脱

① ［美］乔尔·范伯格著，方泉译：《刑法的道德界限（无害的不法行为）》（第四卷），商务印书馆 2015 年版，第 103 页。

② ［美］凯特·米利特著，宋文伟译：《性政治》，江苏人民出版社 2000 年版，第 32 页。

了"私人领域"的特征，成为了公共领域内的话题。因此，就家庭暴力而言，以"个人空间的自治""私人领域"等为理由来排斥公权力的介入是不合乎法理的。①

人不仅生活在家庭之中，还具有社会属性，人本质上是社会的产物。他生在一个家庭，这个家庭属于某个更大的部落或者更大的政治社区，每个社区都有自己的过往历史，作为这个更大群体的一员，社会习俗界定了他在社区中的角色定位，他从一开始就有了某种成员感和归属感。自由主义者虽然致力于个人自治，却并不排斥每个群体都应受到正义和公平原则的约束。他会像密尔那样坚持，个人的自我实现是对个人的善，个人自治是获得这个善的必要条件，但是他必须承认一个显而易见的事实，在这个过程中自我实现的东西，植根于我们的社区中。② 因此，人所具有的社会属性意味着，施暴者所作出的施暴行为，不仅仅影响着家庭，在某种程度上讲，也会损害社会的公序良俗，如果国家对此放任不管，会对整个社会产生不良的影响。

（二）损害与不法

"损害"所指某人的情况或状态，意即某人的利益受到不利影响所导致的状态。不过，利益受阻退仅为损害原则中狭义损害的要素之一。在特定意义上，损害由妨碍、阻挠、削弱、剥夺利益等行为造成，且该等行为皆属不法。因此，当我们说不法损害时，其完整的词形变化应当是：某人对被害人实施的行为，该损害行为致使被害人的行为受到阻却。由此，说到"损害"时，我们是指 A 通过阻却 B 的利益而对 B 造成影响。因此，A 损害 B,即指：

---

① 张彩凤、沈国琴：《家庭暴力案件中警察权的权限及行使原则——性别平等主义视角下的分析》，载《中国人民公安大学学报（社会科学版）》2009 年第 1 期。

② ［美］乔尔·范伯格著，方泉译：《刑法的道德界限（无害的不法行为)》（第四卷），商务印书馆 2015 年版，第 85—92 页。

（1）A 实施行为。

（2）A 行为时抱有引起不利后果或类似后果的企图，或对该后果存在过失或疏忽，以有瑕疵或错误的方式对 B 造成风险。

（3）A 的行为方式具有道义的可责性。

（4）A 的行为是导致 B 的利益受到阻却的原因。

（5）A 的行为是对 B 的权利的侵犯。①

综合以上分析，家庭暴力行为是施暴者对受暴者实施的损害行为，是一种不法行为，是对受暴者权利的侵犯。

我们已经看到，任何有理性的学者都不否认损害原则的意义，但自由主义者更愿意尽可能就只以这一条原则设定全部界限，而否认其他原则为国家干涉提供依据的效用。古典自由主义理论因其内容空泛且富有弹性，成为传统自由主义最具有吸引力的部分。当中不仅包括自由和平等，还包括友爱。自由主义者都知道，要摆平自由和平等的关系已经很难，何况还有协调个人自治与代表"友爱"的一系列价值之间的关系。这些价值在广义上包括成员精神、忠诚、协作、公民精神、公众参与等。② 不过，很多自由主义者不得不稍稍留出余地，承认冒犯原则（严格解释和限定的前提下）。甚至约翰·斯图尔特·密尔在他断然宣称"对于文明社团中的任何一员，之所以能够正当地以权威否定其意志，唯一的目的就是防止对他人的损害"。这一论调之后，也在随后的章节中以冒犯原则作为补充，"……有很多行为"其直接损害仅及于行为者本人，因此，不应由法律予以禁止，但此类行为若公开实施会破坏善良风气，则又可归属到损害他人的行为而可以正当地加以禁止。当冒犯行为已十足惹人生厌，以致被冒犯者无处可逃时，就连自由主义者也会失去耐心，

---

① ［美］乔尔·范伯格著，方泉译：《刑法的道德界限（对他人的损害）》（第一卷），商务印书馆 2013 年版，第 116 页。

② ［美］乔尔·范伯格著，方泉译：《刑法的道德界限（无害的不法行为）》（第四卷），商务印书馆 2015 年版，第 82 页。

要求国家提供"保护"。① 而家庭暴力行为正是这样一种行为，不仅使受暴者受尽折磨，也让整个家庭跌入痛苦的深渊，因此，公权力需要介入到家庭暴力中去。

密尔一直致力于探讨"社会所能合法施用于个人的权力的性质和限度"，他提出了"伤害原则"，用形象的话说就是"我们挥动手臂的自由止于他人鼻子所在的地方"②。伤害原则是解释权力干涉个体行为的最经典的解释，也容易被人们都接受。"每个有完全行为能力的人都应该享有行为的自由权，除非他的行为给别人带来了危险。"③ 这也就是说，当一个人的行为给他人带来了伤害，政府就有权力制止和惩罚该行为。无疑，家庭暴力行为不但给被害人带来了伤害，也会给其他家庭成员带来伤害，公权力介入反家庭暴力中，是源于每个人都有权力保全自己不受他人的非法侵害。一个人的行为自由不能超出他本身的权利空间，一旦进入了别人的权利空间，使他人的权利受到损害，那么，政府就有权力进行干预，公权力也就取得了相应的权力空间。

个人自治是对抗公权力介入家庭领域的重要理由，在不伤害他人的前提下，个人不受权力的非法控制，可以根据自己的价值和观念自由的行动。"尊重个体的自由权，就是要求尊重个体无条件的存在价值和自由意志，个体应该被当作目的，而不仅仅是手段。个体不能只被当作别人的客体，而没有顾及他自己的愿望和目标。"④ 自由的前提是不伤害他人，不管是多元主义还是自治主义，都认为只要不伤害他人，政府不应该限制完全行为能力人的自由，除非政府有更高的理由。"唯一名副其实的自

---

① ［美］乔尔·范伯格著，方泉译：《刑法的道德界限（对他人的损害）》（第一卷），商务印书馆 2013 年版，第 14 页。

② 张玉堂：《我们有死的权利吗——对安乐死争论的法理学思考》，载《法学》2001 年第 10 期。

③ Joel Feinberg, The Moral Limits of the Criminal Law, Harm to Self, Oxford University Press, 1986, 27.

④ 杨彤丹著：《权力与权利的纠结——以公共健康为名》，法律出版社 2014 年版，第 107 页。

由，是以我们自己的方式追求我们自身之善的自由，只要我们没有企图剥夺别人的这种自由，也不去阻止他们追求自由的努力。无论在身体、思想还是精神的健康上，每个人都是他自己最好的监护人。对比被强迫他人以为善的方式生活，人们彼此容忍在自己认为善的方式下生活，人类将获得更大的益处。"① 这也是家庭自治原则存在的合理性。然而，个人自由不是没有边界的，个人自由的边界止于他人的自由、健康、安全和其他合法权益。

基于"伤害原则"，公权力取得了介入家庭暴力行为的正当性。家庭暴力行为伤害到了别人，并且这种行为具有真实的危害性，个人的行为给他人造成危险，为了维护受害者的利益和社会公共利益，公权力必须要对此行为加以管制。

五、进一步的思考："愿者不受害"准则

公权力对家庭暴力的介入是否违背"两厢情愿"原则？所谓两厢情愿，也就是"愿者不受害"准则。一个人既可以因自己实施的完全自愿、利己的行为受到损害，也可能因为经其完全同意的他人行为受到损害。某些人甚至可能渴望受到损害，同意他人的行为恰恰是因为他相信该行为对自己有损害，如一个深感内疚的人陷入自我痛恨中，想要通过自我惩罚寻求解脱。当然，人们可能怀疑是否正常的人会有这样的想法，而把想要受到损害的愿望视作是一种疾病，来减轻其自愿的程度，继而认为这种认定同意是无效的。②

令人感兴趣的问题是，人们是否可能因其完全同意的行为而被不法侵害，如在家庭中，一方是施虐者，另一方是受虐者，施虐行为是在受虐者完全同意的情况下进行的，在这种情况下，法律该如何认定？一条

---

① ［英］约翰·穆勒著，孟凡礼译：《论自由》，广西师范大学出版社 2011 年版，第 13 页。

② ［美］乔尔·范伯格著，方泉译：《刑法的道德界限（对他人的损害）》（第一卷），商务印书馆 2013 年版，第 125 页。

法律格言从反面回答了这个问题：愿者不受害（Volenti non fit injuria）。这条古老的格言来自于罗马法，至今，在所有的法律体系中仍占据中心地位。① 有关这一格言的最早争论出现在亚里士多德的《尼各马可伦理学》一书中。② 按照亚里士多德的说法，一个人不法侵害另一人，意即主动将损害加诸其身。若此损害并非强迫的结果，且于完全知晓所有相关情形的情形下实施，包括知晓此行为与其承受者愿望相反的事实，则此损害的施加是受害人自愿的。而一个人不可能同意受到他人的不法侵害，因为若如此，意即同意受到违背自己愿望的对待，这是荒谬的。③

　　"愿者不受害"在常识中可以得到大量的证实。我们都不希望在开始时某人希望我们做某事，但在事情结束后又以受伤或者愤慨的语气抱怨我们那样做了。这也就是我们通常所说的"人们不能在放弃权利后又抱怨权利受到了侵犯。"④ 从某种程度上讲，对某种行为的许可使其成为该行为的一方，由此，任何随之而来的抱怨都会至少部分地指向他自己。这也就是说，在某种情况下，即使我同意了该行为的实施，我似乎仍然保留抱怨他人损害行为的道德权利。在另一种情况下，甚至一个理性的人也会强烈倾向与抱怨他们经自己同意的损害行为。我们越是赞成同意准则，就越需要在认定同意的自愿性上采取更高的标准。仅当自愿者的同意完全处于自愿时，同意准则方可以在排除指责的事由上具有最强的说服力。仅当某人具有行为能力且无行为障碍时，亦即就相关事实既未受到威胁、误导或欺骗，也未被某种难以察觉的条件影响所操纵时，他

---

① 有关其在英国侵权法中的作用和历史，参见温菲尔德、戈洛维奇：《论侵权》，英国斯威特马克斯韦尔公司 1975 年版，第 614—616 页。

② ［古希腊］亚里士多德著：《尼各马可伦理学》，商务印书馆 2003 年版，第 8、9、11章。

③ 在 W. D. 罗斯的英译本中（伦敦牛津大学出版社 1925 年版），亚里士多德粗略的论证中提到了某些自由，实际上他的结论是，没有人希望受到不公平对待（第 129 页），"如果他把财产让与他人"，亦并非自愿不公的对待自己（不法侵害自己），"因为如此一来，相对于他的愿望，他并未承受痛苦，至多只是承受损害"（第 130 页）。

④ ［新西兰］约翰·萨尔蒙德著：《萨尔蒙德论法理学》，英国斯威特马克斯韦尔公司1957 年版，第 261 页。

的同意方可被认定为完全出于自愿。①

密尔认为，仅有对损害的预防才能使强制正当化，有人能够正当地干涉一个理性的成年人自愿实施仅损害其本人的行为（因为这一损害并不"非法"），同时也无法正当地阻止某人实施损害另一人的行为，只要后者在自由而且知情的情况下同意且自愿承担损害自己的风险。当然，若该被同意行为看来是如此公然的损害，以致没有任何理性的人竟会同意这样的损害，那么，可以合理地假定同意者并不理智，他的同意因此是无效的。这使得我们能够依据经同意原则补足的损害原则，干涉他的自由。但是如果认定使同意无效的不理智或无行为能力情形的唯一证据就是被同意行为本身具有公然损害性，而同意者并不具备任何其他无行为能力或非自愿的独立判断依据的话，就无法形成证明链条使得同意无效。或许在某种情况下，我们会说"同意这样的事，他真是疯了"，就是由该同意的性质推导出同意者的疯狂。这就造成在并无充分理由的情况下，认定某人无行为能力。然而，我们仍要为强制性干涉辩护，根据就是，即使是理智的成年人，有时也需要保护，免受自己愚蠢之举的后果所害（无论他们愿不愿意），但这样一来就抛弃了之前解释的损害原则，即损害原则仅适用于作为不法侵害的那些损害。②

在反家庭暴力的实践中，警察也可能遭遇这样的情形。比如，邻居或者社区工作人员发现疑似家庭暴力的情形而向公安机关报案，警察接到报案后赶到现场，施虐者和受虐者都宣称是完全自愿的行为，在这种情况下，就可以依照上述原则处理，当然，如前文所述，在认定同意的自愿性上要采取更高的标准，而主体必须是有理智的成年人，且该被同意行为不会造成公然的损害。

"愿者不受害准则"只能适用于完全行为能力人。针对无行为能力人

---

① ［美］乔尔·范伯格著，方泉译：《刑法的道德界限（对他人的损害）》（第一卷），商务印书馆2013年版，第126—127页。

② ［美］乔尔·范伯格著，方泉译：《刑法的道德界限（对他人的损害）》（第一卷），商务印书馆2013年版，第127—128页。

和限制行为能力人，社会需要加以强制性的保护，则适用最大利益原则。

最大利益原则的指出（Best interests），目的就在于保护无行为能力人和限制行为能力人。之所以对他们作出特别的保护，是因为他们没有足够的能力作出有利于自己的判断，而政府有义务去保护这类群体的生命健康安全。这种保护弱势群体的观点已经得到了广泛的赞同。"最大利益"，是指如果个体没有相应的行为能力，或者个体的愿望并不明确，那么，政府替他所作出的决定必须是基于他个人利益的最大化。[1] 这一原则看到了个体行为能力的缺陷，从而对其进行倾斜性的保护，政府本着善意的原则避免儿童利益受到损害，这一原则是有重大价值的。

---

[1]　杨彤丹著：《权力与权利的纠结——以公共健康为名》，法律出版社 2014 年版，第 109—110 页。

第四章　公权力介人家庭暴力的形式

如前文所述，国家公权力介入家庭暴力有必要性，也有正当性，问题还在于，国家应该以什么形式介入家庭暴力。根据《反家庭暴力法》的规定，国家介入的形式主要有预防、处置和人身安全保护令。换言之，一方面，国家以立法的形式而不是道德说教的形式介入家庭暴力；另一方面，还通过警察介入、司法介入、社会介入等形式介入家庭暴力。

一、立法介入

就当今世界范围而言，部分政府通过立法，惩罚各种家庭暴力行为特别是暴力侵犯妇女的行为。虽然法律是打击家庭暴力的重要手段，但是家庭暴力并不纯粹是法律问题。如果缺乏相应的专门立法，发生家庭暴力，受害者就只能诉诸一般性的法律条文，而这些条文不是专门针对家庭暴力的受害者情形制定的，所以在适用过程中，受害者的人权往往得不到切实保障。即便是有专门家庭暴力立法，对各种家庭暴力有明确的法律规定，但是，正如我国通过的反家庭暴力立法都是采取列举式的立法方式，将各种不同暴力行为予以罗列，其缺陷在于这样立法让人看不明白这些暴力行为之间的逻辑联系。其实暴力行为往往并不是孤立的。现有立法关注到很多家庭暴力行为，但忽视了这些暴力行为之间的关联性。尤其是在针对妇女的暴力行为方面，法律通常未触及妇女受暴、歧视妇女、妇女附属于男性等三个现象之间的关系。用康纳斯的话说："有关妇女受暴的法律条款，其发展过程往往因此流于片段。"① 为了应对家庭暴力——这一具有一定程度普遍性和严重危害性的社会问题，世界上的许多国家都制定了专门的反家庭暴力法，实践证明，制定和实施专门的反家庭暴力法是应对和防治家庭暴力行为最有效的手段之一。

（一）我国反家庭暴力之立法现状

下面本文将从时间和不同层面立法的两个角度，对我国的反家庭暴力立法进程进行梳理和回顾。

从时间角度来讲，1995 年第四次世界妇女大会在北京的胜利召开，使我国的反家庭暴力立法经历一个从无到有的过程。全国妇联权益部部长蒋月娥将这个进程分为四个阶段②：第一阶段，1995 年第四次世界妇女大会在北京召开之前，被称为是我国家庭暴力概念的空白期。在传统观念的影响下，除了构成严重刑事犯罪的家庭暴力行为以外，大多数家庭的暴力行为被当作家庭内部的私事来处理和解决，调解是最常见的解决方式。"家庭暴力"这一术语还没有出现在正式的法律文件中。第二阶段，从 1995 年第四次世界妇女大会召开以后到 2000 年，"家庭暴力"的概念首次出现在我国的法律体系中。在这一阶段中，我国反家庭暴力立法进入了起步期，地方立法先行，1996 年湖南省长沙市通过了第一个反对家庭暴力的地方性政策《关于预防和制止家庭暴力的若干规定》，2000年湖南省人大常委会通过了第一部反对家庭暴力的地方性法规《关于预防和制止家庭暴力的决议》，"家庭暴力"的概念开始进入公众视野，学界和大众开始关注这一问题。第三阶段，从 2001 年到 2011 年这十年，我国的反家庭暴力立法进入了一个迅速发展的时期。2001 年第一次在国家级立法中明确禁止家庭暴力，此后的相关法律也都对家庭暴力问题作出了规定，如《妇女权益保障法》《未成年人保护法》《残疾人保障法》

---

① Connors, Jane, "Government Measures to Confront Violence Against Women" Women and Violence, ed. Miranda Davies, London: Zed Books, Ltd. 1994, 182 – 3.

② 蒋月娥：《中国反家庭暴力立法的进程》，载《中国妇运》2014 年第 6 期。

《老年人权益保障法》等，地方立法也蓬勃发展，各地都陆续制定了反家庭暴力专门地方性法规，反家庭暴力方面的理论研究也不断深入，很多专家学者开始关注这一问题，并致力于呼吁消除和减少家庭暴力。第四阶段，2012年以后，我国的反家庭暴力立法深入发展。2013年第十二届全国人大常委会将制定反家庭暴力法列入五年立法规划，由国务院提请审议。2014年国务院法制办发布了《反家庭暴力法（征求意见稿）》及其说明，征求社会各界的意见。2015年12月27日，第十二届全国人民代表大会常务委员会第十八次会议通过了《反家庭暴力法》，至此，我国第一部专门性的反家庭暴力法终于落地，该法于2016年3月1日起正式施行。

从立法不同层面的角度对我国的反家庭暴力立法进行梳理。我国目前正在形成一套包含国际、国家、地方三个层面的立法保障体系。第一，从国际层面上来讲，我国已经签署了《消除对妇女一切形式歧视公约》《消除对妇女的暴力行为宣言》《儿童权利公约》等反对家庭暴力方面的国际公约。同时我国也是《北京宣言》和《行动纲领》的发起国和签署国。这一系列的国际公约和文件，使妇女问题成为人权问题，国家和政府有责任预防和制止家庭暴力成为国际社会的普遍共识。我国作为国际公约的签署国，负有减少和消除家庭暴力、保护妇女人权的国家责任和国际义务，影响和推动了我国反家庭暴力立法的发展进程。第二，从国家层面上来讲，在专门的反家庭暴力立法出台以前，对于家庭暴力防治的规定散见于《宪法》《婚姻法》《妇女权益保障法》《未成年人保护法》《刑法》等各项法律中。2001年最高人民法院《关于适用〈中华人民共和国婚姻法〉若干问题的解释（一）》，2008年最高人民法院发布的《涉及家庭暴力婚姻案件审理指南》，2008年全国妇联、中央宣传部、最高人民检察院、公安部、民政部、司法部、卫生部联合发布的《关于预防和制止家庭暴力的若干意见》也对家庭暴力作出了具体的规定，具有比较强的可操作性。2015年出台的《反家庭暴力法》共计6章38条，是业内专家学者呼吁和等待了20年的结果，这项法律的出台填补了我国在反家庭暴力领域顶层法律的空缺，有利于维护和建设平等文明和谐的家庭关系。第三，从地方层面上来讲，我国地方立法先行，湖南和广东关于反家庭暴力的立法都先于国家级立法，为国家立法提供了实践经验。①

(二) 对《反家庭暴力法》的评析

1. 专门出台《反家庭暴力法》的社会基础

第一，反对家庭暴力的社会共识已经基本形成。1995 年第四次世界妇女大会在北京召开以来，家庭暴力问题日益受到公众的重视和关注，各级政府和相关部门对家庭暴力工作重要性的认识也逐渐提升，家庭暴力不再是一个家庭内部的私事，而是一种违法行为，国家应该采取有效措施全面制止家庭暴力已经成为社会共识。② 公众普遍认可家庭暴力应该以立法的形式予以全面禁止。③

第二，现有立法及司法实践为制定专门的《反家庭暴力法》提供了立法依据和实践经验。我国国家层面的立法以及地方层面的立法，都为家庭暴力防治法的出台奠定了基础。④ 近些年来法院对家庭暴力案件的审理，核发人身保护令等司法实践也为立法提供了实践经验。

第三，学术研究活动为家庭暴力立法提供了理论支撑。以家庭暴力为主题的学术研究活动提升了反家庭暴力的理论水平，提高了社会各界

---

① 刘延东：《我国反对家庭暴力地方法规、政策比较研究》，载《时代法学》2011 年第 2 期。

② 全国妇联 2011 年在全国 20 个省开展电话抽样调查显示，93.5% 的被调查者支持制定反家庭暴力法。参见蒋月娥：《中国反家庭暴力立法的进程》，载《中国妇运》2014 年第 6 期。

③ 荣维毅、宋美娅主编：《反对针对妇女的家庭暴力——中国的理论与实践》，中国社会科学出版社 2002 年版，第 29 页。

④ 《宪法》《婚姻法》《妇女权益保障法》《未成年人保护法》等都为禁止家庭暴力作出了原则性的规定；2001 年最高人民法院《关于适用〈中华人民共和国婚姻法〉若干问题的解释 (一)》，2008 年最高人民法院发布的《涉及家庭暴力婚姻案件审理指南》，2008 年 7 月全国妇联、中央宣传部、最高人民检察院、公安部、民政部、司法部和卫生部联合发布的《关于预防和制止家庭暴力的若干意见》等都对家庭暴力作出了较为具体的规定；各个省、自治区、直辖市出台的预防和制止家庭暴力的地方性法规、规章，为制定专门的《反家庭暴力法》提供了丰富的立法经验。

对反家庭暴力的关注度，也推动了反家庭暴力实践发展。尤其是以全国妇联、中国法学会为代表的有关组织和机构的专家学者，对立法的重点和难点问题形成了一系列研究成果。① 这些理论和研究为预防和制止家庭暴力立法提供了有力的理论支撑。

第四，国际公约以及国外反家庭暴力立法的经验为我们提供了借鉴和参考。我国签署的《消除对妇女的暴力行为宣言》《消除对妇女一切形式歧视公约》以及发起并参与制定的《北京宣言》《行动纲领》等均表明了我国在消除对妇女的暴力方面的国家责任。其他国家和地区的立法也给我国提供了宝贵的经验，结合我国的国情，与现行相关法律相结合，《反家庭暴力法》的出台是我国反家庭暴力工作的必由之路。

2. 专门出台《反家庭暴力法》的意义

第一，《反家庭暴力法》的出台，彰显了国家尊重和保障人权，是党和国家贯彻全面依法治国重要战略部署的具体体现，旗帜鲜明地表明了国家预防和制止家庭暴力、引导家庭和睦、促进社会公平、增进人民福祉的态度和决心。

第二，《反家庭暴力法》的出台，打通了公权力介入家庭暴力的渠道，改变了过去"家庭暴力是家务事""法不入家门"的观念，使家庭不再是隔离于社会的孤岛。《反家庭暴力法》划定了家庭成员的行为红线，任何人不能以任何理由逾越这条红线侵害其他家庭成员的合法权益。它有助于建立和谐的家庭关系，让每个人更好地在家庭中履行自己的责任，是家庭和社会和谐的促进之法。此外，《反家庭暴力法》通过建立强制报告制度、紧急庇护制度、告诫制度、人身安全保护令制度、撤销监护制度等，构建了一套较为完整的预防和制止家庭暴力的制度体系，丰富了公权力干预家庭暴力的措施和手段。

---

① 比如，《家庭暴力防治法制度性建构研究》《我国开展反家庭暴力专项立法研究报告》《公权力介入家庭暴力正当性研究报告》《消除家庭暴力与媒介倡导：研究见证与实践》《域外防治家庭暴力立法及社会性的比较研究报告》等。参见蒋月娥：《中国反家庭暴力立法的进程》，载《中国妇运》2014 年第 6 期。

第三，《反家庭暴力法》的出台，一方面扩大了反家庭暴力的保护范围。除了身体上的暴力，它也明确地将"精神暴力"纳入到家庭暴力范围之中。另一方面，还把家庭成员以外共同生活的人之间实施的暴力行为纳入《反家庭暴力法》的范围。

第四，《反家庭暴力法》的出台，表明了国家对家庭暴力的零容忍。"家庭暴力"的构成是否需要产生"严重后果"，对这一问题，学界曾经存在争议。有的学者认为，任何立法都要考虑到它的可行性与现实性。①但也有学者对此持相反的观点。家庭暴力类型多样，而"造成一定的伤害后果"不是构成家庭暴力的必要条件。因为"造成一定的伤害后果"这一标准本身就是难以定量的。加拿大学者安利丝·艾科恩指出："法官和律师们似乎只是关注构成人身侵害的一记耳光或某个重拳。他们根本不会考虑一次拳打脚踢或推搡前前后后的那些侮辱、恐吓、性侵犯、隔离行为。如果把这些都考虑进去，那么会发现，它比一次孤立的拳打脚踢恶劣的多。"②对于这一争议，《反家庭暴力法》已有定论，即对家庭暴力应该采取"零容忍"，不能以警力缺乏、资源不足等原因忽略家庭暴力行为。

3. 存在的几点不足

第一，我国出台的《反家庭暴力法》扩大了家庭暴力的概念和适用范围，稍显遗憾的是，未将性暴力明确纳入其中。由性虐待引发的伤害案件并不少见，侵害了女性的基本人权——性权利。法律虽然没有明确将性暴力写入其中，但也没有明确排除性暴力的条文，而是以"等"字设计了开放式的规定。

---

① 我国人口基数庞大，如果按暴力行为20%的比例计算的话，就会有几千万家庭，公安、检察等机关做干预的，只能是有犯罪嫌疑的家庭，而不是一切存在家庭暴力的家庭。对数量庞大的家庭暴力行为，不分轻重一律由公权力介入处理，不仅没必要也是不现实的。参见陶毅：《反家庭暴力立法刍议》，载《东南学术》2001年第2期。

② 刘伯红主编：《女性权利——聚焦〈婚姻法〉》，当代中国出版社2002年版，第161页。

第二，没有就家庭暴力的损害赔偿问题作出规定。对于家庭暴力的损害赔偿问题，也存在着诸多争议。有学者认为，应当建立家庭暴力的损害赔偿制度。理由是：根据民事侵权行为法律责任的一般原则，在家庭暴力中受害人所遭受的财产损失应该由加害人负责，受害人的精神损害也应该由加害人予以补偿，这样才能使受害人，尤其是女性受害人得到全面的保护。[①] 也有学者认为，因家庭暴力导致离婚的，受害人才有权要求赔偿，如果没有提出离婚请求的，则无权请求损害赔偿，这也就是说，把离婚作为家庭暴力损害赔偿请求的条件。这种观点有待商榷。严重的家庭暴力行为可能导致离婚的后果，但也不是必然导致离婚的后果，如果把家庭暴力的责任割裂开来，是显失公平的。家庭暴力行为是一种侵犯人权的行为，它的法律责任不是特殊责任而是一般责任，不能把离婚作为家庭暴力损害赔偿的前提条件。当然，在实践中，是否要追究加害人的损害赔偿责任，取决于受害人是否提出这种请求，很多情况下，即使法律作出了这样的规定，受害人也未必提出请求，但是，法律应该赋予受害人这种请求权，而不是剥夺这种请求权。[②]

也许有人会认为，婚姻关系存续期间的家庭暴力损害赔偿问题，在理论上能够成立，但是实际操作上却存在困难。我们认为可以分为以下几种情况，首先，如果夫妻之间实行的是分别财产制，那么进行人身损害赔偿就不存在任何障碍，让受害人既承担人身伤害又承担实际损失，是不符合公平原则的；其次，如果夫妻双方有婚前个人财产，进行人身损害赔偿也同样可以操作；最后，只有在多数或者是全部为共有财产的情况下，这个问题才存在一定困难，对此，我们可以借鉴国外的一些做法，如在法国民法、德国民法、瑞士民法中，都有关于终止夫妻财产共有关系的规定，理由可以是一方权利的滥用，也可以是其他影响配偶一

---

① 陶毅：《反家庭暴力立法刍议》，载《东南学术》2001 年第 2 期。
② 陶毅：《反家庭暴力立法刍议》，载《东南学术》2001 年第 2 期。

方财产利益的原因。[①] 我们认为，法律应当赋予受害人这样正当的请求权，是否行使由当事人根据自己的意愿和实际情况作出决定。受害人如果选择行使这种请求权，有可能损害夫妻关系，但是也不是没有可能改善夫妻关系。从立法的角度上来讲，我们应当优先确定权利，而不能以"关系"否定权利。

第三，关于举证责任问题。"谁主张谁举证"原则是我国民事责任追究的一般原则，而举证责任倒置则是这一原则的例外。只有《民法通则》第126条规定，建筑物或者其他设施以及建筑物上的搁置物、悬挂物发生倒塌、脱落、坠落造成他人损害的情形实行举证责任倒置。在司法实践中，举证责任倒置不仅仅是对事实证明责任的倒置，更是直接关系到诉讼结果。《反家庭暴力法》没有对证据问题作出具体规定，由于家庭暴力案件的发生往往具有隐蔽性，受害人除了可以提供伤情鉴定以外，往往难以提供其他充足的证据，要求受害人承担全部举证责任，会使受害人处于十分不利的地位。对家庭暴力案件缺乏特有的处理程序和证据规则，必然导致家庭暴力受害人举证负担过重，案件事实难以认定，难以使施暴者得到应有的法律制裁。

二、警察介入

（一）警察干预家庭暴力的职责

1. 法律对警察介入家庭暴力的职责规定

从警察的学理定义观之，警察为促进社会福利，保障公共安全与秩序，应该介入家庭暴力。传统所称之警察，即凡具有以维持社会公共安宁秩序或公共利益为目的，并以命令等强制手段特征的国家行政主体。台湾学者陈立中认为，"国家为保护公益，以强制力限制人民自由，而行使其行政行为者为警察，如无强制之必要，即不得谓为警察"。日本学者

---

① 陶毅：《反家庭暴力立法刍议》，载《东南学术》2001年第2期。

美浓布达吉认为："警察者，以维持社会安宁，保护公共利益为直接目的，基于国家一般统治权，命令或强制人民之作用。"台湾学者林纪东认为，"警察者，以保护公共利益，为其直接目的，基于国家之统治权，以命令强制人民之作用。"台湾学者梅可望认为，"警察是依据法律，以维持公共秩序，保护社会安全，防止一切危害，促进人民福利之目的，并以指导、服务、强制为手段之行政作用。"德国沃格尔（Vogel）教授认为，"警察系防止公共安全与公共秩序危害任务之谓。"① 因此，台湾法律学者李震山总结认为，从学理上看，所谓警察，"举凡行政机关中以维持社会公共安宁秩序或公共利益为目的，且不排除使用干涉、取缔、强制之手段者皆属之。"②

法律赋予了警察对家庭暴力的救助责任。《人民警察法》和《反家庭暴力法》都作出了相关规定。公安机关必须负起自己的责任，做到依法行政，否则就要承担相应的法律责任。

有人可能认为，警察介入家庭暴力，会为了社会安全而牺牲个人自由。正如德国学者苏乐（Scholler）所说，"在现代国家中，肯定没有任何一种法律体制，能圆满折冲人类自由与安全间之矛盾，德国警察与秩序法体制亦不例外。从德国立法者重新颁订之警察法及行政机关适用该法过程中可发现，新法并未减轻国家负担，反之，为兼顾自由与安全两大要求，需在根本上及个别案件中寻求不同之解决方法。"在这段话中，不难看出，自由与安全之间有一种紧张关系。即使在警察对家庭暴力的介入上，是否介入，如何介入，也存在这种紧张关系。当然，一个追求自由民主的国家，既考虑自由，也考虑安全，但绝不会轻易因为安全就牺牲自由。当行政效率与人权保障发生冲突时，宁可舍前者而留后者。英国哲学家波普尔在《开放社会及其敌人》一书中说："吾人应为自由绸

---

① 李震山著：《警察行政法论——自由与秩序之折冲》，台湾元照出版有限公司 2007 年版，第5—6页。

② 李震山著：《警察行政法论——自由与秩序之折冲》，台湾元照出版有限公司 2007 年版，第6页。

缪，而非仅为安全算计，因为有自由才能确保安全。"① 可见，公权力不得以治安为名，不当限制公民的基本权利；不得以社会公益为名，不当限制公民的基本权利。至于自由与安全、人权与治安、福利与干预等对立概念之间的紧张关系，在不同的时空情境下，有不同的内涵。但是，随着家庭暴力成为人权问题，成为社会问题，警察介入家庭暴力势在必行。

2. 警察权力的特殊性

警察是干预家庭暴力的至关重要的力量，其重要性可以用不可替代来形容，其要作用主要源于警察权力的特殊性。表现在：首先，工作时间上的特殊性。公安机关实行 24 小时值班备勤，可以随时接处警，家庭暴力案件发生时，可以得到快速、有效、直接地处理。并且一般来讲，家庭暴力的高发时段并不在日常工作的 8 小时时间段，而是在晚饭过后和节假日期间，此时，很多政府机关和有关部门都处于休息状态。其次，职权的特殊性。公安机关人民警察权力是一种非常特殊的国家权力，具有特殊的强制性、内容的法定性、主体的特定性、形式的多样性、影响的广泛性，具有很强的制服抵抗能力，对社会的影响非常广泛。警察拥有的采取强制措施的权力，是任何其他部门都不具有的。最后，身份的特殊性。在一般群众眼中，特别是普通农村老百姓的眼中，警察身着制服，代表的就是国家和政府，因此，警察是政府形象的最佳代言人。因此，公众对警察机关干预家庭暴力期望值很高，警察对于家庭暴力案件的处理态度，会直接影响公众的社会心理，也会影响公众对家庭暴力的认识，甚至是对政府公信力的认识。

结合《刑法》《刑事诉讼法》《治安管理处罚法》《人民警察法》《反家庭暴力法》等相关法律的规定，警察对家庭暴力行为具有法定的制止、

---

① 李震山著：《警察行政法论——自由与秩序之折冲》，台湾元照出版有限公司 2007 年版，第 297 页。

调解、侦查、处罚等权力。具体来说，主要包括以下几个方面：①

（1）对正在实施的家庭暴力行使制止权；

（2）按照有关规定调查取证的权力；

（3）对实施家庭暴力的行为人或者实施虐待家庭成员的行为人进行处罚，行使行政处罚权；

（4）对家庭暴力案件中情节轻微的，行使调解权；

（5）对构成犯罪的家庭暴力行为，依法应追究其刑事责任的，行使侦查权。

鉴于警察权力的特殊性，公安机关在处理家庭暴力时应做好以下工作：第一，认真做好接待工作，确保受害者投诉有门，并对报案人的信息予以保密，这是反家庭暴力工作的前提。多年以来，公安机关受"清官难断家务事"的影响，对不够刑事立案标准的家庭暴力案件没有给予应有的重视，使得一些受害者投诉无门，也使施暴者更加有恃无恐。对此，《反家庭暴力法》把家庭暴力的处置专设一章，对公安机关的工作职责作了具体的规定，为日后的反家庭暴力工作提供了法律依据和理论支持。第二，对即将发生或者正在发生的家庭暴力必须在接警后及时出警，有效制止暴力伤害的发生和发展，给予受害人有效的救助有时比单纯的事后制裁施暴者更有意义。各地公安机关开通的110报警系统，为家庭暴力案件中的受害者求助提供了极大的方便。第三，做好后期的救助工作。对于无民事行为能力人、限制民事行为能力人因家庭暴力身体受到严重伤害、面临人身安全威胁或者处于无人照料等危险状态的，公安机关应当通知并协助民政部门将其安置到临时庇护场所、救助管理机构或者福利机构。第四，对情节轻微的家庭暴力予以调解，对加害人给予批评教育或者出具告诫书。告诫书制度属于我国首创，体现了我国立法的"创新性"，告诫书比口头批评教育更为严厉，也可以作为家庭暴力案件的证据使用，对施暴人具有很强的震慑力，有利于受害人的日后维权。因此，

---

① 赵颖著：《警察干预家庭暴力的理论与实践》，群众出版社2006年版，第67页。

公安机关要对这项工作予以高度重视，并根据告诫书监督加害人不再继续实施家庭暴力。第五，做好多机构合作的协调者。家庭暴力的防治不能仅仅依靠公安机关的单打独斗，要与司法、医疗、社区、妇联等多个部门和单位协同合作，要有联动意识。另外，还要在办案过程中做好法制宣传的工作。公安机关直接接触群众，做好法制宣传，对预防和消除家庭暴力具有特殊作用。

3. 警察在处理家庭暴力工作中的角色

警察在家庭暴力防控中的角色，影响着警察在反家庭暴力工作中的工作效果和工作态度。结合国内外警察处理家庭暴力实践，警察在家庭暴力防治中主要有三种角色：执法者、调解人、社会工作者。[①] 这三个角色共存于警察一身，警察如何认定自身的角色，对于其对待和处理家庭暴力有很大影响。

（1）执法者。我国《宪法》《人民警察法》《治安管理处罚法》《反家庭暴力法》等相关法律都赋予了人民警察保护公民人身安全、人身自由，预防、制止和惩治犯罪的重要任务。家庭暴力行为不仅侵犯了公民个人的人身安全和财产安全，也给国家和社会带来损失。人民警察应当依照法律以执法者的身份介入到家庭暴力案件中去，履行好公安机关在防治家庭暴力中的职责。

（2）调解人。针对情节轻微的家庭暴力案件，根据当事人双方的意愿，警察可以对其进行调解。但是调解不是简单的劝和，不是把家庭暴力看作个人隐私不予介入，而是在把家庭暴力和社会暴力等同看待的情况下，以调解的方式依法处理家庭暴力。警察在作为调解人角色处理家庭暴力案件时，首先，要坚决反对和制止家庭暴力；其次，要怀着对人权尊重的立场，尊重双方当事人的意愿，尤其是受害人的意愿；最后，调解不能以牺牲受害人的利益为代价。需要引起注意的是，调解绝不能

---

① 赵颖著：《警察干预家庭暴力的理论与实践》，群众出版社 2006 年版，第 109—112 页。

作为处理家庭暴力事件的唯一办法，否则很容易导致矛盾积累，最终以暴制暴，酿成大案。因此，警察对家庭暴力的调解需要十分慎重。

（3）社会工作者。社区警务是对警察执法方式的思考，也是对警察职责的反思。由于家庭暴力具有持续性、反复性、隐蔽性等特点，警察处理家庭暴力并不是一件简单容易的工作。短期的使用逮捕等强制措施可以及时制止家庭暴力，但是对于受暴妇女的需求来说，这还远远不够。而"社区警务的关键就是要在社区中获得大量的公众支持和参与"①。社区警务的模式使警察成为社区的服务者，除了维护打击违法犯罪的职责以外，还要致力于解决生活中的琐碎问题。社区警务的发展，可以为警察开展多机构合作提供契机，也为给受害人提供长期援助提供了一个机遇。

（二）我国公安机关在处理家庭暴力过程中的难点与问题

1. 我国传统文化观念对家庭暴力的忽视和纵容

在历史上，中西方都曾经存在着一定程度的对虐妻现象的容忍和丈夫对妻子控制合法性的认同。我国是一个典型的父权、夫权社会，男尊女卑体现在社会生活的各个方面。男性作为一个家庭的继承者和领导者拥有至高无上的权力和绝对的权威，而女性则成为男性的附属品。虐妻在很大程度上被看作是丈夫的一种权力，是家庭内部夫妻之间的事。古代丈夫殴打妻子所承担的责任比妻子殴打丈夫所承担的责任要轻得多。如《唐律疏议·斗讼》中规定："诸殴、伤妻者，减凡人二等。死者，以凡人论。殴妾折伤以上，减妻二等。""诸妻殴夫，徒一年。若殴伤重者，加凡人斗伤三等。"② 由此可见，在传统社会的家庭暴力中，男性不仅仅是在身体上，甚至是在法律上，都处于强势地位，而女性则处于弱势地位，甚至连平等反抗家庭暴力的机会也被剥夺。同时，法律也剥夺了女

---

① 赵颖：《美国警察"社区为本"的反家庭暴力模式》，载《上海公安高等专科学校学报》2005 年第 2 期。

② 赵颖著：《警察干预家庭暴力的理论与实践》，群众出版社 2006 年版，第 102 页。

性利用法律反抗丈夫施暴的途径。《大元通制·诉讼》规定："诸妻讦夫恶比同自首原免，凡夫有罪，非恶逆重事，妻得相容而辄告讦其夫者，笞四十七。"[①] 女性面对男性的犯罪，不能向官府告发，否则就会受到官府的刑事处罚。正是在这些传统文化观念的压制下，丈夫对妻子施暴成了"家务事"，公权力的介入屡遭质疑。

2. 对家庭暴力危害性认识不足

（1）民警方面。首先，一些民警认为，家庭暴力与其他刑事犯罪相比，社会危害性要小很多，在如此繁重的警务工作中，没有精力也没有必要去介入家庭暴力。面对受害人的求助，大部分的警察都能做到出面制止，但是也有部分警察认为"两口子打架，不是家庭暴力""连这事我们也要管，还忙得过来吗"，这些话出自一些民警的口中，这种认识是民警潜移默化接受男权统治家庭模式的结果，导致部分民警在执法过程中，对家庭暴力予以忽视和纵容，干预和制止不力。其次，也有民警担心，警察介入家庭暴力可能会引发更严重的暴力甚至家庭破裂，因而不想管。他们认为，家庭内部的冲突和矛盾最好在家庭内部解决，所谓"夫妻床头吵架床尾和"，外界的干预会让施暴者感觉丢了面子，会更加无所顾忌地实施暴力，这种情况也不是没有发生过，但是，消除家庭暴力不能靠受害人的姑息忍让，维持家庭和谐和完整必须使加害人停止施暴行为。如果家庭暴力已经相当严重，警察又不介入，有可能引发更可怕的惨剧。

（2）当事人方面。当事人对家庭暴力行为缺乏正确认识，也是家庭暴力防治难度大的一个重要原因。男尊女卑的思想在很多人心中根深蒂固，一些受害妇女都已经习惯和接受了男女不平等的社会结构。虽然我国在提高妇女地位方面做了很多工作，也签署了联合国的《消除对妇女一切形式歧视公约》，社会对家庭暴力仍没有统一的正确认识。家庭暴力的主要受害者是妇女、儿童和老人，其中95%以上是妇女。[②] 受暴妇女选

---

① 赵颖著：《警察干预家庭暴力的理论与实践》，群众出版社2006年版，第103页。

② 荣维毅、赵颖编著：《警察培训手册》，中国社会科学出版社2004年版，第18页。

择忍气吞声的重要原因，一是内心深处接受男尊女卑的封建思想，二是缺乏自我保护意识和维权意识。特别是农村地区一些文化素质不高的妇女，逆来顺受，不知道该如何保护自己，在家庭暴力面前束手无策，甚至还帮助施暴者隐瞒真相，逃避追究。"家庭本身就有排他性，封闭性。如家庭不接纳外来者，外人无法知道一个家庭的内幕。"① 在警察干预家庭暴力过程中，受害者行为上反复无常，对外界干预持怀疑态度，一方面，在遭受暴力时报警求助；另一方面，当看到施暴者可能遭遇处罚时，又开始纠缠办案民警，给警察工作带来很大难度，网络上曾流传一篇文章《为什么家庭暴力受害者向警方求助时通常不被受理?》，就反映了民警在执法过程中所遭受的阻力与困惑。

（3）多机构合作方面。警察在反家庭暴力工作中发挥着不可替代的重要作用，但是反家庭暴力工作不能靠公安机关单打独斗，还需有社会多个部门协调合作，才能取得良好成效。首先，公安机关联动意识不强。警察作为家庭暴力案件的第一个接受者和处理者，扮演着十分重要的角色，是最早、最熟悉案件情况的人，理应做好多机构合作的积极协调者，但就目前来看，很多民警缺乏联动意识，使家庭暴力防治的实效大打折扣。其次，良好的联动机制没有建立。多机构合作需要建立长效机制，各部门和机构要本着良好的合作心态，认真负责的对待家庭暴力，不能互相推诿，各自为战，只有这样，才能够解决力量分散的问题，切实提高干预家庭暴力的实效。最后，公安机关要在法律规定的基础上，开展与相关机构在反家庭暴力工作方面的合作，更好地为受害者提供救济，遏制和减少家庭暴力的发生。

（4）执法保障方面。在执法保障方面，也存在着诸多不足。表现在：一是领导重视不够，家庭暴力工作一直都不是公安的主要工作，长期以来都受到忽视，另外也有法律规定不完善以及领导个人对家庭暴力认识不足等原因。二是经费保障不力。反家庭暴力是一项长期的工作，需要

---

① 蓝瑛波：《家庭暴力根源探析》，载《江苏社会科学》1995 年第 4 期。

足有的经费保障和警力支持。但是当前公安机关特别是基层派出所，普遍面临着警力不够，经费不足的情况，使得警察在反家庭暴力工作中疲于应付，不能充分干预。《反家庭暴力法》第 4 条第 3 款规定："各级人民政府应当对反家庭暴力工作给予必要的经费保障。"这一规定也为日后公安机关的反家庭暴力工作提供了支持。

（三）家庭暴力案件中警察的不作为问题

公安行政不作为，是指公安机关在行政执法过程中，由于不履行法定职责，给公民、法人或者其他组织造成一定损害的行政行为。在服务型行政大背景下，公安行政不作为是公安行政执法中存在的突出问题之一，严重危害了公安机关甚至政府的公信力。公安行政不作为具有公安机关专属性、具体性和复杂性，如何遏制和防范这一问题，是目前我国公安机关执法监督的一项重要任务。

根据主权在民理论，国家公权力来源于公民权利的让渡。"每个人都是把自己奉献给全体而不是奉献给任何一个个人，由于每个人都能从其他结合那里得到与他转让的权利相同的权利，所以每个人都得到了他失去的东西的等价物，并获得了更多的保护其所有物的力量。"① 人们之所以愿意放弃手中的权利，就是因为他们通过个人的力量，不足以保护自己时，就需要一个更为强势的公权力来保障他们的自由和安全，政府作为受托人有责任和义务合法有效的行使公权力，无权抛弃和免除法定职责。由此，公权力的来源和本质就决定了当政府有法定的作为义务而不作为时，就构成了一种违法行为。这种隐性侵权给社会造成的危害有时甚至会超过显性侵权所带来的危害，不仅造成公民在利益上的损害，也会导致公民丧失对政府的信任，使国家公信力下降。

1. 公安行政不作为的构成要件及成因分析

要正确把握公安行政不作为问题，首先要分析其构成要件。一是警

---

① ［法］卢梭著：《社会契约论》，商务印书馆 2011 年版，第 19 页。

察负有某种作为的法定义务，这是前提条件，这里所指的特定义务必须是法律上的义务，不能与道德上所期待的义务混同，要具有强制性、相对稳定性和责任追究性；二是该义务有履行的可能性，即具有履行义务的主观意志力，由于不可抗力等非主观意志因素造成的不作为，不构成公安行政不作为；三是公安机关不作为或者公安机关已经有了某种作为的表现，但是却没有达成法定的目标，而且这种未达目标，行政主体本来具有达成的可能性，却由于主观原因造成未达目标的结果。

对于公安形成不作为的原因，很多学者都有论述，总结起来，主要有以下几种原因：（1）警察职业倦怠。这是指一种由工作导致的身心俱疲的状态。美国心理学者马斯拉池提出，职业倦怠主要表现在三个方面：一是情绪上的衰竭，情感资源干涸，工作热情丧失；二是非人性化，以一种消极的、麻木的、否定的态度去对待别人，甚至把人当作没有生命体的物体来看待，再无同情心可言；三是个人成就感降低，在工作中体会不到成就感，自我效能感丧失，对工作的意义产生怀疑，不想再付出努力。① 我国警察职业倦怠现象也同样存在，很多民警长期处于危险和超负荷的工作压力之中，得不到适当的放松和休息，影响了民警的身心健康，反映到工作态度上就是能躲则躲，情绪焦躁，对工作没有兴趣，能不做就不做，很多公安行政不作为与此不无关系。（2）警察职能泛化导致角色不清。"有困难找警察""四有四必"等承诺将公安的服务职能不切实际地扩大，把一些本不属于警察职责范围内的事情也转嫁到公安机关身上，但是警察的本质决定了警察的服务只能是有限的和相对的，不可能包办一切，也不可能成为无所不能的"救世主"。有限的警力与无限扩张的职责形成了巨大矛盾，当公安机关无法应对时，不作为便成了自然而然的事情。② （3）警务保障不足。要想让警察提供一个满足社会安全

---

① 张振声、徐永红：《中国警察职业倦怠问题解析》，载《中国人民公安大学学报》2004 年第 3 期。

② 郭莉、严春银：《公安行政不作为原因新探及其对策》，载《贵州警官职业学院学报》2006 年第 2 期。

的公共产品，一方面，需要国家保障能承受；另一方面，也需要警察的代价能承受。警察在公安经费不足的情况下，考虑到自身的执法成本，不作为有时也就成了一种无奈选择。

2. 家庭暴力案件中警察行政不作为认定

按照传统理论，"家庭和家庭生活"属于私人领域，而警察的职责范围仅限于公共领域，造成了很长一段时间以来警察对家庭暴力案件行政不作为的执法现状。然而，随着近些年对家庭暴力理论研究的深入，人们逐渐认识到，该领域内的暴力与其他领域的暴力行为一样具有违法性，不能因为受害人的亲属身份而使施暴人免于处罚，公权力介入家庭暴力是合理合法的也是必然的趋势。因为警察是唯一 24 小时服务，并能在需要时及时作出反应的职业，因此各国都把警察作为防治家庭暴力的最重要的力量。

《反家庭暴力法》明确规定了公安机关对家庭暴力的防治和制止职责，明确了反家庭暴力是国家、社会和每个家庭共同的责任。在不作为的法律责任方面，《反家庭暴力法》第 36 条规定："负有反家庭暴力职责的国家工作人员玩忽职守、滥用职权、徇私舞弊的，依法给予处分；构成犯罪的，依法追究刑事责任。"如果公安机关不处理或者不及时处理，就构成了公安行政不作为，要承担相应地法律责任。

但是，公安机关如果在法定期限内只是履行形式上出警义务，干预的手段、力度和措施都违背常理，不能够达到惩治施暴人和保护受害人的目的，那么能否构成公安行政不作为呢？答案是肯定的。公安机关负有保护公民合法权益的职责，这种做法明显与之相违背，也不符合现代服务行政的理念。现代警务改革要求向服务型警务转变，警察不仅仅是执法者，更是社会公众的服务者。[①] 在处置家庭暴力案件时，警察并不是只要出警了就是履行了法定义务，作为义务不仅有形式上的要求，也应

---

① 赵敏：《服务行政视角下公安行政不作为新探——以警察干预家庭暴力为例》，载《河北法学》2013 年第 8 期。

当有内容上的要求。具体来讲，警察在干预家庭暴力案件的过程中，"不仅仅是制止正在发生的家庭暴力，对施暴人进行教育并带离现场，还要按照规定询问当事人、证人、勘察现场、提取证据和制作笔录，及时提醒受害人查看伤情并将医生的报告留作日后证据，协助受暴人向法院申请人身保护令，将受害者转移到安全和地方如庇护所，帮助受暴人联系家庭或其他社会救助机构如妇联、居委会等，如果构成治安或者刑事案件要按其相应的程序立案等。"①

因此，公安机关在处置家庭暴力案件时，仅仅满足于从"不出警"到"出警"的转变是远远不够的，还要注意自身角色的转换，从消极的调解者身份转变成积极的行政执法者。此外，在执法过程中还要有服务意识，注意人性化的服务，包括注意询问态度和语言，保护受害人隐私，避免造成对受害人二次伤害等。如果公安机关在实践中虽然出警但是不愿多管多问，形式上有作为的行为，但实质上却因没有实施足够的作为行为，干预程度不够，达不到法定职责义务的要求，这样的行为实际上产生的是不作为的实际效果，给当事人所造成的伤害，甚至要远远大于单纯的不作为行为或作为性的行政违法行为，因此干预的有效性必须受到重视。

综上所述，随着警察角色的转变和警务改革的推进，公安行政不作为将越来越成为社会关注的焦点，这种行为不仅有损警察自身的形象，也是对其法定职责的亵渎，损害了法律的权威。要对其进行更好的规制，以促进公安行政管理和服务工作的展开。

三、司法介入

（一）我国对家庭暴力司法介入的不足之处

（1）司法机关对家庭暴力认识不足。首先，司法机关对家庭暴力工

---

① 赵敏：《服务行政视角下公安行政不作为新探——以警察干预家庭暴力为例》，载《河北法学》2013 年第 8 期。

作的认识还不到位。在专门的《反家庭暴力法》出台以前，司法机关在实践中对家庭暴力案件关注比较少，对反家庭暴力工作存在认识不清、重视不够的问题，家庭暴力是家务事的传统观念在部分司法机关工作人员脑中仍根深蒂固。其次，没有设立专门的审判庭，没有配备富有经验的专人处理家庭暴力案件，导致实践中处理效果不理想，常常倾向于以调解结案。

（2）法律方面。《反家庭暴力法》出台以前，我国在反家庭暴力领域存在着顶层空缺的尴尬，没有专门统一的法律体系，对家庭暴力的司法介入缺乏法律支持；刑法中没有设立家庭暴力罪名，对于虐待、遗弃等家庭暴力行为部分实行"不告不理"，使司法机关难以介入；举证责任分配也不合理，实行"谁主张，谁举证"的原则，使在家庭中处于弱势地位的受害人很难得到保护；对家庭暴力的处理事前预防少，多数只能在伤害行为发生后做一些补救措施。这些法律方面的不足，使司法救济大打折扣。

（3）在我国之前人民法院的司法实践中，家庭暴力一般不作为独立案由存在，凡是涉及家庭暴力的犯罪一般都被归纳到离婚、赡养、抚养费纠纷等案由中，不能作为独立诉求。人民法院缺乏负有审判经验的专门人员处理案件，反家庭暴力工作的实效并不理想。《反家庭暴力法》明确了人民法院在反家庭暴力工作中的职责，《反家庭暴力法》第20条明确规定："人民法院审理涉及家庭暴力的案件，可以根据公安机关出警记录、告诫书、伤情鉴定意见等证据，认定家庭暴力事实。"第33条规定："加害人实施家庭暴力，构成违反治安管理行为的，依法给予治安管理处罚；构成犯罪的，依法追究刑事责任。"这些规定给日后的审判工作提供了法律依据，有利于反家庭暴力工作的深入开展。

（4）人身安全保护令制度还没有发挥应有的作用。我国现有的对家庭暴力的救济措施包括离婚、治安处罚、自诉、公诉等途径，但是除了逮捕和治安拘留以外，其他救济途径都不能使受害人尽快摆脱施暴者，受害人始终处于施暴人的威胁之下，而民事保护令制度则可以使受害人尽快得到公权力的保护，并且具有很强的可操作性。我国部分法院已经进行了尝试，取得了良好的效果，遗憾的是，这一制度还没有在全国法院普遍施行，没有发挥应有的巨大作用。《反家庭暴力法》对人身安全保护令制度专设一章，体现了法律对人身保护令制度的重视。

（二）司法介入中的几个相关问题

1. 保护令制度

人身安全保护令制度是预防和制止家庭暴力的有效司法救济手段。我国《反家庭暴力法》第 23 条第 1 款规定："当事人因遭受家庭暴力或者面临家庭暴力的现实危险，向人民法院申请人身安全保护令的，人民法院应当受理。"

（1）设立人身安全保护令制度的意义。

首先，在我国现行法律制度下，家庭暴力受害人在遭受暴力行为侵害时，或者由受害人提起民事诉讼或者刑事自诉，或者由公权力介入追究加害人的刑事责任，也有可能由公安机关加以治安处罚。但是，这些法律制度和规定仍不能给受害人提供全面和充分的救济，如除了治安拘留和刑事拘留以外，其他的处理方式都不能使加害人尽快远离受害人。再加上观念上的原因，很多时候公安机关在处理家庭暴力案件时，也是持消极处理的态度，只能发挥暂时隔离的作用。另外，诉讼程序要经历漫长的一审、二审，一些法官基于家庭暴力是家务事的错误认识，一味进行调解。在诉讼程序期间，受害人面对加害人的侵害无处可逃，如果因为逃避暴力行为而四处藏匿的话，又会影响正常的生活，有时甚至是失去赖以生存的工作。加害人反而不受约束，自由自在，即使被判刑也往往刑期不长，这种情况的延续不仅不能遏制家庭暴力，还会使加害人变本加厉，有恃无恐。

其次，人身安全保护令制度可以使公权力预先介入到可能发生的家庭暴力中，对家庭暴力行为形成有效制约。曾有一些学者认为，我国目前《民法通则》第 134 条中规定的侵权责任的承担方式，如停止侵害、排除妨碍、消除危险、赔偿损失、赔礼道歉、消除影响以及恢复名誉等方式可以适用于家庭暴力侵权中，并能实现对受害人的充分保护。[1] 问题是实践中这些法律制度并不能及时充分的救济家庭暴力中的受害人。家庭内部的侵害不同于社会领域内的侵害，因为加害人与受害人之间存在着一定的亲密关系，这种亲密关系的存在决定了一般的民事侵权责任承担方式并不能有效救济受害人，如如果法院判令加害人停止侵害，但由于加害人与受害人仍然共处一室，加害人可能将暴力转嫁到孩子身上，从而使受害人受到心理和精神上的折磨。而人身安全保护令制度则不仅可以禁止加害人继续实施暴力行为，也可以涉及使加害人迁出居所，禁止骚扰以及子女抚养等问题，而这些远不是一般民事侵权责任承担方式所能包涵的。

最后，无论是英美国家，还是我国台湾地区，反家庭暴力法中的保护令制度都在制止家庭暴力、保护受害人合法权益方面发挥了举足轻重的作用。而面对我国社会生活中伴随经济以及职业上的压力，家庭暴力现象愈演愈烈，构建有效而严密的反家庭暴力机制，不仅是法治国家的需要，也是实现性别平等的需要。我们要根治家庭暴力，不仅要使加害人停止暴力行为，还要保护受害人及其子女的安全，这样的目的仅仅依靠制裁已经发生的暴力是远远不够的，而人身安全保护令制度则可以在加害人和受害人之间筑起一道安全的防火墙，加害人一旦违反保护令中的行为限制，即使没有实施暴力行为，也会遭到严厉的法律制裁。保护令的核发，使加害人难以与受害人接触，提高了受害人的安全感，也减少了受害人再次遭受侵害的风险。我国《反家庭暴力法》设立人身安全保护令制度，彰显了法律对于弱势群体的尊重和保护，在反家庭暴力领域具有不可或缺的地位。

---

① 宋炳华：《论家庭暴力防治中之民事保护令制度》，载《中华女子学院学报》2008 年第 1 期。需要说明的是，宋炳华对这种观点也是持批判态度。

（2）人身安全保护令制度的法理基础。

首先，实现"有权利即有救济"。这一理念表明，一项权利的实现仅靠立法的宣告是远远不够的，还必须有一套完善的救济机制。家庭暴力行为侵害了受害人的基本人权，包括身体权、健康权、安全权等。对于这些基本的人权，我国《宪法》以及其他相关法律包括《妇女权益保障法》《婚姻法》《未成年人保护法》等都作出了确认和保护。免遭暴力权是国际人权法领域的一项基本人权，反对和防治家庭暴力就是一项对人权进行保护和救济的工作。人身安全保护令制度可以克服家庭暴力领域救济事后性和间接性的特点，最大限度为受害人提供及时有效的帮助。①

其次，这一制度可以弥补法律救济措施实体和程序上的不足。确立民事保护令制度已经是国际社会上很多国家的通行做法，不仅可以弥补我国法律上的空白，还可以与国际法律制度接轨，彰显我国对弱势群体权益特别是妇女权益保护的决心。

最后，法律移植有渊源。法国学者勒内·罗迪埃认为："表现形式不同的法律制度在其内部却蕴藏着一种法律制度的真实的共同体。"② 正是基础这种共同体，才使法律移植成为可能。我国的民事立法中也规定了一些临时性的保护措施，在 2008 年最高人民法院《涉及家庭暴力婚姻案件审理指南》中也规定了人身安全保护措施一章，在司法实践中取得了良好效果，说明在我国人身安全保护令制度具有一定的法制基础。

（3）对我国《反家庭暴力法》中人身安全保护令制度的解析。

我国《反家庭暴力法》中对人身安全保护令制度主要从实体和程序两个方面进行了设计：

①人身安全保护令的实体内容。

第一，保护令的申请条件。依据我国现行法律规定，人身安全保护

---

① 薛宁兰、胥丽：《论家庭暴力防治法中的民事保护令制度》，载《中华女子学院学报》2012 年第 4 期。

② [法] 勒内·罗迪埃著译：《比较法导论》，上海译文出版社 1989 年版，第 55—56 页。

令不需要依附于其他诉讼,如离婚、赡养诉讼,只要当事人遭受家庭暴力或者有遭受家庭暴力的危险,就可以单独提出人身安全保护令申请,并且人民法院是"应当"受理,而不是"可以"受理,为受害者提供了一个硬性保护。《反家庭暴力法》第23条第1款规定:"当事人因遭受家庭暴力或者面临家庭暴力的现实危险,向人民法院申请人身安全保护令的,人民法院应当受理。"

第二,保护令的种类。我国台湾地区保护令分为三种:紧急保护令、暂时保护令和通常保护令。① 我国法律规定的人身安全保护令分为两种,一种是通常保护令,另一种是紧急保护令。《反家庭暴力法》第28条规定:"人民法院受理申请后,应当在七十二小时内作出人身安全保护令或者驳回申请;情况紧急的,应当在二十四小时内作出。"这种分类方法更适合我国实际情况,更有利于充分保护和救济受害人。

第三,保护令的内容。保护令的内容是保护令制度的核心,因为它关系到受害人可以期待受到何种救助和保护。《反家庭暴力法》第29条规定:"人身安全保护令可以包括下列措施:(一)禁止被申请人实施家庭暴力;(二)禁止被申请人骚扰、跟踪、接触申请人及其相关近亲属;(三)责令被申请人迁出申请人住所;(四)保护申请人人身安全的其他措施。"我国对人身安全保护令的规定比较详细,并且规定了概括性条款,有利于在司法实践中进一步扩大保护令的内容,更大程度地保护受害人。

②人身安全保护令的程序规范。

第一,保护令的申请。其包括保护令的申请人和申请方式。首先,对于申请人的范围,我国法律突破了受害人本人的限制。除当事人可以申请以外,如果当事人是无民事行为能力人、限制行为能力人或者因受到强制、威吓等原因,无法申请人身安全保护令的,其近亲属、公安机

---

① 高凤仙著:《家庭暴力法规之理论与实务》,台湾五南图书出版公司2008年版,第108页。

关、村民委员会、居民委员会、妇女联合会以及救助管理机构都可以成为申请保护令的主体。其次，保护令的申请方式，有的国家明确要求书面形式，如日本；有的国家规定采取口头形式，如南非；也有部分国家和地区原则上要求为书面形式，但在紧急情况下也可以采取口头形式。依照我国法律规定，对保护令的申请原则上也是要求书面形式，但是有困难的情况下也可以口头方式申请保护令。《反家庭暴力法》第 24 条规定："申请人身安全保护令应当以书面方式提出；书面方式确有困难的，可以口头申请，由人民法院记入笔录。"这种方式比较适合我国国情。很多生活在农村的家庭暴力受害人文化水平不高，如果硬性要求书面形式会使很多受害人难以提出保护令申请。

第二，保护令的核发。首先，保护令的管辖法院出于"两便原则"的考虑，人身安全保护令案件由申请人或者被申请人居住地、家庭暴力发生地的基层人民法院管辖。如果相对人选择了两个或者两个以上具有管辖权的法院提出保护令申请，由最先受理的人民法院管辖。其次，证据要求。我国民事诉讼案件中一般实行"谁主张，谁举证"的原则，但是基于家庭暴力案件的隐蔽性与特殊性，保护令申请的证据全部由受害人负担是不合理的，不但会加重受害人的负担，也不符合家庭暴力防治法的防治目的。此外，保护令核发的证据要求还需要考虑证据的可采性、品格证据的可采性，要充分考虑到家庭的案件特点，合理分配举证责任，降低受害人的证明义务，以更好地发挥保护令预防家庭暴力的效用。再次，法院的审理期限。一般来讲，保护令的审理时限越短，越有利于对受害人的保护。应当根据危险程度和保护令的种类将审理期限分为不同的等级。通常保护令 72 小时内作出，紧急保护令 24 小时内作出。最后，保护令的效力期间。实践中保护令期限太短不足以保护受害人的安全，期限太长则会加大执行成本，因此，以 6 个月为限的规定是比较合理的。《反家庭暴力法》第 30 条规定："人身安全保护令的有效期不超过六个月，自作出之日起生效。人身安全保护令失效前，人民法院可以根据申请人的申请撤销、变更或者延长。"

第三，保护令的执行。我国法律规定，人身安全保护令由人民法院执行，公安机关以及居民委员会、村民委员会等应当协助执行。比如，禁止令在人民法院核发以后，由公安机关依职权主动向加害人宣示该禁止事项并监督其遵守；金钱给付令由受害人向核发保护令的基层人民法院申请执行；但是需要注意的是，人民法院不得依职权主动执行保护令，须有当事人提出申请，才能予以强制执行。

第四，违反保护令的法律责任。保护令是由人民法院依照特别程序核发，违反保护令要承担相应的法律责任，如训诫、罚款、拘留以及追究刑事责任等。《反家庭暴力法》第34条规定："被申请人违反人身安全保护令，构成犯罪的，依法追究法律责任；尚不构成犯罪的，人民法院应当给予训诫，可以根据情节轻重处以一千元以下罚款、十五日以下拘留。"

2. 家庭暴力中正当防卫的认定

2015年3月2日最高人民法院、最高人民检察院、公安部、司法部印发《关于依法办理家庭暴力犯罪案件的意见》，明确了家庭暴力案件中正当防卫的认定标准。这些规定意味着在家庭暴力案件中正当防卫的认定上，我国仍采取了比较保守的态度，只对正在发生的家庭暴力行为进行的反抗认定为正当防卫，而对不是即时发生的反抗行为则不能认定。

（1）女性主义对传统意义正当防卫的挑战。我国《刑法》对正当防卫作出了明确规定。要成立正当防卫，就要求证明一个即刻的对人身的侵害以及与此相对应的合适的反应，而女性主义则认为，这一"合乎情理"的行为标准是基于男性在特定情景下的合乎情理的反应经验作为评估的标准，是男权文化指导下的产物，是歧视女性的，也是存在缺陷的。这种传统意义上对正当防卫的认定标准不适合在家庭暴力中长期遭受家庭暴力的受虐女性。

①传统意义上防卫概念在家庭暴力中的适用。传统意义上的正当防卫的提起一般要求有两个条件，一是防卫人的行为必须是基于即刻的、致命的或严重人身伤害的侵害；二是在合理的基础上相信，除了以暴力

方式进行反击以外，没有别的选择，否则将会面临死亡或者严重伤害的厄运。而对于那些由于害怕自己或者家庭遭受致命伤害的，而杀死施暴者的女性来说，这些认定标准很难证明女性实施的是正当防卫行为。因为，如果要成功的证明正当防卫，就要求她的行为必须是在特定情形下的合乎情理的反应，并且这种对人身的威胁必须是即刻的，她除了暴力反击以外又别无选择。然而实际上，在家庭暴力中，受虐女性在身体上和心理上都处于劣势，精神上又处于高度恐惧之中，对于她们来讲，唯一合乎情理的手段就是在遭受暴力之后当她感到安全时才能采取行动，这可能是暴力发生过程中的某一个间隙，比如施暴人熟睡时或者醉酒无力反抗时。① 然而此时，法律就会认定这样的行为是女性有预谋的犯罪，而不认为是在特定情形下的正当防卫反应。

②受虐妇女综合征。受虐妇女综合征（Battered Women Syndrome）这一理论最先是由美国心理学家、女性主义先锋蕾妮·沃克（Lenore Walker)提出的，这一综合征的两个特征在理解女性正当防卫方面具有重要意义。

一是"沃克暴力循环理论"。暴力循环理论是由蕾妮·沃克访谈遭受婚姻暴力受害者发现，暴力循环分为三个阶段：紧张期、爆炸期（严重暴力事件)、蜜月期（平静、道歉)。起初可能是误会或者冲突而产生不愉快的压力，随着压力的不断积累，让双方处于紧张期，而后施暴者会不断重复的用暴力或语言来控制对方，并进入爆炸期（殴打时期)，这个阶段的特点是无法预测、不能控制，施暴者常常要觉得对方已经得到教训才会愿意停下来，而受害人所受的伤通常就已经很严重了。暴力过后，施暴者往往会心生内疚而采取诸多方式来弥补伤害，如打电话道歉，送花求饶，然后进入了暂时的蜜月期（和解时期)，施暴者一般会示好，保证不再犯，甚至跪地求饶乞求原谅，施暴者和受害者都会有"事情终于

① 李华：《"受虐妇女综合症"——女性主义对传统意义正当防卫的挑战》，载《中华女子学院学报》1999 年第 4 期。

结束了"的轻松感。然而事情并未就此结束，这三个时期将会不断的循环，这就是所谓的暴力循环。①

二是"习得无助理论"（Learned Helplessness）。沃克通过一个心理学实验来说明"无助"的形成。研究者把狗放在笼子中，并随意掌握电击频率，这些狗很快明白，无论他们如何反抗都无法控制电击。起初这些狗还通过各种有意识的行动尝试着逃跑，然而所做的一切都难以阻止电击，随即放弃任何努力而变得消极顺从。试验一段时间以后，研究者试图改变一下步骤，打开笼门，引导这些狗从笼子的另一端逃走，然而它们却对此毫无反应，仍然消极被动，也不躲避电击。这个试验被沃克用来解释受虐女性在心理上的极端无助状态，受虐女性长期生活在极度恐慌的无助的状态下，最初她们也曾寻求过帮助，也进行过反抗，但是却并没有得到足够的支持，也没有寻找到任何安全感，无法摆脱暴力的阴影。随着时间的推移，她们觉得无论如何都无法改变现状，无法逃离暴力，往往有陷入感而难以离开这种关系。这种无助感使她们觉得任何努力都是徒劳的，都不会有有益的结果。

"受虐妇女综合征"这一理论对受虐妇女的偏见提出了挑战。首先，"无助"理论回答了"为何她们不简单的离开"这一问题，从而消除了对受虐妇女的模式化和偏见，包括受虐妇女是受虐狂，她们喜欢暴力或者暴力并没有她们说的那样严重，否则她们早就离开了。其次，指出了正当防卫中严格的"即刻"并不适应于重复发生的暴力关系。这一理论能够解释受虐妇女是如何合乎情理地感受到她正面临着死亡或致命伤害的威胁，以及这些妇女为什么要维持这种暴力下的婚姻关系，为何未以"离开"作为合乎情理的选择，而是采取致命的方式对付施暴者。最为重要的是，"受虐妇女综合征"能够说明受虐妇女是合乎情理地感受到即刻的人身伤害的来临，合乎情理的深信除了采取致命的方式对付施暴者外

---

① 戴馨著：《家庭社会工作理论与实务》，台湾新保成出版事业有限公司 2014 年版，第176 页。

别无选择——即正当防卫的适用条件。①

③女性主义所面临的难题。"受虐妇女综合征的提出"使得正当防卫中"即刻"的要求被重新审视，使得受虐妇女的正当防卫请求更容易被接受，但同时也存在着一些问题。首先，"受虐妇女综合征"是冒着将受虐女性描绘成心理不正常的风险，为受虐女性难以离开暴力关系提供一个心理学的解释。无助理论说明"无助"并不是受虐女性所天生具有的，而是在长期受虐下的自然反应，是一种普遍性的、甚至是正常的反应。它将受虐女性描绘成心理上遭受重伤，而致使其感知与现实不符的病态个体。她们深信难以离开这种暴力关系，即便事实上并非如此，这种感觉是想象的和非理性的。这一理论的缺陷在于，认为维持受虐关系完全是"心理"上的原因，而忽略了"真正"的限制。事实上，除了心理上的伤害以外，女性难以离开暴力关系还受到许多外部条件的限制，如经济上的问题、安全问题、宗教和社会压力问题等。这些问题所存在的顾虑令女性更加痛苦，"离开"并不像想象的那样简单。女性主义者还提出，很多受虐女性离开受虐关系并不能自然的结束暴力。研究表明，离开受虐关系的女性还是会常常受到骚扰，被殴打甚至被杀害，"离开"意味着比"维持"受虐关系更大的危险，因此离开并不是比对付施虐更好的办法。其次，"受虐妇女综合征"也倾向于给受虐者确立了一个固定的模式，即顺从的、消极的，对生活的其他方面也表现的无能和懦弱。问题是并不是所有受虐女性都是同一种模式，有些女性在受虐关系中也能够以坚强和智慧的形象出现，并且在家庭暴力关系中遭受暴力并不意味着这些女性在其他生活方面也不具备竞争力。另外，一些品行不良好的女性形象，如具有酗酒、吸毒等恶习，语言粗俗或有违法活动的女性，适用"受虐妇女综合征"成功的几率较小，因为她们往往不被看作是真

---

① 李华：《"受虐妇女综合症"——女性主义对传统意义正当防卫的挑战》，载《中华女子学院学报》1999 年第 4 期。

实意义上的受虐妻子。[1]

（2）家庭暴力中女性自我防卫。家庭暴力中女性的自我防卫往往具有以下特点：第一，不具有普遍性。比起家庭暴力的普遍存在，女性的反抗是不具有普遍性的。大多数受暴女性都选择了隐忍，有的是由于受到传统"从一而终""夫为妻纲"的影响；有的是惧怕遭受更严重的暴力；有的是因为受到威胁，害怕伤害到家人；有的是怕破碎的家庭影响孩子的成长以及离婚后再嫁很困难、社会舆论压力等，使得受暴女性不但遭受着身体的伤害，还要承受着巨大的精神压力，不敢反抗。第二，无效性。男性无论是在身体上还是在生理上都占据着绝对的优势，而女性则占据劣势。对施暴人以正常的方式说服是难以奏效的，即使是女性的劝阻和哀嚎也常常无济于事，正面反抗很难达到目的，甚至还会刺激施暴男性的敏感神经，遭受更严重的暴力。第三，非理智性。长期遭受家庭暴力的女性在心理上往往更加抑郁、敏感、恐惧、无助，这种严重的心理问题使她们很难对事物作出正确的价值判断，在紧急情况下很难保持理智。当她们基于本能奋起反抗的时候，更容易采取极端但是有效的方式。在她们心目中，只有使施暴人无法站起身来再次施暴时，她们才能平静的生活，父母和孩子才有摆脱梦魇的希望。因此，她们被迫作出这样的选择，用最极端的方式解决在她们看来无法用其他方式解决的问题。这种选择具有非理智性，但是客观地讲，在这种情况下很难要求受虐女性保持理智。[2]

然而传统的正当防卫制度却对受虐女性进行正当防卫提出了过高的要求，理由如下：第一，难以符合防卫的起因条件。传统的防卫理论是建立在身体和心理素质相当的两个理性人之间发生争斗的基础上的，是建立在合理男性视角基础上的理论，然而由于家庭暴力中女性的生理特

---

[1]　李华：《"受虐妇女综合症"——女性主义对传统意义正当防卫的挑战》，载《中华女子学院学报》1999 年第 4 期。

[2]　王鹤：《家庭暴力的正当防卫研究》，中国政法大学 2008 年硕士学位论文。

点，如果严守正当防卫的起因条件——存在现实的不法侵害，也就是说当丈夫实施不法侵害后再进行防卫，根本就是徒劳和无济于事的。如果我们忽略了性别基础，非要"公平"的给受暴女性以正当防卫的权利，那么这种所谓的"公平"背后，实际上是蕴涵着更大不平等。第二，难以符合防卫的时间条件。关于防卫的时间条件，传统理论界定为"正在进行的"，通过分析我们可以看出，家庭暴力具有长期性和反复性的特点，不同于一般的不法侵害，如果把家庭暴力割裂成单次伤害的简单累计，显然是不合理也是不科学的。一般的不法侵害中，如果侵害行为停止，受害人就进入了相对安全的阶段，自我防卫权也随之消失。然而在家庭暴力中，一次家庭暴力行为的结束，并不意味着受害人的安全状态，反而预示着下一轮更可怕的暴力的到来。关于受虐女性是否可以进行适时防卫，我们可以做如下分析：家庭暴力的典型形式包括身体暴力、精神暴力和性暴力。精神暴力没有身体上的直接接触，防卫问题难以操作；性暴力就我国目前法律来讲，规定夫妻之间有同居的义务，婚姻强奸还不构成犯罪，在能否进行防卫的问题上也没有清晰的认识；只有在身体暴力的情况下，妻子在丈夫正在实施暴力行为时进行反抗符合正当防卫的时间条件。然而就双方体力来讲，等到男性举刀欲刺时，女性的反抗无异于螳臂当车。因此，在实践中如果按照一般侵害来计算防卫的起始和结束时间，女性的防卫作用根本无法实现，也不能达到自我保护的目的。第三，防卫限度难以把握。正当防卫要求不能"超过必要限度造成重大损害"，但在家庭暴力中如何把握这一限度的确是一个难题。家庭暴力侵害具有长期性和反复性，而受暴女性又很难脱离这种暴力环境。那么，在受虐女性与丈夫体力相差悬殊的情况下，采取什么样的手段制止不法暴力才算是合适的呢？这无疑是理论上难以解决的困境。正是因为受虐女性几乎采取任何手段都不能阻止暴力行为的再次发生，她们才会持消极绝望的态度，直到暴力累积到再也无法忍受的程度时，才会有过激反应，采取极端的手段杀死自己的丈夫。事实上，我们可以得出这样的推论，也就是从女性的角度来说，要想真正的制止侵害者，必须要让施暴者彻底失去侵害的意图和能力。因此，造成重伤和死亡的后果，也是一种被逼无奈的选择。可是按照传统的正当防卫理论，女性的这种做法无疑是一种故意杀人行为，不能按照正当防卫来处理。

女性防卫长期游离在正当防卫制度之外也带来了一系列的社会问题。①

首先，女性作为社会中的弱势群体面临着两难的选择。当处于劣势地位的女性在遭遇家庭暴力时，我国执法机关和司法机关所能提供的帮助是极其有限的，但是当受虐女性采取"自卫"的方式奋起反抗以摆脱暴力时，执法机关和司法机关却在第一时间出来"主持正义"，这种反差不得不说是非常明显的。在暴力循环中，很多女性离婚不成、调解无效、求生不得、求死不能，他们走投无路却又无法逃离，忍受着极大的痛苦熬过几年、十几年甚至几十年，可是她们却面临着两难的选择：忍受下去，迟早会被折磨的精神崩溃，就算是苟延残喘，也是生不如死；奋起反抗，如果不能一招制敌，就会遭到更加疯狂的报复，就算是得胜，等待她们的也将是法律的审判。

其次，与民众朴素的正义情感相悖。民众朴素的正义情感是我国法治赖以生存的土壤。在很多案例中，会出现这样的情形：周围群众普遍表示施暴者罪大恶极，罪有应得，女性防卫者是被逼无奈、除恶务尽，甚至会出现死者的父母兄弟都联名上书，请求司法机关对女性防卫者宽大处理。在他们看来，如果法官为了一个臭名昭著的坏人去定一个被逼无奈的好人的罪是不合情理的。我们的立法、执法和司法活动都应该以人民的利益作为出发点和归宿点，如果我们引经据典最后得出的结论却与民众的正义观念相违背，说明我们的法律规定本身就存在着问题和漏洞。"法律必须被信仰，否则它将形同虚设"② 因此，在女性防卫者是否构成正当防卫这个问题上，绝不能忽视民众的道德观念和正义情感。

---

① 王鹤：《家庭暴力的正当防卫研究》，中国政法大学 2008 年硕士学位论文。
② 张明楷著：《刑法格言的展开》，法律出版社 2003 年版，第 1 页。

最后，家破人亡使不幸的家庭雪上加霜，不利于社会的稳定。"上有老，下有小"往往是长期遭受家庭暴力家庭的现状，很多妇女忍受多年也是考虑到年迈的父母和年幼的孩子，当家庭暴力愈演愈烈最终酿成惨剧时，等待这个家庭的是更加悲惨的命运。丈夫一命呜呼，妻子还要在监狱中漫长的服刑，家中只剩下老人与孩子，失去了生活的来源，为社会埋下了不安定的种子。实际上，很多由于反抗家庭暴力而犯罪的女性，对社会几乎不具有危险性，即便是手段有一定的残酷性，但是由于长期遭受家庭暴力摧残而采取的过激举动，且被害人有严重的过错，将她们进行法律的严厉处置有百害而无一利。

（3）对我国司法认定反家庭暴力女性适用正当防卫的司法建议。当下我国司法权介入家庭暴力低效甚至失效的原因"在于传统理论诸如诉讼调解、不告不理、诉讼证明以及正当防卫等理论依然坚持着传统法律关于性别的公共领域和私人领域的二元对立划分，顽强地阻碍着司法制度给家庭暴力受害人以充分的救济。"①

近年来，法院对受虐妇女杀夫案件的判决很不统一，从死刑到无期徒刑、有期徒刑以及缓刑的结果都存在，②司法实践中呈现出对受虐妇女反抗家庭暴力涉嫌犯罪量刑上的混乱状态，基于此，我们提出如下司法建议：

第一，受虐女性反抗家庭暴力致使丈夫重伤、死亡，符合一般正当防卫条件的，直接认定为正当防卫，宣告犯罪嫌疑人无罪或者不负刑事责任。

第二，家庭暴力反抗行为不是即时发生的，但暴力行为符合长期性、循环性、严重性特征的，申请进行"受虐妇女综合征"鉴定，由最高人民法院规定鉴定专家的资格和鉴定程序，如果犯罪嫌疑人符合受虐妇女

---

① 周安平著：《性别与法律：性别平等的法律进路》，法律出版社 2007 年版，第 171 页。

② 李春斌：《挑战与回应：性别正义视域下的家庭暴力与正当防卫——兼论〈反家庭暴力法〉的家庭法哲学》，载《辽宁师范大学学报（社会科学版）》2015 年第 2 期。

综合征，则成立正当防卫，宣告犯罪嫌疑人无罪或者从轻、减轻处罚，并考虑缓刑的适用。

第三，如果经专家鉴定，不符合"受虐妇女综合征"的标准，则要充分考虑其家庭情况以及自首、悔罪表现，结合被害人的过错，酌情从轻、减轻处罚。

3. 家庭暴力中证据规则的完善

2015 年 12 月 27 日，《反家庭暴力法》的出台体现了国家对防治家庭暴力工作的重视。《反家庭暴力法》第 20 条规定："人民法院审理涉及家庭暴力的案件，可以根据公安机关出警记录、告诫书、伤情鉴定意见等证据，认定家庭暴力事实。"但是法律中却没有对实现救济的关键环节——证据规则作出规定。根据法律的适用规则，在特别法没有规定的情况下，依照普通法的规定，这也就是说，家庭暴力案件中证据的认定只能依照一般诉讼法的证据规则。但是如前所述，家庭暴力案件具有一定的特殊性，如长期性、隐蔽性、普遍性、反复性等，如果不考虑家庭暴力案件的特殊性与其他案件适用相同的证据规则，实际上是以表面上的公平掩盖了实质上的公平，导致受害者的合法权益很难得到救济和维护。

（1）我国家庭暴力案件证据认定中存在的主要问题。

首先，当事人举证困难。由于家庭暴力案件本身具有隐蔽性，多发生在家庭内部，所以往往缺乏目击证人，就算是有邻居或者亲属看见，也会因为"宁拆十座庙，不毁一桩婚"等观念不愿意作证；家庭暴力案件具有长期性，很多情况下受害者的伤情并不十分严重，很多并没有明显伤痕或者仅是软组织挫伤，这种轻伤害往往会随着时间的流逝使取证变得不可能。其次，执法机关和司法机关在家庭暴力干预上的消极态度，也会使取证的难度加大。公安机关作为反家庭暴力的第一阵线，在反家庭暴力工作中担负着重要的职责，他们往往也是证据的第一手采集者，但是在实践中，很多民警对家庭暴力案件重视不够，认为家庭暴力是家务事而不愿意插手，甚至不愿意接警或者接警后敷衍处理，没有认真记录和采集证据，也不出具法医鉴定委托书，导致受暴妇女失去了取得证据的机会。

（2）完善我国家庭暴力案件中证据认定的建议。

第一，应当提高当事人陈述的证明力。当事人陈述是我国证据类型中的重要组成部分，但是由于当事人陈述具有片面性，因此证明力也比较低。但是家庭暴力案件中的当事人陈述具有特殊性，家庭暴力一直以来作为家庭内部的私事，很多当事人都有"家丑不可外传"的心理，认为去法院打官司是一件很不光彩的事情，不到忍无可忍，一般都会选择沉默，当她们鼓起勇气诉至法院时，其陈述的真实性比其他案件当事人陈述真实的可能性要更大。

第二，建立家庭暴力案件举证责任倒置制度。举证责任倒置制度主要适用于侵权领域。在家庭暴力案件中实行举证责任倒置制度具有重大意义，首先，家庭暴力中受暴妇女在心理上和生理上的弱势是显而易见的，如果立法者和司法者在举证责任方面再加重她们的负担，更会使她们维权的道路举步维艰，势必与法律保护受害者合法权益的宗旨相违背。其次，实行举证责任倒置制度，加大了侵害方承担法律责任的可能性，会对施暴者造成一种法律上的约束，使其在施暴时有所忌惮，从而保护受害人权益，实现法律的预防和引导功能。最后，在家庭暴力案件中实行举证责任倒置制度体现了法律的正义价值，使侵害人受到应有的审判，对实现司法公正具有重要意义。

四、社会介入

现代社会治理的趋势就是主体多元化。《反家庭暴力法》第 3 条第 2 款规定："反家庭暴力是国家、社会和每个家庭共同的责任。"这个理念的体现就是整体防治的理念，以建立整体的家庭暴力防治网络。此外，社会介入还会给公权力介入提供有利条件，如医疗机关在处置家庭暴力时做好诊疗记录，可以为司法机关介入提供证据。社会介入也可以在公权力介入不足时提供一些辅助，如社会组织对受害者的救助等。因此，社会介入与公权力介入密切联系，研究公权力介入家庭暴力也需要对社会介入予以关注。社会与公权力协同反家庭暴力既有必要性，也应该遵循一些原则。

（一）建立整体防治网络之必要性

依据心理学的观点，家庭暴力的被害人如果长期受虐或严重受虐，会有受虐妇女综合征，如果不能得到外界的适当支援，可能产生不能预期及控制自己生活之习得无助感，[①] 无法摆脱暴力的纠缠，最终造成被杀或杀人的惨剧。

当被害人积极向外求助时，医疗、警察、司法与社工人员都是最常见的求助对象。在传统的处理模式中，这些人员都只是消极、被动的服务，而且各自为政，缺少互动与联系。医疗机构虽然会给予适当的医治，但却不愿意出具验伤诊断书，也不愿意将个案通报或者转介给相关机构。警察对于受理的家庭暴力案件，通常采取比较消极的态度，仅制作笔录，对当事人进行劝导，很少将加害人依法逮捕。有些民警还会以案件非本辖区管辖等理由拒绝受理案件，导致被害人投诉无门。检察官和法官也通常抱着劝和不劝离的态度，尽可能的不对加害人起诉、判刑或者准予离婚，即使罪行成立也极其轻微，加害人只要缴纳罚金就不需要入狱，事实上有些罚金是被害人代为缴纳的，经历诉讼之后，加害人可能变得更加嚣张和肆无忌惮，而被害人则感觉更加无助。社区工作人员虽然最能了解被害人所受的痛苦，但是却孤掌难鸣，只能给被害人提供庇护所让其暂时栖身。如果被害人为了躲避暴力威胁而离家出走，不仅失去了住所，也会失去工作和经济来源，再加上与亲友和子女的联系断绝，只能是在暴力的阴影下过着暗无天日的生活。

因此，为了从根本上解决家庭暴力问题，帮助被害人走出家庭暴力阴影，应该改变传统的消极处理的模式，让警察、医疗、司法等单位协同合作，建立整体家庭暴力防治网络。只要接受被害人的求助，各个单

---

① L. Walker, The battered Woman, 55—70(1979).

位都要采取积极主动的方式，通过彼此之间的连续与转介，让加害人受到应有的惩罚，得到辅导与治疗，来消除和减少家庭暴力的发生。只有这样，整个家庭才能都过上安全和谐的生活。

（二）整体防治下的职责

1. 司法机关

被害人依据传统法律对加害人提起刑事诉讼、请求离婚或损害赔偿等，家庭暴力防治法英美法之保护令制度规定，被害人可以视侵害行为之严重程度，请求法院核发保护令，禁止加害人继续施暴、命令离家、禁止与被害人联络或禁止靠近被害人、远离住所、定暂时监督权、禁止或限制加害人探视子女、命令加害人给付医疗或抚养等费用、命令加害人完成加害人处遇计划书、禁止查阅户籍等相关资讯等。

法院应依法核发保护令，让被害人在保护令有效期间内不需要离家出走，就可以安居家中不受暴力迫害，并可命加害人接受治疗或辅导，以彻底解决暴力问题。

除核发保护令外，检察官或法官也可以核发释放、缓刑或假释条件，禁止加害人继续施暴或命令其远离住所、禁止联络被害人等。此外，法院应提供被害人或证人安全出庭之环境，关于金钱给付之保护令则负有执行义务。

2. 警察机关

警察机关不仅应当积极处理家庭暴力案件，而且在紧急情况下应站在第一线保护被害人。因此，警察机关可以依法为被害人申请保护令，在紧急保护令案件中作证陈述家庭暴力之事实，对于金钱给付、不动产禁止行为、监督探视、加害人处遇计划书、禁止查阅资讯以外之保护令则负有执行义务。此外，警察机关应依法逮捕加害人，其必要时应采取以下措施：于紧急保护令核发前采取在被害人住所守护等安全措施、保护被害人及子女至庇护所或医疗处所、保护被害人至住居所以安全占有保护令所定之个人必需品、告知被害人行使之权利及服务措施。

3. 社政机关

社政机关可以为被害人向法院申请保护令，在紧急保护令案件中作证陈述家庭暴力之事实，于法院审理案件时表述意见。另外，社区应设立家庭暴力防治中心，提供下列服务：24小时电话专线、被害人紧急救援、协助诊疗、验伤、被害人心理辅导、经济扶助、法律服务、就学服务、就业服务、被害人及其未成年子女之庇护安置，加害人处遇及追踪辅导之转介，推广各种教育、训练、宣传等。

4. 医疗机构

医疗人员在执行职务时，发现有家庭暴力之犯罪嫌疑者，应通报当地主管机关，医疗机构对于家庭暴力之被害人不得无故拒绝诊疗及开立验伤诊断书，卫生主管机关应拟定及推广有关家庭暴力防治之卫生教育宣导计划书、办理或督促相关医疗团体办理医护人员防治家庭暴力之在职教育。

5. 教育机关

教育机关在执行职务时，发现有家庭暴力之犯罪嫌疑者应通报当地主管机关，教育主管机关应办理学校之辅导人员、行政人员、教师及学生防治家庭暴力之在职教育及学校教育，各级中小学每学年应有4小时以上之家庭暴力防治课程。

家庭暴力不是简单的家务事，而是严重的侵犯人权的犯罪行为，政府有关机关应积极负起相应的防治责任，民间团体及一般民众也应该对于家庭暴力之被害人适时伸出援手，以免家庭暴力问题不断扩大，最终酿成悲剧。

在《反家庭暴力法》已经出台的情况下，如何有效利用政府有关机关之家庭暴力防治的各种资源，加强政府机关与民间团体之间协调及合作机制，共同建立有效的整体防治网络，实为家庭暴力防治法能否发挥功能的成败关键。

（三）庇护服务

1. 庇护服务的意义

当妇女遭受亲密关系暴力而离家，或者为了人身安全的考量，短暂离开自家住所，为了让其能有一个安全的处所可去。庇护所也可以提供安全保护网络，让受虐妇女在离开家后，提供有效短期处所、支持团体、社会补助和随行子女服务等等。① 庇护所主要目的在于视受虐妇女为坚强且具有强烈的生存技巧、认知和有能力的侥幸者，通过增强妇女的自我认知和选择，增加妇女对环境的自主，使妇女学习在一个安全的处所内自助互助。

全世界第一个受虐妇女庇护所在英国设立，相较于其他服务，庇护服务在欧美不仅是发展最早的，也是最具有举足轻重影响力的。例如，英国著名的非营利组织——Woman's Aid，发展至今已经俨然成为英国在亲密关系暴力防治工作的翘楚，不仅建立各地庇护所的网络，同时也成为其他相关机构在亲密关系暴力防治的资讯、建议和支持的资源。②

协助遭受亲密关系的受虐妇女离开暴力的关系或当受虐妇女决定离开家时，找到一个安全的住处是最立即和最实际的需求，然而，受虐妇女企图脱离孤立无援和寻求帮助的时候，也可能使她们陷入最危险的情境。因此，庇护服务被视为重要，是因为它提供受虐妇女的短期住所、个人的支持和与其他资源联系与帮助的机会。③

正如 Dobash④ 的看法，庇护所不仅提供受虐妇女逃离暴力的安全住所，并给予受虐妇女得以接触其他处境类似的妇女，也让她们彼此互相

---

① Baker, C. K . Cook, S. L .&Norris, F. H, (2003) . Domestic violence and housing problems: A contextual analysis of woman's help – seeking, received informal support, and formal system response. Violence Against Women, 9, 754—783.

② 游美贵：《台湾地区受虐妇女庇护服务转型之研究》，载《台大社会工作学刊》2008年第 18 期。

③ 游美贵著：《受虐妇女庇护实务》，台湾洪叶文化事业有限公司 2013 年版，第 2 页。

④ Dobash, R. E. &Dobash R. P. (1992) Woman, Violence and Social Change . London : Routledge.

激励。因此，庇护所不再只是社会福利服务，而是为个人和社会改变的重要机制之一。庇护所分为四种类型，包括慈善型（philanthropic）、官僚组织型（organizational and bureaucratic）、治疗型（therapeutic）和妇女参与型（activist）。慈善型取向是较容易被定位于19世纪的济贫观点，通常由中产阶级的改革家发起经营，没有特别的专业背景，主要为贫困妇女提供物质上的帮助。官僚组织型取向主要与公民服务有关，通常由地方政府、民间、非营利组织或营利组织共同参与。治疗型取向主要与当今心理卫生运动有关，庇护服务以运用个别专业的治疗师来提供协助。妇女参与型取向主要源于草根性行动（grassroots action），庇护服务强调自助、受虐妇女的参与和倡导平等关系。我国《反家庭暴力法》中的受虐妇女庇护所就是官僚组织取向的庇护所。官僚取向庇护所是与政府如何看待亲密关系暴力有关。如果政府视暴力为犯罪且需要公权力的介入，那么就会将私领域的亲密关系暴力转为公共议题，并促使有关机构负起责任介入处理，这样的作为主要在保障每一个公民的人权。①

2. 庇护服务的价值与信念

受虐妇女长期处在一个被控制的暴力的环境中，对于身心健康的伤害是巨大的，如习得无助感、受虐妇女综合征等。在英国，Open Door Policy 是大多数妇女庇护机构的宗旨和信念，并强调自助（self - help）和互相支持（mutual support），以及妇女中心（woman - centred）为取向。② 妇女受到亲密关系的伤害，并不代表她们是弱者，相反，她们还具有一般人所不具有的坚毅，如果给她们一个机会，在庇护所、社区中，就可以看到她们的不同。毕竟只有让受虐妇女拥有独立自主的生活，才能够协助她们真正走出暴力的阴影。

庇护服务的价值在于，把每位妇女都看作是具有坚强的品质并有强

① 游美贵著：《受虐妇女庇护实务》，台湾洪叶文化事业有限公司2013年版，第3页。
② Dobash, R. E. &Dobash R. P.（1992）. Woman, Violence and Social Change . London: Routledge.

烈生存技巧的侥幸者，相信通过增强妇女的自我认识，增加妇女对自己和环境的自主，使妇女能够在一个安全的处所逐渐走向自我独立。即便离开了庇护所，也可以独立的生活在社区之中，只有这样，才可以避免妇女因为无法独立生活，在离开庇护所后又重新回到暴力循环中。①

一是自助互助。在庇护所的日常生活中，充满自主性，除了自己帮助自己以外，还让妇女有机会帮助其他的妇女，以建立妇女自主独立的能力。在很多受虐妇女的家中，妇女常常是缺乏独立自主的意识的，施暴者通过对受虐妇女的心理和身体的控制、伤害，使妇女常常生活在没有自我的环境中，妇女也被认为是依赖的和被动的。在强调自助与互助的庇护所中，庇护所的工作人员并不干预妇女的日常生活，使妇女通过对日常生活的打理来建立对自己和对生活的信心。

二是自我决定。增加妇女的自尊与自信，使妇女获得经济上、物质上以及情绪上的资源，使妇女可以自由的掌控自己的生活。受虐妇女拥有自我决定的权力，这些权力包括被倾听和有权掌控自己生活的权力。因此，妇女有权选择什么样的服务，任何人都没有权力，也不应当替他们做决定。② 因此，在我国台湾地区，庇护所内会设有住户会议，妇女们通过参与住户会议，并通过在会议中的讨论，使妇女争取对自己权益的掌控，妇女也可以通过会议学会表达自己的意见，改变以往不能表达自己意见的状况。但是，自我决定是一个学习的过程，并不是所有的人都可以在短期内学会如此，然而当赋予了妇女这项权利，妇女就有拿回自主权的可能。

三是建立互助网络。促使妇女变成较有能力的个体，并建立资源使其远离暴力，可以促使妇女脱离暴力关系。当妇女在庇护所的时候，实际上最有效的服务认知，就是对妇女服务的过程中不断增强她们的能力。

---

① 游美贵：《从庇护所到社区——谈英国对受虐妇女的庇护服务》，载《社教双月刊》2002 年第 112 期。

② Mullender, A. (1996). Rethinking Domestic Violence : The Social Work and Probation Response London : Routledge

所以使妇女通过互助的机会，提升妇女的能力，是一个很重要的服务过程。实际上，很多受虐妇女在社区中都是比较孤立的，所以着力打破其孤立的状况，加强妇女资源网络的建立，是非常重要的工作取向。①

庇护服务的原则在于：

一是尊重人性尊严。庇护所所有的服务都是在践行"尊重人性尊严"这项原则，相信每个人都有平等、自由与安全的权利。无论其种族、年龄、性别、宗教、社会阶层或健康状况，每个人都有免受家庭暴力的权利。很多妇女来庇护所寻求服务时都是非常脆弱的，有时甚至会有无力感和对安全的恐惧感，因此保障安全是回应他们寻求帮助的首要服务。另外，对于个人资料的隐私维护，也是尊重人性尊严的最基本的工作之一。除非法律规定或为了保护妇女免受更严重的伤害以外，没有经过妇女的同意，任何人都不得向外泄露关于妇女的个人资料。②

二是负责任的照顾。庇护所保证所有的活动都要符合住户的福利，并且所有提供服务的人员都要具有专业的能力。为了确保提供服务的专业性，要求工作人员要认知妇女经验的多元性，要反思和自我察觉，要注意自己和妇女工作时，有无个人的偏见或者情绪的起伏。另外，工作人员尚需要维持的能力，包括自我关照、同事间的支持、事业生涯与个人生活的平衡、持续吸收亲密关系暴力防治的有关知识，与社会或者网络协调合作等。③

三是对社会的责任。庇护所对于社会的责任，在于庇护所促进和关心妇女及其子女在社会上应当享有的福利与权益。因为社会对于亲密关系暴力可能有所误解，或对于受虐妇女及其子女有不公平的对待时，庇

---

① 游美贵著：《受虐妇女庇护实务》，台湾洪叶文化事业有限公司 2013 年版，第15—16 页。

② 游美贵著：《受虐妇女庇护实务》，台湾洪叶文化事业有限公司 2013 年版，第17—19 页。

③ 游美贵著：《受虐妇女庇护实务》，台湾洪叶文化事业有限公司 2013 年版，第17—19 页。

护所负有伦理的责任，发挥应有的专业性和力量，促进社会的改变。因此，庇护所应当扮演社会改革的领导角色。庇护所工作人员应参与社区和网络促进亲密关系暴力防治方案的推动，以及促进社会大众对于亲密关系暴力防治的觉醒，改善社会对于受虐妇女及其子女的刻板印象；并尽力促进社区对于受虐妇女及其家庭的帮助，减少社会的不公平不正义，以及社区对于受虐妇女及其家庭在安全上的维护等。①

3. 对我国未来庇护服务的展望

我国的庇护服务工作发展至今，确实在政策上、服务品质上、方案措施上都有所提升和改善。在符合多元对象特性服务上及扮演更积极介入反家庭暴力上，还有很多可以提升的空间。

未来更需要让不同民族、社会阶层、性倾向、身心障碍程度和年龄不同的受虐妇女，如果有庇护服务的需求，就会有提供服务的场所，提供专业的服务，如多元语言的服务、连接各项社会福利服务等。正如庇护所服务对象的多元性，庇护所不但需要开明的服务方式，也需要满足不同文化背景的妇女的要求。庇护服务要兼具个案、团体和社区工作，持续发挥协助受虐妇女的重要服务。

目前，我国的庇护服务还需要庇护所能抛开各自本位，回归保护妇女及其子女的服务初衷，更积极地与家庭暴力防治网络成员互动。通过更多的协调合作的服务参与，抛开本位，建构起具有共识的家庭暴力防治网络，进一步跨区域和全国性联盟。这样一来，我国的庇护服务将进入一个新的里程碑。

① 游美贵著：《受虐妇女庇护实务》，台湾洪叶文化事业有限公司 2013 年版，第 17—19 页。

第五章　公权力介入家庭暴力的限度

一、问题的由来

任何权力的行使都有边界。公权力对家庭暴力的介入也有边界。

在《论自由》"引论"中，英国思想家约翰·密尔开宗明义地提到，他所探讨的是"公民自由或社会自由，也就是要探讨社会所能合法施用于个人的权力的性质和限度。"他将此概括为两条基本原则：一是个人的行为只要不涉及他人的利害，个人就有完全的行动自由，不必向社会负责；他人对于个人的行为不得干涉，至多可以进行忠告、规劝或避而不理。二是只有当个人的行为危害到他人利益时，个人才应当接受社会的或法律的惩罚。社会只有在这个时候，才对个人的行为有裁判权，也才能对个人施加强制力量。① 在家庭领域，只要个人的行为不侵害到他人的利益，个人就应该有充分的自由，公权力不得干预，但是当家庭暴力行为已经危害到他人的利益，所以个人应当接受公权力的介入和干预。我们必须注意到，一方面，公权力对家庭暴力要介入；另一方面，也要注意公权力所应受到的限制，也就是公权力介入家庭暴力的限度。

我们之所以关注公权力介入家庭暴力的限度，是因为权力的强制性以及权力可能会被滥用。美国社会学家塔尔科特·帕森斯（Talcott Par-

① ［英］约翰·密尔著，于庆生译：《论自由》，商务印书馆 2010 年版，重印《论自由》序言。

sons) 认为，权力是一种普遍性的能力。当具有约束力的义务因为与集体目标有关而取得正当性时，集体组织体系中的单元便使用权力来确保该义务的履行。而当面对反抗时，就推定有负面制裁的执行行动出现——不论制裁的执行者为何。① 美国政治理论家汉娜·阿伦特（Hannah Arendt）认为，权力不仅相当于人类行动的能力，而且还是一致行动的能力。权力从来不是个人的财产，它是属于团体的，只要该团体一致维系在一起，权力就继续存在。当我们称某人"拥有权力"时，是指他被一群特定的人们赋予了权力，并以那群人之名行动。当那群产生权力的团体消失了（没有人民或团体，就没有权力），"他的权力"也就随即消失了。这是因为人民的支持提供权力给国家制度，而这种支持也正是导致法律产生的同意的延续。在代议制政府的情况下，人民理应统治那些治理他们的人。所有的政治制度都是权力的显现与实体化；一旦人民充满活力的权力不再维系政治制度，它们就会僵化、腐败。这就是美国第四任总统詹姆斯·麦迪逊（James Madison）说"所有的政府都依靠意见"的意思，这句话无论是在民主或是君主政体下都属实。②

权力既是解放人的力量，也会成为压迫人的力量。权力有自我膨胀的趋势，"一切有权力的人都容易滥用权力，这是万古不易的一条经验。有权力的人们使用权力非到了限度，绝不休止。"③ 权力与权利之间的矛盾，不仅在于权力与权利争夺空间的本质，还根源于人性自我之中追求自由与追求支配之间的矛盾。如果没有对权力的约束机制，权利的空间就会被不断侵占，权利的空间也会被不断的压缩。从理论上讲，权力由权利产生，但是反过来权力又不断地侵蚀权利，将原有的权利空间变成

---

① 转引自［美］史蒂芬·路克斯著，林苇芸译：《权力——基进观点》，台湾商周出版社 2006 年版，第 61 页。

② 转引自［美］史蒂芬·路克斯著，林苇芸译：《权力——基进观点》，台湾商周出版社 2006 年版，第 62—63 页。

③ ［法］孟德斯鸠著，张雁深译：《论法的精神》（上册），商务印书馆 1982 年版，第 154 页。

义务空间。尊重个人权利是公权力应该时刻持有的信念，尊重个体权利最终能够促进公共福利。在公权力的行使过程中，很容易走向两个极端，一是一点不管，不作为；二是管得太多侵犯了公民的权利。为了规范公权力的不作为或者权力滥用，应该在实体法和程序法上对公权力加以限制。[①]

公权力介入家庭暴力必须要有严格的界限，只有在必要时，也就是具备一定的条件时，国家才能介入家庭暴力；国家介入家庭暴力应该遵循一些实质原则与形式原则。设定这些原则在于规范与制约权力的行使，既能保护公共利益，也能尊重家庭自治与私人权利。不在必要时，国家权力不能渗透到作为私人领域的家庭居所。公权力如果超出必要地介入私人领域，同样会丧失正当性，法律应当予以禁止。在公权力介入家庭暴力的过程中，必须遵守一定的原则，充分尊重相对人的合法权利，实现利益的有效平衡，只有这样才能真正实现对人权的尊重和保障。这些原则包括实质原则与形式原则。实质原则，主要是指公权力介入家庭暴力行为必须遵循的一些价值要求，如正义原则、家庭自治原则、人性尊严原则和功利原则。形式原则，是指公权力介入家庭暴力必须要遵循的一些形式要求，如法治原则、合理性原则、比例原则与责任原则。当然，实质原则与形式原则的划分本身就是相对的。

二、实质原则

（一）正义原则

国家公权力介入家庭暴力应尊重公平正义原则。公权力介入家庭暴力时应该持不偏不倚的态度，不能偏向其中的任何一方，使各方得到其应得的，对施暴者给予应有的处罚。公权力具有正义性，就要满足人们的三种基本需要，即安全、平等和自由，否则，公权力的正义性就要受

---

① 杨彤丹著：《权力与权利的纠结——以公共健康为名》，法律出版社 2014 年版，第113—116 页。

到质疑。

国家公权力在介入家庭暴力的时候，应该平等地适用于同样情形，家庭暴力应该被一视同仁。英国哲学家休谟在《论原初契约》中写道："在世界的多数地方，你若要鼓吹政治关系是整个建立在自愿赞同或相互许诺的基础上，那么地方行政长官立即会把你抓进监狱，说你煽动人们不服从管辖——假如你的朋友们没有因为你头脑发昏，发表这种奇谈怪论，而先把你关起来。"① 一个公民不能只享受国家给你带来的好处却不为国家承担责任，否则，这就是不公平。英国法哲学家哈特说过："当任何数量的人们根据规则从事任何共同事业，并因此限制了自身的自由时，他们当中那些已经遵守这些规则的人们有权要求另一部分从自己的服从中得到好处的人同样遵守这些规则。"② 哈特的看法在于，只有打算承担属于自己的那份负担才能享受国家提供的好处，否则是不公平的。同样道理，如果国家向社会提供了一套法律制度，其中包括《反家庭暴力法》，通过这套法制体系，每个人从中获益，享受安全和稳定。如果我们享受了法律带来的好处，那么，我们为自己方便而违反法律就是不公平的和自私的行为。

国家公权力介入家庭暴力应尊重平等原则。台湾著名学者钱永祥先生指出："如果自由的价值，在于自由协助实现个人的最高利益，也就是设法过尽可能理性圆满的人生这项利益，那么人是否有自由的权利，就要看人是否有权利按照自己的了解去追求与实现理想的人生。自由主义对这一点并无异义。"③ 但是，自由与平等之间就存在紧张关系。每个人追求与实现自己理想生活方式的利益受到一样、平等地看待。一项自由

---

① 转引自 [英] 乔纳森·华夫著，龚人译：《政治哲学绪论》，香港牛津大学出版社2002 年版，第 65—66 页。

② 转引自 [英] 乔纳森·华夫著，龚人译：《政治哲学绪论》，香港牛津大学出版社2002 年版，第 66 页。

③ 瞿海源、顾忠华、钱永祥、张碧霞主编：《平等、正义与社会福利》，台湾桂冠图书股份有限公司 2002 年版，第 14 页。

如果侵犯、妨碍别人的自由，那么，根据平等原则，这项自由就应该受到限制。自由的价值来自自主这个每个人的最高利益；由于人的最高利益需要得到平等对待，因此，自由的权利也必须从属于平等的原则。美国哲学家德沃金说过，平等的看待，就是对于每个人的遭遇与挫折有平等的关怀，对于每个人如何生活的选择与决定有平等的尊重。① 所有的人都是平等的生命主体。对人的平等关怀与尊重，要求我们视每个人为平等的人，也就是每个人都能在平等的情况下决定、修改和实现自己的理想人生。在家庭生活中，家庭成员之间应该彼此平等看待，相互尊重。的确，国家公权力介入家庭暴力是维护平等的需要。家庭暴力的发生，也是家庭内部成员之间不平等的体现，施暴者违反基本义务规则，无视其他家庭成员的平等权利，作出侵害受暴人的施暴行为，使受暴者在身体上和精神上遭受创伤，公权力有必要对这种行为加以干预和矫正。需要进一步指出的是，所谓平等，是基于自由的平等，国家公权力介入家庭暴力也是促进自由的需要。每个人的自由都会与他人的自由相冲突，导致相互间的损害，以至于最终表现为不自由。传统上曾认为家庭领域作为私领域有绝对的自治权，一度以妨害自由为名拒绝公权力的介入，但是，适度的公权力对家庭领域的介入，一方面，可以限制和防范个人的恣意任性，指导和保护着每个人的自由；另一方面，也可以排除公权力自身任性、专断地对待个人的可能。

　　国家公权力介入家庭暴力应该尊重安全原则。在社会生活实践中，人们对委托的公权力具有安全的需要、平等的需要和自由的需要。如果公权力不能满足人们对这三种基本需求的需要，那么，公权力的正义性就会受到质疑。但是，在这三个原则中，至关重要的是保障安全。人类的第一需要是保障安全的需要。对自我的生命、人身安全的保全，是个人首要的也是最基本的需要，家庭暴力中的施暴行为首先就侵害了受暴

---

　　① 转引自瞿海源、顾忠华、钱永祥、张碧霞主编：《平等、正义与社会福利》，台湾桂冠图书股份有限公司 2002 年版，第 16 页。

者的人身安全，公权力出于保护人民安全的角度，需要予以介入，在介入的过程中，也应该优先考虑如何更好地保障人们的安全，让人们不仅在客观上安全，在主观上也有安全感。此外，安全相对于自由来讲，也具有优先性。个人的生命、人身安全是一切幸福的基础，如果一个人的生命、安全随时处于可能被侵害的状态，每个人随时都要为了保护自己的生命、人身安全而与他人搏斗，那就没有所谓的自由。"由于安全比个体的任意性自由在价值上具有优先性，由于这种安全是个体自由的前提条件，所以，当为实现这种自由而限制个体任意性自由是必要的话，对个人任意性自由的这种限制就是正当的。"① 这也就是说，个体不受限制的自由，不包括侵害他人的生命、人身、财产的自由。家庭暴力领域中的施暴行为，直接侵害了他人的生命、人身安全，有时也会造成家庭财产上的损失，因此，出于安全权的优先性，家庭中发生的暴力行为就失去了以自由权对抗公权力介入的理由。

（二）家庭自治原则

公权力有所能，也有所不能。婚姻家庭是爱情的港湾，爱情是两个人的事情，作为第三方的公权力介入家庭生活，可能会保卫爱情，也可能破坏爱情。自古至今，没有任何法律能够确保爱情的稳定持久。相反，对于保卫爱情而言，家庭自治未必是最坏的选择。

婚姻家庭是人类最初也是最基本的自然社会，人类在家庭共同体中得以实现的基本需要是每一个人的基本利益。18、19 世纪的家庭法将婚姻视为一个永久的、不可分离的组织，这一时期的家庭自治理念也偏向于阻止法律或者他人对家庭隐私的侵犯，夫妻之间的纠纷要靠夫妻之间或者家庭成员之间的爱去解决，政府和其他组织不能介入。20 世纪中叶以来，传统的婚姻家庭不断发展，现代社会的民主、平等原则与家庭自治原则也密不可分。民主不仅意味着自由平等的自我发展，还意味着对

---

① 张恒山著：《法理要论》（第三版），北京大学出版社 2009 年版，第 270 页。

法律权利的制约。平等原则使家父权受到限制甚至废止，妇女的行为能力得到认可，儿童的权利主体地位得到强化，家庭自治原则从传统的以性别角色为基础的家父权，转移至所有家庭成员平等的自决权。现代社会的家庭自治原则使人们能够充分发挥自己的潜能，施展自己的才华，同时尊重他人得以发展的能力。① 尊重家庭自治原则表现在以下几方面：首先，赋予公民以充分的自由选择权。其次，肯定和尊重公民在家庭领域内的自由，包括个人的人身自由权、隐私权、私生活拒绝介入权，保持独立生活权等，公权力必须要承认和尊重公民个人的私权力。最后，不排斥公权力适度的必要的介入。公权力的存在有其合理性。公权力的存在可以在维护公共利益的同时更好地维护个人利益，尊重家庭自治原则并不排斥公权力的指导和管理，当出现私权滥用，侵犯他人利益和社会利益的时候，公权力有必要强制性干预和介入。

（三）人性尊严原则

确立尊重和保护人权的核心价值观。公权力的行使者要把握一个正当合理的限度，充分尊重和保护当事人的权利，以维护公共利益为出发点，以保护相对人合法权益为落脚点，排除主观好恶，在运用强制性手段和措施时，要符合法定程序、目的以及原则，不能含糊不清、任性专断，使相对人权利得到最大限度的保护。在公权力介入家庭暴力领域时，一方面，要保护公共利益和相对人的合法权利；另一方面，要注意介入的限度，不能随意干涉公民的家庭生活，尊重相对人的权利，保护相对人的隐私。

尊重人权原则的核心在于承认平等的人性尊严。"尊严"二字并没有明确的定义，古罗马人认为，尊严乃是个人在公众中之声誉，尊严系因个人为社会作出贡献而获得。所谓人性尊严，即人的尊严或者个人尊严。一般并不将之称为"人类的尊严"，主要是强调个人之独立性，以及个人

---

① 王洪：《家庭自治与法律干预——中国大陆婚姻法之发展方向》，载王文杰主编：《月旦民商法研究：新时代新家事法》，清华大学出版社 2006 年版，第 76—77 页。

间之差异性，但也不会否定"多数人"的尊严，或其他"动物类"尊严之存在。"人性尊严"一词已经从传统的伦理道德、宗教或者哲学用语逐渐演化成法律用语，甚至成为宪法价值的一部分，这正足以刻画出人类争取基本权利与人性自觉的演进轨迹，并显示其时代意义。[①]

保护人权原则所要求的可接受限度是评判公权力对私域介入的决定性标准，也是公权力对私域介入的最低限度要求。如果不尊重人性尊严，就会使相对方明显感受到公权行为的违法性和不合理性。公权力介入应是当事人可承受限度范围内的，在道德证成上是合理的，不能以人们不可容忍的方式、程序予以推行，如亵渎个人尊严、剥夺个人基本生活条件。公权力对家庭暴力的介入也要遵循尊重人性尊严原则，兼顾公权目标和受害人意愿。比如，在涉及受害人是否申请人身安全保护令时应当由女性自己进行选择，涉及不太严重的家庭暴力，是否愿意调解也要考虑女性意愿，但是值得注意的是，尊重当事人的意愿必须是当事人真实的意愿。

(四) 功利原则

在我国以往的实践中，公权对私权的介入往往以"公共利益优于个人利益"的理由来作出解释和说明，这样的解释不但使公权主体在面对千变万化的执法实践时仍不知所措，还会使部分公权主体随意解释，滥用权力，使公共利益与个人利益相对立，违背了公权行使的目标。实际上，在个案中我们应综合考虑各种因素，具体情况具体分析，首先，要考虑个人权利在案件中的特殊性；其次，要考虑公权的介入对私权带来多大的影响，以及可能带来的损失和风险；最后，还要考虑公权本身的利益，如财政负担、成本花销等。在公权力对家庭暴力案件的介入过程中，正当合理的介入限度需要考虑功利原则，也要考虑个案平衡原则，但要注意不能使这一原则成为公权消极不作为的借口。此外，面对不同的案件情况，受知识有限性以及特定信息限制的影响，公权力在行使过

---

① 参见李震山著：《人性尊严与人权保障》，台湾元照出版有限公司 2011 年版，第 3 页。

程中，也会出现判断错误的情况，但是应遵循最小损害原则，任何因公权力行使错误导致受损的私权力主体都有获得赔偿和补偿的权力。国家应针对过错性质，体现法的公平价值，落实国家赔偿责任和补偿责任。

根据功利原则，公权力应该加强预防工作。在现实中，有些政府开始肩负起消除家庭暴力、预防暴力发生的责任。这些行动包括改变警察、检察官与法官的训练方式，以增进他们对家庭暴力的了解，促使他们愿意认真处理家庭暴力案件。预防暴力的方式，则包括通过学校教育纠正男性有权虐待女性的观念。其他预防方法还包括：（1）由国家赞助成立受暴妇女庇护机构与辅导服务；（2）加强执法人员、社会服务机构、护理工作者、暴力幸存者辅导团体之间的协商合作。[①]

三、形式原则

（一）法治原则

在当今世界，法治之所以被广为接受，皆因法治的形式品格。美国学者塔马纳哈（BrianZ. Tamanaha）从"厚"和"薄"、"形式"和"实质"两个维度对古今中外的法治进行了类型化的整理。他说，形式法治和实质法治可以概括为："形式的理论关注于恰当的渊源和法律形式，而实质理论还包括了对法律内容的要求（通常与正义和道德原则相一致）"[②]。关于法治的形式品格，美国法学家朗 . L. 富勒认为，具备法治品德的法律制度由八个要素构成：一般性、公布或公开、可预期、明确、无内在矛盾、可循性（conformability）、稳定性、同一性（congruence）。[③]

英国法哲学家约瑟夫·拉兹提出了法治的八条原则：第一，法律必须是可预期的、公开的和明确的，这是一条最根本的原则；第二，法律

---

①　台湾大学妇女研究室编译：《妇女人权学习手册：在地行动与全球联结》，台湾心理出版社 2005 年版，第 196 页。

②　Brian Z. Tamanaha. On The Rule Of Law: History, Politics, Theory. Cambridge University Press, 2004: 92.

③　Lon L. Fuller. The Morality of Law. New Haven: Yale University Press, 1964: 46—94.

必须是相对稳定的；第三，必须在公开稳定明确而又一般的规则的指导下制定特定的法律命令或行政指令；第四，必须保障司法独立；第五，必须遵守像公平审判不偏不倚那样的自然正义原则；第六，法院应该有权审查政府其他部门的行为以判定其是否合乎法律；第七，到法院打官司应该是容易的；第八，不容许执法机构的自由裁量权歪曲法律。①

依据法治原则，国家公权力对家庭暴力的介入必须依法而为。在一个法治国家中，法律具有极大的权威性，任何权力都要置于法律的范围内，依法行使。家庭暴力是一个严重的社会问题，国家公权力对家庭暴力的介入必须遵循法治原则，将其纳入到法治的框架中进行干预。公权力对家庭暴力的介入必须有法律上的依据，不仅要合乎实体法和程序法，还要承担与职权相应的法律责任。由此，国家公权力对家庭暴力的积极干预必须是法治框架内的积极干预。积极干预原则是公权力介入家庭暴力的重要原则。目前，许多国家和地区已经把公权力干预家庭暴力理论上的正当性转变为法律上的规定，我国也是如此。要从整体上排除家庭领域是私域，家庭内部的暴力行为不用干预的观念，对受害人不仅要提供相应的救助和保护，还要调动其他社会力量予以庇护，以公权力的形式为受害人提供全方位的保护和指导。所有这些干预必须具有法律依据，遵循法律进行。

依据法治原则，必须加强国家公权力对家庭暴力介入的监督和制约，以防止权力滥用。这就要求对公权力进行合理的分工和制衡。"在一切情况和条件下，对于滥用职权的强力的真正纠正办法，就是用强力对付强力。"② 要防止滥用权力，就必须以权力制约权力，必须有一种与之相当的力量来制约和监督。一方面，使任何权力都有外在的约束，是有限而不是无限的权力；另一方面，也要保证权力的行使不能超越法律的授权。

---

① Josph Raz. The Authority of Law: Essays on Law and Morality. Clarendon Press, 1979: 214—218.

② ［英］洛克著，叶启芳、瞿菊农译：《政府论》（下），商务印书馆1982年版，第95页。

公权力介入家庭暴力领域，不同的国家机关有不同的职责，公安、法院、检察院相互监督，协同合作，既不能不作为，也不能乱作为。对家庭暴力的预防和控制是一个庞大的系统工程，需要方方面面的努力。对公权力进行合理的分工和制衡是公权与私权之间维持均衡状态的砝码，任何偏离此标准的公权力行使行为都会成为人们实现自由的障碍。为此，要积极发挥社会组织的作用。培育和保护社会组织的成长，可以制约权力的恣意任性，有效地消解权力的独断专行，实现社会利益与个人利益的协调。反家庭暴力是国家、社会、个人共同的责任，施暴者工作单位、妇联等其他性质的社会组织发挥着不可忽视的重要作用，一方面，可以监督公权力的行使；另一方面，可以整合社会有用资源，担负起对受害者救济的重任。

依据法治原则，应当保护私权主体在程序中的对抗性权利。私权主体的程序性权利是防治公权过度介入的有效保障，也是防范公权力过度介入最直接、最有效的方法。这种适度的抗衡，并不会影响公权力行使的效率，还会保证公权力行使过程中的公平和公正。程序正义是实体正义的保障，而我国目前对程序的重视却还远远不够，"重实体、轻程序"的现象还很普遍，往往违反程序来追求实体效果，把法律程序看成是一种额外的负担。"行政官员往往把法律工作者发明程序限制看成效率的障碍，这是自然的，确实，自然正义规则限制了行政活动自由，遵循这些原则须花费一定时间和金钱。"① 然而如果从程序和效率的深层关系考虑，确立和重视程序观念，有利于增加人们对公权力的信任，减少对相对人的对抗和摩擦，最终程序不但不是追究效率的"绊脚石"，还会促进效率的提高。在处置家庭暴力案件中遵循正当的程序尤为重要。一旦受害人反悔，或者基于对施暴人的同情和保护，出现指责公权力的情况时，遵循正当程序，就可以有效避免公权力与当事人之间的矛盾和冲突。

---

① 参见［英］威廉·韦德著，徐炳等译：《行政法》，中国大百科全书出版社 1997 年版。

(二) 合理性原则

虽然人类社会离不开法律，但法律不是万能的。国家公权力介入家庭暴力需要依据法律，遵循法治原则，但也应该遵循合理性原则。家庭领域作为私领域对公权力既排斥又需要，到底该不该介入？在具体的个案中很难全部靠法律来确定。即使介入，如何介入？介入中遇到具体问题怎么处理？这就要求在坚持法治原则的同时，也要遵循合理性原则。所谓合理性原则，是指公权力的行使在合法的前提下，还应当客观、适当、合乎理性。合理性原则与合法性原则既有联系又有区别，合理性原则是合法性原则的补充。之所以要确定这一原则，是因为在现实生活中，个案情况千变万化、情形复杂，法律不可能毫无遗漏的规定到各个细节，这就要求公权力在行使时要根据其合理的判断，决定作为、不作为，以及如何作为。合法性原则因其有明确的法律规定比较容易把握，相对来讲，合理性原则主要应把握其法理寓意。要坚持法律面前人人平等的原则，平等地适用法律规范，相同的事实给予相同的对待，而无论其社会地位、经济状况、社会背景如何。公权力的行使在不违背法律公平正义的前提下，要不偏不倚地选取适当的手段来实现法律的目的。

依据合理性原则，在针对家庭暴力的执法与预防工作中，公权力介入后应该考虑如下原则：第一，被动介入原则。对于家庭暴力的积极介入不是主动干预。政府执法部门对于家庭暴力采取不告不理原则，一旦有人报警，警察必须介入。第二，及时介入原则。如果有人就家庭暴力进行申告，政府执法部门就应及时介入。第三，确认并提供安全原则。受害人的安全是指身体安全，而安全感是指其对于周遭环境是否安全的一种主观感受。警察接到申告后，第一反应是确认受害人是否安全，是否身处险境，并提供建议，然后马上出警。执法人员到达现场后，首先要和受害人交谈，而不是和加害人交谈；交谈地点尽量不在受害现场。这样会给受害人提供安全感。此外，执法人员必须采取措施把受害人与加害人隔离开来。如果受害人衣服被扯破，给受害人机会以更换衣服。

第四，保密原则。执法人员办案必须遵守保密原则，不得向社会随便透露受害人所告知的信息。

（三）比例原则

比例原则是比合理性原则更加实用的原则，它要求公权力在行使时，手段和目的要存在一定的比例关系。依照这一原则，公权力主体在行使公权力时，不得不对相对人产生不利影响的情况下，一方面，必须要有法律依据；另一方面，也必须要选择在最小范围和程度内实施，使手段与目标符合适度的比例。实现法律的目的与对公民自由权的限制之间是具有某种平衡性的，可以通过比较与判断，选择采用对公民自由权牺牲程度最小的一种，而不至于过度、过分。这一原则是基于对国家权力有效控制的考虑，力图寻求公共权利与公民权利之间微妙而理性的平衡。比例原则，又被称为"限制的限制"，它要求公权力行使手段与目的之间比例相称，与基本权利的保护密不可分，是排除自由裁量的公权力对公民权利过度伤害的屏障。

根据比例原则，国家对家庭暴力的介入要兼顾制裁和教育的原则，以预防、调解和制止性介入为主，适当的惩罚性介入。对于家庭暴力案件的干预尤其要强调制裁与教育相结合的原则，遏制家庭暴力不能仅仅依靠对施暴者的制裁，因为很多施暴者的男权思想很难通过制裁的形式使其转变，还要加强教育，改变施暴者的性别不平等思想。公权力以预防、调解和制止性介入为主的目的在于防止家庭暴力的发生和持续进行，避免更严重的伤害，好处在于不会直接激化矛盾，有利于维护家庭的稳定，是一种保护性介入。惩罚性介入要适当、有限，要以家庭暴力的严重程度和受暴妇女的需求为本，尊重受暴妇女意愿，否则如果不考虑实际情况，虽然能有震慑效果，但也可能起到反作用，使暴力升级。

（四）责任原则

《反家庭暴力法》第36条规定："负有反家庭暴力职责的国家工作人员玩忽职守、滥用职权、徇私舞弊的，依法给予处分；构成犯罪的，依法追究刑事责任。"根据该规定，国家公权力不能滥用，如果滥用，则追究其刑事责任。在公权力介入家庭暴力的过程中，国家权力作为公权力的一种，发挥着至关重要的作用，规范权力主体的行为，就要遵循责任原则。责任原则，是指权力主体违反法律规范必须要承担相应的法律责任。现代政治是民主政治和法治政治，民主政治和法治政治必然要求责任政治。如果不考虑权力主体违法介入家庭私域的后果承担问题，一方面，会使公权力行使者放任手中的权力，导致出现不作为或者过度介入的情形；另一方面，侵权权力主体违法但却不承担责任是有失公平的。

根据这一原则，权力主体在介入家庭暴力领域时要遵循以下要求：

第一，要依法追究法律责任。法律责任的追究要根据法律的规定，按照法定的程序，对权力主体的责任进行追究和认定。实践中的家庭暴力案件五花八门，法律不可能对详尽的细节一一作出规定，而公权力介入活动特别是行政执法介入具有积极服务、因地制宜的特点，因此，行政自由裁量权不可或缺，但这不能成为不合理的或者不当行政行为被法律认定为不追究责任的理由。在实践中，既可以追究权力主体的法律责任，也可以追究执法人员的法律责任。[①]

第二，要依法承担法律责任。法律责任的承担主体是国家工作人员。责任承担主体不同，责任承担方式也不一样。行政主体承担行政责任的方式包括撤销违法行为、纠正不当行政行为、停止侵害、履行职务、返还利益、恢复原状、行政赔偿、恢复名誉，消除影响、承认错误，赔礼道歉、行政补偿等。国家工作人员承担行政责任的方式包括通报批评、赔偿损失、行政处分等。

第三，要健全监督救济机制。落实国家工作人员责任的关键就是要健全完善的监督救济机制。法治国家必须是责任国家，责任政治是依法治国的内在要求，也是依法治国的重要组成部分。责任与权力相伴，有权力就要有责任，要协调各种监督主体，使其达到有机统一。

---

① 参见王景斌：《论行政权对私域的有限介入》，吉林大学 2008 年博士学位论文。

结　　论

　　人类文明发展的主题之一就是要防止强者欺负弱者。在野蛮时代，人们用武力等野蛮的手段来解决矛盾，随着人类社会的发展，进入文明社会以后，人们开始依靠集中组织起来的公权力来抑制强者。人类最开始防范的是比较严重的个体之间的暴力冲突，防止相互间的侵害，国家利用刑法将严重的侵害行为定义为犯罪。后来，随着文明的不断进步和发展，国家逐步扩大其干预的范围，开始将范围扩大至民事领域。但是，无论文明如何发展，都会存在公权力干预的空白或死角地带。家庭则一直是人类文明干预的死角，在传统观念看来，家庭完全可以依靠男女之爱以及亲情之爱来维持和谐的秩序，不会发生强者欺负弱者的现象，但是，实践证明，并非如此。家庭内部由于男女体力上的不平等以及一些思想观念方面等的原因，存在着大量的男性欺负女性的家庭暴力行为，还有虐待儿童和虐待老人的行为。在过去的传统观念中，都认为父母归根结底是爱子女的，国家不需要加以干预，甚至是"棍棒底下出孝子"，打两下也是为孩子好，这种观念无疑纵容了家庭暴力行为的发生。家庭暴力是一个客观现象，根本原因在于人性中存在着恶的一面，强者利用其优势地位对弱者施暴就是人性恶的一面的表现，这种现象的存在无法依靠弱者自身的力量加以解决，必须要以公权力的方式予以干预。

　　人类的利益关系需要平衡，而平衡利益关系不能完全依赖私权实现，尤其是在双方力量不对等的情况下，必须依靠公权力来平衡利益关系，解决权利冲突。公权力对家庭暴力的干预，可以在个人权利之间和个人权利与公共利益之间寻求最佳的平衡。我们不能因为生活中出现过的公权力过度介入私人生活领域而否认介入的正当性。权力来源于权利，受权利的制约。设定公权力的目的就是要保障公民的自由和权利，维护社会公共秩序。当个人利益与公共利益发生冲突时，价值导向的选择是有变化的。从启蒙运动到19世纪末期，个人的基本人权被视为神圣的不可侵犯的权利，契约自由、私有财产神圣不可侵犯、所有权绝对等理念被认为是天经地义的，主张私人利益高于公共利益，"风能进，雨能进，国王不能进"等俗语也表明了私人领域对公权力的排斥。到20世纪以后，这种情况逐渐发生了变化，人们开始认为，为了维护社会公共利益、公民根本利益和人类更为重要的权利，可以依照宪法和法律，限制某些私人权利的行使。①

可能也有人认为，公权力干预家庭暴力会造成对公民隐私权的侵犯，但这一命题是不能成立的。在家庭暴力出现时，公权力面对的不仅仅是单向度的隐私权，还有一个权力冲突的问题，即"隐私权与受害者人身安全权"之间的冲突。任何一种权利都不能无限度地行使，隐私权也同样如此，当隐私权与安全权发生冲突时，谁更具有优先性呢？结论是显然的，安全权当然要优于隐私权。"在权利冲突时，法律应该按照一种能够避免较为严重的损害方式来配置权利，或者反过来说，这种权利配置能使产出最大化"②。如果国家公权力以保护隐私权为由而对安全权置之不理，其所造成的损害可能是无法挽回和补救的，也是不合理的。

平等保护是社会发展对公权力的必然要求。根据政府与个人关系理论，人民设立政府的目的是要过上更好的生活，而差别对待则不能实现这一目的。在历史上，无论是东方还是西方，女人都曾经不被看作是社

① 参见王景斌：《论行政权对私域的有限介入》，吉林大学2008年博士学位论文。
② 朱苏力：《〈秋菊打官司〉案、邱氏鼠药案和言论自由》，载《法学研究》1996年第3期。

会中完整的人，不享有与男性同等的权利。经过文明社会的发展和女性的不断抗争，性别平等的观念才普遍被接受，"承认一个人是人类社会的完整的成员，同时又以与此不一致的方式对待他，这样的对待是极不公平的。"① 无论是男人还是女人，都应该得到政府平等的尊重和关怀。女性在性别关系中处于相对弱势地位，更应该得到政府的关怀和保护。"一个政治社会的弱者，有权利享有他们的政府的关心和尊重，社会中的强者可以自己保证自己得到这样的关心和尊重。"② 在家庭暴力中，受害者一般处于弱势地位，凭借一己之力很难对抗暴力行为的侵犯，无法实现对自身安全权的保护，因此，公权力的保护尤为重要，公权力对于家庭暴力及时有效的干预，则可以实现这一目的。

国家介入家庭暴力既有正当性，也有必要性。个体的理性是有限的，人类集体的理性是无限的。公权力适度介入私人领域并遵循一定的限度，可以整合社会功能的发挥，更好地实现对私权的救济。人类历史上，为了解决利益冲突，出现了血亲复仇、同态复仇等纠纷解决途径。私力救济虽然能够在一定程度上解决纠纷，也有一定的合理性，但是仍存在诸多弊端，可能会因为随心所欲最终导致非正义，并且有可能激化矛盾、引发新的暴力。因此，公力救济仍然是现代文明社会纠纷解决的主要途径。具体到家庭暴力领域，当家庭暴力行为频繁发生时，仅仅依靠受害者一己私力的反抗是很难取得效果的，公权力的适时介入可以对施暴者造成震慑，有利于家庭暴力这一社会问题最终解决。

---

① ［美］罗纳德·德沃金著，信春鹰、吴玉章译：《认真对待权利》，中国大百科全书出版社 1998 年版，第 262 页。

② ［美］罗纳德·德沃金著，信春鹰、吴玉章译：《认真对待权利》，中国大百科全书出版社 1998 年版，第 262 页。

参考文献

（一）中文译著

1. ［古希腊］柏拉图著，郭斌和、张竹明译：《理想国》，商务印书馆1986年版。

2. ［美］约翰·罗尔斯著，何怀宏、何包钢、廖申白译：《正义论》，中国社会科学出版社1988年版。

3. ［法］托克维尔著，董果良译：《论美国的民主》，商务印书馆1989年版。

4. ［日］久世敏雄、长田雅喜著，李艳、苗登明译：《家庭关系的心理透视》，吉林人民出版社1990年版。

5. ［英］洛克著，叶启芳、瞿菊农译：《政府论（下篇）》，商务印书馆1996年版。

6. ［英］苏珊·墨菲·米伦罗著，郑欢译：《保护生命：如何远离家庭暴力》，台湾实业文化公司1998年版。

7. ［美］约翰·布雷萧著，杨立宪译：《家庭会伤人——自我重生之路》，蓝天出版社1999年版。

8. ［英］弗里德里希·奥古斯特·哈耶克著，杨玉生等译：《自由宪章》，中国社会科学出版社1999年版。

9. ［瑞士］托马斯·弗莱纳著，谢鹏程译：《人权是什么?》，中国社会科学出版社2000年版。

10. ［美］理查德·A·波斯纳著，苏力译：《法理学问题》，中国政法大学出版社 2002 年版。

11. ［美］迈克尔·J. 桑德尔著，万俊人等译：《自由主义与正义的局限》，译林出版社 2011 年版。

12. ［美］杰克·唐纳利著，王浦劬等译：《普遍人权的理论与实践》，中国社会科学出版社 2001 年版。

13. ［英］Paul Lockley 著，刘稚颖译：《走出婚姻暴力的阴影——对受暴力伤害妇女的心理咨询与治疗》，中国轻工业出版社 2001 年版。

14. ［法］勒内·达维著，潘华仿、高鸿钧、贺卫方译：《英国法与法国法——一种实质性比较》，清华大学出版社 2002 年版。

15. ［芬兰］E. A. 韦斯特马克著，李彬译：《人类婚姻史》（第一卷），商务印书馆 2002 年版。

16. ［法］卢梭著，何兆武译：《社会契约论》，商务印书馆 2003 年版。

17. ［比］R. C. 范·卡内冈著，李红海译：《英国普通法的诞生》（第 2 版），中国政法大学出版社 2003 年版。

18. ［美］E. 博登海默著，邓正来译：《法理学：法律哲学与法律方法》，中国政法大学出版社 2004 年版。

19. ［德］克雷斯蒂安·冯·巴尔著，焦美华译：《欧洲比较侵权行为法》，法律出版社 2004 年版。

20. ［美］富勒著，郑戈译：《法律的道德性》，商务印书馆 2005 年版。

21. ［法］爱弥尔·涂尔干著，汲喆、付德根、渠东译：《乱伦禁忌及其起源》，上海人民出版社 2006 年版。

22. ［英］亚当·斯密著，谢宗林译：《道德情操论》，中央编译出版社 2008 年版。

23. ［德］黑格尔著，范扬、张企泰译：《法哲学原理》，商务印书馆 2009 年版。

24. ［英］约翰·斯图尔特·密尔著，于庆生译：《论自由》，中国法制出版社 2009 年版。

25. ［法］孟德斯鸠著，许明龙译：《论法的精神》，商务印书馆 2009 年版。

26. ［奥地利］欧根·埃利希著，舒国滢译：《法社会学原理》，中国大百科全书出版社 2009 年版。

27. ［美］罗斯科·庞德著，沈宗灵译：《通过法律的社会控制》，商务印书馆 2010 年版。

28. ［爱尔兰］约翰·莫里斯·凯利著，王笑红译：《西方法律思想简史》，法律出版社 2010 年版。

（二）中文著作

1. 鲍晓兰主编：《西方女性主义研究评介》，生活·读书·新知三联书店 1995 年版。

2. 周月清著：《婚姻暴力—理论分析与社会工作处置》，台湾巨流图书公司 1995 年版。

3. 王政、杜芳琴主编：《社会性别研究选择》，生活·读书·新知三联书店 1998 年版。

4. 徐安琪、叶文振著：《中国婚姻质量研究》，中国社会科学出版社 1999 年版。

5. 夏吟兰著：《美国现代婚姻家庭制度》，中国政法大学出版社 1999 年版。

6. 卓冬青编著：《现代婚姻·家庭法律自助读本》，广东旅游出版社 1999 年版。

7. 王跃生著：《十八世纪中国婚姻家庭研究》，法律出版社 2000 年版。

8. 陈苇著：《中国婚姻家庭法立法研究》，群众出版社 2000 年版。

9. 陈功著：《家庭革命》，中国社会科学出版社 2000 年版。

10. 郭爱妹著：《家庭暴力》，中国工人出版社 2000 年版。

11. 巫昌祯、杨大文主编：《防治家庭暴力研究》，群众出版社 2000 年版。

12. 李世家著：《现代台湾与传统伦理文化》，贵州人民出版社 2001 年版。

13. 蒋月、张莉著：《新婚姻法导读》，厦门大学出版社 2002 年版。

14. 徐安琪、叶文振著：《中国婚姻研究报告》，中国社会科学出版社 2002 年版。

15. 徐显明主编：《人权研究》（第 2 卷），山东人民出版社 2002 年版。

16. 荣维毅、宋美娅主编：《反对针对妇女的家庭暴力——中国的理论与实践》，中国社会科学出版社 2002 年版。

17. 荣维毅、黄列主编：《家庭暴力对策研究与干预——国际视角与实证研究》，中国社会科学出版社 2003 年版。

18. 宋美娅、薛宁兰主编：《妇女受暴口述实录》，中国社会科学出版社 2003 年版。

19. 北京大学法学院妇女法律研究与服务中心编：《家庭暴力与法律援助——问题·思考·对策》，中国社会科学出版社 2003 年版。

20. 刘梦著：《中国婚姻暴力》，商务印书馆 2003 年版。

21. 张李玺、刘梦主编：《中国家庭暴力研究》，中国社会科学出版社 2004 年版。

22. 高凤仙编著：《家庭暴力防治法规专论》，台湾五南图书出版公司 2004 年版。

23. 陶勃恒、郑宁编著：《施暴者教育与辅导培训手册》，中国社会科学出版社 2004 年版。

24. 荣维毅、赵颖编著：《警察培训手册》，中国社会科学出版社 2004 年版。

25. 张文霞、朱冬亮著：《家庭社会工作》，社会科学文献出版社

2005 年版。

26. 杨宇冠主编：《联合国人权公约机构与经典要义》，中国人民公安大学出版社 2005 年版。

27. 陈明侠、夏吟兰、李明舜、薛宁兰主编：《家庭暴力防治法基础性建构研究》，中国社会科学出版社 2005 年版。

28. 慕霄子等著：《我为什么打老婆：家庭暴力亲历者口述实录》，重庆出版社 2005 年版。

29. 赵颖著：《警察干预家庭暴力的理论与实践》，群众出版社 2006 年版。

30. 张红艳著：《法律透视：婚姻家庭暴力》，中国法制出版社 2006 年版。

31. 周国平著：《永恒之女性——周国平谈女人与爱情》，中国华侨出版社 2006 年版。

32. 袁锦绣著：《妇女权益保护法律制度研究》，人民出版社 2006 年版。

33. 夏吟兰著：《离婚自由与限制论》，中国政法大学出版社 2007 年版。

34. 陈敏著：《呐喊：中国女性反家庭暴力报告》，人民出版社 2007 年版。

35. 肖树乔著：《国际人权、法律和中国受虐妇女现状》，九州出版社 2007 年版。

36. 唐灿主编：《家庭与性别评论》（第 1 辑），社会科学文献出版社 2008 年版。

37. 蒋月等译：《英国婚姻家庭制定法选集》，法律出版社 2008 年版。

38. 王歌雅著：《中国婚姻伦理嬗变研究》，中国社会科学出版社 2008 年版。

39. 卓泽渊著：《法理学》，法律出版社 2009 年版。

40. 张恒山著：《法理要论》（第三版），北京大学出版社 2009 年版。

41. 张晓玲主编：《人权法学》，中共中央党校出版社 2014 年版。

（三）中文期刊及其他文献

1. 张晓玲：《妇女人权——一个来自历史和现实的崭新概念》，载《中共中央党校学报》1997 年第 1 期。

2. 张恒山：《论人权的道德基础》，载《法学研究》1997 年第 6 期。

3. 张晓玲：《〈世界人权宣言〉与中国的人权观》，载《中共中央党校学报》1998 年第 3 期。

4. 李华：《"受虐妇女综合症"——女性主义对传统意义正当防卫的挑战》，载《中华女子学院学报》1999 年第 4 期。

5. 季金华：《论法治的社会契约观念及其市民社会基础》，载《法制现代化研究》2001 年第 00 期。

6. 黄学贤：《行政法中的比例原则研究》，载《法律科学（西北政法学院学报）》2001 年第 1 期。

7. 陶毅：《反家庭暴力立法刍议》，载《东南学术》2001 年第 2 期。

8. 黄列：《家庭暴力：从国际到国内的应对（上）》，载《环球法律评论》2002 年第 1 期。

9. 李莹、刘梦、辛欣：《中国反家庭暴力二十年回顾与展望》，载《甘肃联合大学学报（社会科学版）》2013 年第 6 期。

10. 傅庆涛：《警察权介入家庭暴力限度问题探讨》，载《江西公安专科学校学报》2003 年第 6 期。

11. 李华：《不放弃追诉政策——国家介入家庭暴力的价值选择》，载《环球法律评论》2004 年第 1 期。

12. 任凤莲：《关于家庭暴力立法的思考》，载《山西大学学报（哲学社会科学版）》2004 年第 3 期。

13. 归丽华、陶辉：《论家庭暴力的危害、成因分析及法律对策》，载《西华大学学报（哲学社会科学版）》2004 年第 S1 期。

14. 赵颖：《美国警察针对家庭暴力的逮捕政策及干预模式研究》，载

《中国人民公安大学学报（社会科学版)》2005 年第 1 期。

15. 赵颖：《美国警察"社区为本"的反家庭暴力模式》，载《上海公安高等专科学校学报》2005 年第 2 期。

16. 雷明光、李莹：《论家庭暴力案件中的证据认定》，载《西北民族大学学报（哲学社会科学版)》2005 年第 5 期。

17. 王洪：《家庭自治与法律干预——中国大陆婚姻法之发展方向》，载王文杰主编：《月旦民商法研究：新时代新家事法》2006 年第 1 期。

18. 郭莉、严春银：《公安行政不作为原因新探及其对策》，载《贵州警官职业学院学报》2006 年第 2 期。

19. 刘晓梅：《英国反家庭暴力的立法、实践及其启示》，载《法学杂志》2006 年第 3 期。

20. 汪渊智：《理性思考公权力与私权利的关系》，载《山西大学学报（哲学社会科学版)》2006 年第 4 期。

21. 李婕妤：《论公安行政不作为及其认定》，载《湖北警官学院学报》2006 年第 6 期。

22. 蒋月：《论警察介入和干预家庭暴力——若干国家和地区的经验及其对中国的启示》，载《福建行政学院学报》2007 年第 1 期。

23. 陈苇、秦志远：《我国台湾地区防治家庭暴力立法与司法之研究及其启示》，载《家事法研究（2006 年卷)》。

24. 周启柏：《公权力与私权利关系的法理学思考》，载《西安外事学院学报》2007 年第 1 期。

25. 陆海岩：《全体人的最大幸福：自由和平等——再读卢梭的〈社会契约论〉》，载《新疆社科论坛》2007 年第 4 期。

26. 宋炳华：《论家庭暴力防治中之民事保护令制度》，载《中华女子学院学报》2008 年第 1 期。

27. 方金华：《司法介入家庭暴力研究》，载《河北工程大学学报（社会科学版)》2008 年第 1 期。

28. 杨新杰：《公共政策制定中的弱势群体考量——基于社会契约论的视角》，载《湖北社会科学》2008 年第 3 期。

29. 郝继明：《公权力的异化及其控制》，载《江苏广播电视大学学报》2008 年第 4 期。

30. 仲鑫：《中国家庭暴力研究评述》，载《哈尔滨工业大学学报（社会科学版）》2008 年第 3 期。

31. 杜素华：《关于我国反家庭暴力立法的思考》，载《德州学院学报》2008 年第 3 期。

32. 蒋月：《英国法律对家庭暴力的干预及其对中国的启示》，载《太平洋学报》2008 年第 11 期。

33. 张彩凤、沈国琴：《家庭暴力案件中警察权的权限及行使原则——性别平等主义视角下的分析》，载《中国人民公安大学学报（社会科学版）》2009 年第 1 期。

34. 王国珍、宋海鸥：《家庭暴力防控中的公权力角色分析》，载《传承》2009 年第 2 期。

35. 黎光宇：《警察介入家庭暴力法律制度之完善》，载《法学杂志》2009 年第 3 期。

36. 李洁：《论正当防卫制度在家庭暴力中的突破——从"受虐妇女综合症"角度》，载《中南财经政法大学研究生学报》2009 年第 4 期。

37. 战建华：《公共管理模式嬗变——基于社会契约论的演化分析》，载《长白学刊》2009 年第 5 期。

38. 张万军、赵友新：《司法的功能与反家庭暴力立法——以家庭暴力的司法介入为视角》，载《山西省政法管理干部学院学报》2009 年第 4 期。

39. 刘洪华：《家庭冷暴力的立法思考》，载《南华大学学报（社会科学版）》2010 年第 1 期。

40. 夏吟兰：《中国反对家庭暴力立法进程及其发展分析》，载《社会工作（实务版）》2010 年第 8 期。

41. 湛中乐、肖能：《论政治社会中个体权利与国家权力的平衡关系——以卢梭社会契约论为视角》，载《政治与法律》2010 年第 8 期。

42. 欧阳艳文：《警察干预家庭暴力的困难与对策》，载《湖南警察学院学报》2011 年第 1 期。

43. 潘爱国：《论公权力的边界》，载《金陵法律评论》2011 年第 1 期。

44. 张洪林：《反家庭暴力法的立法整合与趋势》，载《法学》2012 年第 2 期。

45. 沙金：《论公民自治权与国家权力的衡平：社会契约论视角》，载《东南学术》2012 年第 2 期。

46. 生龙曲珍、刘谦：《多学科视野下的家庭暴力研究综述》，载《现代妇女》2012 年第 3 期。

47. 舒奕：《浅析家庭暴力中的正当防卫权》，载《经济视角（上）》2012 年第 4 期。

48. 薛宁兰、胥丽：《论家庭暴力防治法中的民事保护令制度》，载《中华女子学院学报》2012 年第 4 期。

49. 郑净方、郑雄升：《国家与家庭关系的再考察——从家庭暴力视域分析》，载《怀化学院学报》2012 年第 10 期。

50. 潘云华：《"社会契约论"的历史演变》，载《南京师大学报（社会科学版）》2013 年第 1 期。

51. 赵敏：《服务行政视角下公安行政不作为新探——以警察干预家庭暴力为例》，载《河北法学》2013 年第 8 期。

52. 王诗文：《社会契约论视角下国家限度性问题探析》，载《学理论》2013 年第 24 期。

53. 史莉莉：《西方女性主义法学视野中的家庭暴力及启示》，载《甘肃社会科学》2014 年第 3 期。

54. 秦秀明：《家庭暴力的危害、形成原因和防治办法》，载《行政与法》2014 年第 7 期。

55. 张晓玲：《社会稳定与弱势群体权利保障研究》，载《政治学研究》2014 年第 5 期。

56. 蒋月娥：《中国反家庭暴力立法的进程》，载《中国妇运》2014 年第 6 期。

57. 李春斌：《挑战与回应：性别正义视域下的家庭暴力与正当防卫——兼论〈反家庭暴力法〉的家庭法哲学》，载《辽宁师范大学学报（社会科学版）》2015 年第 2 期。

58. 王改萍：《家庭暴力案件中证据规则的完善》，载《山西高等学校社会科学学报》2015 年第 4 期。

59. 王景斌：《论行政权对私域的有限介入》，吉林大学 2008 年论文。

60. 王鹤：《家庭暴力的正当防卫研究》，中国政法大学 2008 年论文。

61. 罗杰：《家庭暴力立法与实践研究——以民事法律规制为中心》，西南政法大学 2012 年论文。

62. 周清：《我国家庭暴力法律救济机制的缺陷与对策》，湖南大学 2010 年论文。

（四）外文资料

1. Sylvia M. Asay, John DeFrain, Marcee Metzger, and Bob Moyer. Family violence from a global perspective.

2. Nebraska Domestic Violence Sexual Coalition. (2012). Domestic violence offender program standards. Lincoln, NE: Nebraska Domestic Violence Sexual Assault Coalition.

3. Olson, D. H. , &DeFrain, J. , &Skogrand, L. (2011). Marriage and families: Intimacy, strength, and diversity(7th ed.). New York, NY: McGraw – Hill Higher Education.

4. Phinney, A. , & de Hovre, S. (2003). Integrating human rights and public health to prevent interpersonal violence. Health and Human Rights, 6 (2), 64—87.

5. Garcia – Moreno, C. , Jansen, H. A. M. F. , Ellsberg, M. , Heise, L. , &Watts, C. H. (2006). Prevalence of intimate parter violence : Findings from the WHO multi – country study on woman's health and domestic violence .

6. McCue, M. L. (2008). Domestic violence(2nd. ed.) Santa Barbara, CA: ABC – CLIO.

7. Kishor, S. , &Johnson, K. (2004). Profiling domestic violence: A multi – country study. Calverton, MD: ORC Macro.

8. American Bar Association, Commission on Domestic Violence, the Impact of Domestic Violence on Your Legal Practice, American Bar Association, 1996.

9. David M. Haugen, book editor, Domestic Violence: Opposing Viewpoints, Greenhaven Press, 2005.

附 录

中华人民共和国反家庭暴力法

(2015 年 12 月 27 日第十二届全国人民代表大会常务委员会
第 18 次会议通过 2015 年 12 月 27 日中华人民共和国
主席令第 37 号公布 自 2016 年 3 月 1 日起施行)

目 录

第一章 总 则

第一条 为了预防和制止家庭暴力,保护家庭成员的合法权益,维护平等、和睦、文明的家庭关系,促进家庭和谐、社会稳定,制定本法。

第二条 本法所称家庭暴力,是指家庭成员之间以殴打、捆绑、残害、限制人身自由以及经常性谩骂、恐吓等方式实施的身体、精神等侵害行为。

第三条 家庭成员之间应当互相帮助,互相关爱,和睦相处,履行家庭义务。

反家庭暴力是国家、社会和每个家庭的共同责任。

国家禁止任何形式的家庭暴力。

第四条 县级以上人民政府负责妇女儿童工作的机构，负责组织、协调、指导、督促有关部门做好反家庭暴力工作。

县级以上人民政府有关部门、司法机关、人民团体、社会组织、居民委员会、村民委员会、企业事业单位，应当依照本法和有关法律规定，做好反家庭暴力工作。

各级人民政府应当对反家庭暴力工作给予必要的经费保障。

第五条 反家庭暴力工作遵循预防为主，教育、矫治与惩处相结合原则。

反家庭暴力工作应当尊重受害人真实意愿，保护当事人隐私。

未成年人、老年人、残疾人、孕期和哺乳期的妇女、重病患者遭受家庭暴力的，应当给予特殊保护。

第二章　家庭暴力的预防

第六条 国家开展家庭美德宣传教育，普及反家庭暴力知识，增强公民反家庭暴力意识。

工会、共产主义青年团、妇女联合会、残疾人联合会应当在各自工作范围内，组织开展家庭美德和反家庭暴力宣传教育。

广播、电视、报刊、网络等应当开展家庭美德和反家庭暴力宣传。

学校、幼儿园应当开展家庭美德和反家庭暴力教育。

第七条 县级以上人民政府有关部门、司法机关、妇女联合会应当将预防和制止家庭暴力纳入业务培训和统计工作。

医疗机构应当做好家庭暴力受害人的诊疗记录。

第八条 乡镇人民政府、街道办事处应当组织开展家庭暴力预防工作，居民委员会、村民委员会、社会工作服务机构应当予以配合协助。

第九条 各级人民政府应当支持社会工作服务机构等社会组织开展心理健康咨询、家庭关系指导、家庭暴力预防知识教育等服务。

第十条　人民调解组织应当依法调解家庭纠纷，预防和减少家庭暴力的发生。

第十一条　用人单位发现本单位人员有家庭暴力情况的，应当给予批评教育，并做好家庭矛盾的调解、化解工作。

第十二条　未成年人的监护人应当以文明的方式进行家庭教育，依法履行监护和教育职责，不得实施家庭暴力。

第三章　家庭暴力的处置

第十三条　家庭暴力受害人及其法定代理人、近亲属可以向加害人或者受害人所在单位、居民委员会、村民委员会、妇女联合会等单位投诉、反映或者求助。有关单位接到家庭暴力投诉、反映或者求助后，应当给予帮助、处理。

家庭暴力受害人及其法定代理人、近亲属也可以向公安机关报案或者依法向人民法院起诉。

单位、个人发现正在发生的家庭暴力行为，有权及时劝阻。

第十四条　学校、幼儿园、医疗机构、居民委员会、村民委员会、社会工作服务机构、救助管理机构、福利机构及其工作人员在工作中发现无民事行为能力人、限制民事行为能力人遭受或者疑似遭受家庭暴力的，应当及时向公安机关报案。公安机关应当对报案人的信息予以保密。

第十五条　公安机关接到家庭暴力报案后应当及时出警，制止家庭暴力，按照有关规定调查取证，协助受害人就医、鉴定伤情。

无民事行为能力人、限制民事行为能力人因家庭暴力身体受到严重伤害、面临人身安全威胁或者处于无人照料等危险状态的，公安机关应当通知并协助民政部门将其安置到临时庇护场所、救助管理机构或者福利机构。

第十六条　家庭暴力情节较轻，依法不给予治安管理处罚的，由公安机关对加害人给予批评教育或者出具告诫书。

告诫书应当包括加害人的身份信息、家庭暴力的事实陈述、禁止加害人实施家庭暴力等内容。

第十七条　公安机关应当将告诫书送交加害人、受害人，并通知居民委员会、村民委员会。

居民委员会、村民委员会、公安派出所应当对收到告诫书的加害人、受害人进行查访，监督加害人不再实施家庭暴力。

第十八条　县级或者设区的市级人民政府可以单独或者依托救助管理机构设立临时庇护场所，为家庭暴力受害人提供临时生活帮助。

第十九条　法律援助机构应当依法为家庭暴力受害人提供法律援助。

人民法院应当依法对家庭暴力受害人缓收、减收或者免收诉讼费用。

第二十条　人民法院审理涉及家庭暴力的案件，可以根据公安机关出警记录、告诫书、伤情鉴定意见等证据，认定家庭暴力事实。

第二十一条　监护人实施家庭暴力严重侵害被监护人合法权益的，人民法院可以根据被监护人的近亲属、居民委员会、村民委员会、县级人民政府民政部门等有关人员或者单位的申请，依法撤销其监护人资格，另行指定监护人。

被撤销监护人资格的加害人，应当继续负担相应的赡养、扶养、抚养费用。

第二十二条　工会、共产主义青年团、妇女联合会、残疾人联合会、居民委员会、村民委员会等应当对实施家庭暴力的加害人进行法治教育，必要时可以对加害人、受害人进行心理辅导。

第四章　人身安全保护令

第二十三条　当事人因遭受家庭暴力或者面临家庭暴力的现实危险，向人民法院申请人身安全保护令的，人民法院应当受理。

当事人是无民事行为能力人、限制民事行为能力人，或者因受到强制、威吓等原因无法申请人身安全保护令的，其近亲属、公安机关、妇女联合会、居民委员会、村民委员会、救助管理机构可以代为申请。

第二十四条　申请人身安全保护令应当以书面方式提出；书面申请确有困难的，可以口头申请，由人民法院记入笔录。

第二十五条　人身安全保护令案件由申请人或者被申请人居住地、家庭暴力发生地的基层人民法院管辖。

第二十六条　人身安全保护令由人民法院以裁定形式作出。

第二十七条　作出人身安全保护令，应当具备下列条件：

（一）有明确的被申请人；

（二）有具体的请求；

（三）有遭受家庭暴力或者面临家庭暴力现实危险的情形。

第二十八条　人民法院受理申请后，应当在七十二小时内作出人身安全保护令或者驳回申请；情况紧急的，应当在二十四小时内作出。

第二十九条　人身安全保护令可以包括下列措施：

（一）禁止被申请人实施家庭暴力；

（二）禁止被申请人骚扰、跟踪、接触申请人及其相关近亲属；

（三）责令被申请人迁出申请人住所；

（四）保护申请人人身安全的其他措施。

第三十条　人身安全保护令的有效期不超过六个月，自作出之日起生效。人身安全保护令失效前，人民法院可以根据申请人的申请撤销、变更或者延长。

第三十一条　申请人对驳回申请不服或者被申请人对人身安全保护令不服的，可以自裁定生效之日起五日内向作出裁定的人民法院申请复议一次。人民法院依法作出人身安全保护令的，复议期间不停止人身安全保护令的执行。

第三十二条　人民法院作出人身安全保护令后，应当送达申请人、被申请人、公安机关以及居民委员会、村民委员会等有关组织。人身安全保护令由人民法院执行，公安机关以及居民委员会、村民委员会等应当协助执行。

第五章　法律责任

第三十三条　加害人实施家庭暴力，构成违反治安管理行为的，依法给予治安管理处罚；构成犯罪的，依法追究刑事责任。

第三十四条　被申请人违反人身安全保护令，构成犯罪的，依法追究刑事责任；尚不构成犯罪的，人民法院应当给予训诫，可以根据情节轻重处以一千元以下罚款、十五日以下拘留。

第三十五条　学校、幼儿园、医疗机构、居民委员会、村民委员会、社会工作服务机构、救助管理机构、福利机构及其工作人员未依照本法第十四条规定向公安机关报案，造成严重后果的，由上级主管部门或者本单位对直接负责的主管人员和其他直接责任人员依法给予处分。

第三十六条　负有反家庭暴力职责的国家工作人员玩忽职守、滥用职权、徇私舞弊的，依法给予处分；构成犯罪的，依法追究刑事责任。

第六章　附　　则

第三十七条　家庭成员以外共同生活的人之间实施的暴力行为，参照本法规定执行。

第三十八条　本法自 2016 年 3 月 1 日起施行。

中华人民共和国婚姻法

(1980年9月10日第五届全国人民代表大会第三次会议通过
1980年9月10日全国人民代表大会常务委员会委员长令
第9号公布　自1981年1月1日起施行　根据2001年4月
28日第九届全国人民代表大会常务委员会第21次会议《关于
修改〈中华人民共和国婚姻法〉的决定(2001年4月28日
中华人民共和国主席令第51号公布施行)》修正)

目　　录

第一章　总　　则

第一条　本法是婚姻家庭关系的基本准则。

第二条　实行婚姻自由、一夫一妻、男女平等的婚姻制度。

保护妇女、儿童和老人的合法权益。

实行计划生育。

第三条　禁止包办、买卖婚姻和其他干涉婚姻自由的行为。禁止借婚姻索取财物。

禁止重婚。禁止有配偶者与他人同居。禁止家庭暴力。禁止家庭成员间的虐待和遗弃。

第四条 夫妻应当互相忠实,互相尊重;家庭成员间应当敬老爱幼,互相帮助,维护平等、和睦、文明的婚姻家庭关系。

第二章 结 婚

第五条 结婚必须男女双方完全自愿,不许任何一方对他方加以强迫或任何第三者加以干涉。

第六条 结婚年龄,男不得早于二十二周岁,女不得早于二十周岁。晚婚晚育应予鼓励。

第七条 有下列情形之一的,禁止结婚:

(一) 直系血亲和三代以内的旁系血亲;

(二) 患有医学上认为不应当结婚的疾病。

第八条 要求结婚的男女双方必须亲自到婚姻登记机关进行结婚登记。符合本法规定的,予以登记,发给结婚证。取得结婚证,即确立夫妻关系。未办理结婚登记的,应当补办登记。

第九条 登记结婚后,根据男女双方约定,女方可以成为男方家庭的成员,男方可以成为女方家庭的成员。

第十条 有下列情形之一的,婚姻无效:

(一) 重婚的;

(二) 有禁止结婚的亲属关系的;

(三) 婚前患有医学上认为不应当结婚的疾病,婚后尚未治愈的;

(四) 未到法定婚龄的。

第十一条 因胁迫结婚的,受胁迫的一方可以向婚姻登记机关或人民法院请求撤销该婚姻。受胁迫的一方撤销婚姻的请求,应当自结婚登记之日起一年内提出。被非法限制人身自由的当事人请求撤销婚姻的,应当自恢复人身自由之日起一年内提出。

第十二条　无效或被撤销的婚姻，自始无效。当事人不具有夫妻的权利和义务。同居期间所得的财产，由当事人协议处理；协议不成时，由人民法院根据照顾无过错方的原则判决。对重婚导致的婚姻无效的财产处理，不得侵害合法婚姻当事人的财产权益。当事人所生的子女，适用本法有关父母子女的规定。

第三章　家庭关系

第十三条　夫妻在家庭中地位平等。

第十四条　夫妻双方都有各用自己姓名的权利。

第十五条　夫妻双方都有参加生产、工作、学习和社会活动的自由，一方不得对他方加以限制或干涉。

第十六条　夫妻双方都有实行计划生育的义务。

第十七条　夫妻在婚姻关系存续期间所得的下列财产，归夫妻共同所有：

（一）工资、奖金；

（二）生产、经营的收益；

（三）知识产权的收益；

（四）继承或赠与所得的财产，但本法第十八条第三项规定的除外；

（五）其他应当归共同所有的财产。

夫妻对共同所有的财产，有平等的处理权。

第十八条　有下列情形之一的，为夫妻一方的财产：

（一）一方的婚前财产；

（二）一方因身体受到伤害获得的医疗费、残疾人生活补助费等费用；

（三）遗嘱或赠与合同中确定只归夫或妻一方的财产；

（四）一方专用的生活用品；

（五）其他应当归一方的财产。

第十九条 夫妻可以约定婚姻关系存续期间所得的财产以及婚前财产归各自所有、共同所有或部分各自所有、部分共同所有。约定应当采用书面形式。没有约定或约定不明确的，适用本法第十七条、第十八条的规定。

夫妻对婚姻关系存续期间所得的财产以及婚前财产的约定，对双方具有约束力。

夫妻对婚姻关系存续期间所得的财产约定归各自所有的，夫或妻一方对外所负的债务，第三人知道该约定的，以夫或妻一方所有的财产清偿。

第二十条 夫妻有互相扶养的义务。

一方不履行扶养义务时，需要扶养的一方，有要求对方付给扶养费的权利。

第二十一条 父母对子女有抚养教育的义务；子女对父母有赡养扶助的义务。

父母不履行抚养义务时，未成年的或不能独立生活的子女，有要求父母付给抚养费的权利。

子女不履行赡养义务时，无劳动能力的或生活困难的父母，有要求子女付给赡养费的权利。

禁止溺婴、弃婴和其他残害婴儿的行为。

第二十二条 子女可以随父姓，可以随母姓。

第二十三条 父母有保护和教育未成年子女的权利和义务。在未成年子女对国家、集体或他人造成损害时，父母有承担民事责任的义务。

第二十四条 夫妻有相互继承遗产的权利。

父母和子女有相互继承遗产的权利。

第二十五条 非婚生子女享有与婚生子女同等的权利，任何人不得加以危害和歧视。

不直接抚养非婚生子女的生父或生母，应当负担子女的生活费和教育费，直至子女能独立生活为止。

第二十六条　国家保护合法的收养关系。养父母和养子女间的权利和义务，适用本法对父母子女关系的有关规定。

养子女和生父母间的权利和义务，因收养关系的成立而消除。

第二十七条　继父母与继子女间，不得虐待或歧视。

继父或继母和受其抚养教育的继子女间的权利和义务，适用本法对父母子女关系的有关规定。

第二十八条　有负担能力的祖父母、外祖父母，对于父母已经死亡或父母无力抚养的未成年的孙子女、外孙子女，有抚养的义务。有负担能力的孙子女、外孙子女，对于子女已经死亡或子女无力赡养的祖父母、外祖父母，有赡养的义务。

第二十九条　有负担能力的兄、姐，对于父母已经死亡或父母无力抚养的未成年的弟、妹，有扶养的义务。由兄、姐扶养长大的有负担能力的弟、妹，对于缺乏劳动能力又缺乏生活来源的兄、姐，有扶养的义务。

第三十条　子女应当尊重父母的婚姻权利，不得干涉父母再婚以及婚后的生活。子女对父母的赡养义务，不因父母的婚姻关系变化而终止。

第四章　离　　婚

第三十一条　男女双方自愿离婚的，准予离婚。双方必须到婚姻登记机关申请离婚。婚姻登记机关查明双方确实是自愿并对子女和财产问题已有适当处理时，发给离婚证。

第三十二条　男女一方要求离婚的，可由有关部门进行调解或直接向人民法院提出离婚诉讼。

人民法院审理离婚案件，应当进行调解；如感情确已破裂，调解无效，应准予离婚。

有下列情形之一的，调解无效的，应准予离婚：

（一）重婚或有配偶者与他人同居的；

（二）实施家庭暴力或虐待、遗弃家庭成员的；

（三）有赌博、吸毒等恶习屡教不改的；

（四）因感情不和分居满二年的；

（五）其他导致夫妻感情破裂的情形。

一方被宣告失踪，另一方提出离婚诉讼的，应准予离婚。

第三十三条　现役军人的配偶要求离婚，须得军人同意，但军人一方有重大过错的除外。

第三十四条　女方在怀孕期间、分娩后一年内或中止妊娠后六个月内，男方不得提出离婚。女方提出离婚的，或人民法院认为确有必要受理男方离婚请求的，不在此限。

第三十五条　离婚后，男女双方自愿恢复夫妻关系的，必须到婚姻登记机关进行复婚登记。

第三十六条　父母与子女间的关系，不因父母离婚而消除。离婚后，子女无论由父或母直接抚养，仍是父母双方的子女。

离婚后，父母对于子女仍有抚养和教育的权利和义务。

离婚后，哺乳期内的子女，以随哺乳的母亲抚养为原则。哺乳期后的子女，如双方因抚养问题发生争执不能达成协议时，由人民法院根据子女的权益和双方的具体情况判决。

第三十七条　离婚后，一方抚养的子女，另一方应负担必要的生活费和教育费的一部或全部，负担费用的多少和期限的长短，由双方协议；协议不成时，由人民法院判决。

关于子女生活费和教育费的协议或判决，不妨碍子女在必要时向父母任何一方提出超过协议或判决原定数额的合理要求。

第三十八条　离婚后，不直接抚养子女的父或母，有探望子女的权利，另一方有协助的义务。

行使探望权利的方式、时间由当事人协议；协议不成时，由人民法院判决。

父或母探望子女，不利于子女身心健康的，由人民法院依法中止探望的权利；中止的事由消失后，应当恢复探望的权利。

第三十九条　离婚时，夫妻的共同财产由双方协议处理；协议不成时，由人民法院根据财产的具体情况，照顾子女和女方权益的原则判决。

夫或妻在家庭土地承包经营中享有的权益等，应当依法予以保护。

第四十条　夫妻书面约定婚姻关系存续期间所得的财产归各自所有，一方因抚育子女、照料老人、协助另一方工作等付出较多义务的，离婚时有权向另一方请求补偿，另一方应当予以补偿。

第四十一条　离婚时，原为夫妻共同生活所负的债务，应当共同偿还。共同财产不足清偿的，或财产归各自所有的，由双方协议清偿；协议不成时，由人民法院判决。

第四十二条　离婚时，如一方生活困难，另一方应从其住房等个人财产中给予适当帮助。具体办法由双方协议；协议不成时，由人民法院判决。

第五章　救助措施与法律责任

第四十三条　实施家庭暴力或虐待家庭成员，受害人有权提出请求，居民委员会、村民委员会以及所在单位应当予以劝阻、调解。

对正在实施的家庭暴力，受害人有权提出请求，居民委员会、村民委员会应当予以劝阻；公安机关应当予以制止。

实施家庭暴力或虐待家庭成员，受害人提出请求的，公安机关应当依照治安管理处罚的法律规定予以行政处罚。

第四十四条　对遗弃家庭成员，受害人有权提出请求，居民委员会、村民委员会以及所在单位应当予以劝阻、调解。

对遗弃家庭成员，受害人提出请求的，人民法院应当依法作出支付扶养费、抚养费、赡养费的判决。

第四十五条　对重婚的，对实施家庭暴力或虐待、遗弃家庭成员构成犯罪的，依法追究刑事责任。受害人可以依照刑事诉讼法的有关规定，向人民法院自诉；公安机关应当依法侦查，人民检察院应当依法提起公诉。

第四十六条　有下列情形之一，导致离婚的，无过错方有权请求损害赔偿：

（一）重婚的；

（二）有配偶者与他人同居的；

（三）实施家庭暴力的；

（四）虐待、遗弃家庭成员的。

第四十七条　离婚时，一方隐藏、转移、变卖、毁损夫妻共同财产，或伪造债务企图侵占另一方财产的，分割夫妻共同财产时，对隐藏、转移、变卖、毁损夫妻共同财产或伪造债务的一方，可以少分或不分。离婚后，另一方发现有上述行为的，可以向人民法院提起诉讼，请求再次分割夫妻共同财产。

人民法院对前款规定的妨害民事诉讼的行为，依照民事诉讼法的规定予以制裁。

第四十八条　对拒不执行有关扶养费、抚养费、赡养费、财产分割、遗产继承、探望子女等判决或裁定的，由人民法院依法强制执行。有关个人和单位应负协助执行的责任。

第四十九条　其他法律对有关婚姻家庭的违法行为和法律责任另有规定的，依照其规定。

第六章　附　　则

第五十条　民族自治地方的人民代表大会有权结合当地民族婚姻家庭的具体情况，制定变通规定。自治州、自治县制定的变通规定，报省、自治区、直辖市人民代表大会常务委员会批准后生效。自治区制定的变通规定，报全国人民代表大会常务委员会批准后生效。

第五十一条　本法自 1981 年 1 月 1 日起施行。

1950 年 5 月 1 日颁行的《中华人民共和国婚姻法》，自本法施行之日起废止。

最高人民法院

关于适用《中华人民共和国婚姻法》
若干问题的解释（一）

(2001 年 12 月 24 日最高人民法院审判委员会第 1202 次会议

通过　2001 年 12 月 25 日中华人民共和国最高人民法院

法释〔2001〕30 号公布　自 2001 年 12 月 27 日起施行)

为了正确审理婚姻家庭纠纷案件，根据《中华人民共和国婚姻法》
（以下简称婚姻法）、《中华人民共和国民事诉讼法》等法律的规定，对人
民法院适用婚姻法的有关问题作出如下解释：

第一条　婚姻法第三条、第三十二条、第四十三条、第四十五条、
第四十六条所称的"家庭暴力"，是指行为人以殴打、捆绑、残害、强行
限制人身自由或者其他手段，给其家庭成员的身体、精神等方面造成一
定伤害后果的行为。持续性、经常性的家庭暴力，构成虐待。

第二条　婚姻法第三条、第三十二条、第四十六条规定的"有配偶
者与他人同居"的情形，是指有配偶者与婚外异性，不以夫妻名义，持
续、稳定地共同居住。

第三条　当事人仅以婚姻法第四条为依据提起诉讼的，人民法院不
予受理；已经受理的，裁定驳回起诉。

第四条　男女双方根据婚姻法第八条规定补办结婚登记的，婚姻关
系的效力从双方均符合婚姻法所规定的结婚的实质要件时起算。

第五条　未按婚姻法第八条规定办理结婚登记而以夫妻名义共同生
活的男女，起诉到人民法院要求离婚的，应当区别对待：

（一）1994 年 2 月 1 日民政部《婚姻登记管理条例》公布实施以前，

男女双方已经符合结婚实质要件的，按事实婚姻处理；

（二）1994年2月1日民政部《婚姻登记管理条例》公布实施以后，男女双方符合结婚实质要件的，人民法院应当告知其在案件受理前补办结婚登记；未补办结婚登记的，按解除同居关系处理。

第六条　未按婚姻法第八条规定办理结婚登记而以夫妻名义共同生活的男女，一方死亡，另一方以配偶身份主张享有继承权的，按照本解释第五条的原则处理。

第七条　有权依据婚姻法第十条规定向人民法院就已办理结婚登记的婚姻申请宣告婚姻无效的主体，包括婚姻当事人及利害关系人。利害关系人包括：

（一）以重婚为由申请宣告婚姻无效的，为当事人的近亲属及基层组织。

（二）以未到法定婚龄为由申请宣告婚姻无效的，为未达法定婚龄者的近亲属。

（三）以有禁止结婚的亲属关系为由申请宣告婚姻无效的，为当事人的近亲属。

（四）以婚前患有医学上认为不应当结婚的疾病，婚后尚未治愈为由申请宣告婚姻无效的，为与患病者共同生活的近亲属。

第八条　当事人依据婚姻法第十条规定向人民法院申请宣告婚姻无效的，申请时，法定的无效婚姻情形已经消失的，人民法院不予支持。

第九条　人民法院审理宣告婚姻无效案件，对婚姻效力的审理不适用调解，应当依法作出判决；有关婚姻效力的判决一经作出，即发生法律效力。

涉及财产分割和子女抚养的，可以调解。调解达成协议的，另行制作调解书。对财产分割和子女抚养问题的判决不服的，当事人可以上诉。

第十条　婚姻法第十一条所称的"胁迫"，是指行为人以给另一方当事人或者其近亲属的生命、身体健康、名誉、财产等方面造成损害为要挟，迫使另一方当事人违背真实意愿结婚的情况。

因受胁迫而请求撤销婚姻的，只能是受胁迫一方的婚姻关系当事人本人。

第十一条 人民法院审理婚姻当事人因受胁迫而请求撤销婚姻的案件，应当适用简易程序或者普通程序。

第十二条 婚姻法第十一条规定的"一年"，不适用诉讼时效中止、中断或者延长的规定。

第十三条 婚姻法第十二条所规定的自始无效，是指无效或者可撤销婚姻在依法被宣告无效或被撤销时，才确定该婚姻自始不受法律保护。

第十四条 人民法院根据当事人的申请，依法宣告婚姻无效或者撤销婚姻的，应当收缴双方的结婚证书并将生效的判决书寄送当地婚姻登记管理机关。

第十五条 被宣告无效或被撤销的婚姻，当事人同居期间所得的财产，按共同共有处理。但有证据证明为当事人一方所有的除外。

第十六条 人民法院审理重婚导致的无效婚姻案件时，涉及财产处理的，应当准许合法婚姻当事人作为有独立请求权的第三人参加诉讼。

第十七条 婚姻法第十七条关于"夫或妻对夫妻共同所有的财产，有平等的处理权"的规定，应当理解为：

（一）夫或妻在处理夫妻共同财产上的权利是平等的。因日常生活需要而处理夫妻共同财产的，任何一方均有权决定。

（二）夫或妻非因日常生活需要对夫妻共同财产做重要处理决定，夫妻双方应当平等协商，取得一致意见。他人有理由相信其为夫妻双方共同意思表示的，另一方不得以不同意或不知道为由对抗善意第三人。

第十八条 婚姻法第十九条所称"第三人知道该约定的"，夫妻一方对此负有举证责任。

第十九条 婚姻法第十八条规定为夫妻一方所有的财产，不因婚姻关系的延续而转化为夫妻共同财产。但当事人另有约定的除外。

第二十条 婚姻法第二十一条规定的"不能独立生活的子女"，是指尚在校接受高中及其以下学历教育，或者丧失或未完全丧失劳动能力等非因主观原因而无法维持正常生活的成年子女。

第二十一条　婚姻法第二十一条所称"抚养费"，包括子女生活费、教育费、医疗费等费用。

第二十二条　人民法院审理离婚案件，符合第三十二条第二款规定"应准予离婚"情形的，不应当因当事人有过错而判决不准离婚。

第二十三条　婚姻法第三十三条所称的"军人一方有重大过错"，可以依据婚姻法第三十二条第二款前三项规定及军人有其他重大过错导致夫妻感情破裂的情形予以判断。

第二十四条　人民法院作出的生效的离婚判决中未涉及探望权，当事人就探望权问题单独提起诉讼的，人民法院应予受理。

第二十五条　当事人在履行生效判决、裁定或者调解书的过程中，请求中止行使探望权的，人民法院在征询双方当事人意见后，认为需要中止行使探望权的，依法作出裁定。中止探望的情形消失后，人民法院应当根据当事人的申请通知其恢复探望权的行使。

第二十六条　未成年子女、直接抚养子女的父或母及其他对未成年子女负担抚养、教育义务的法定监护人，有权向人民法院提出中止探望权的请求。

第二十七条　婚姻法第四十二条所称"一方生活困难"，是指依靠个人财产和离婚时分得的财产无法维持当地基本生活水平。

一方离婚后没有住处的，属于生活困难。

离婚时，一方以个人财产中的住房对生活困难者进行帮助的形式，可以是房屋的居住权或者房屋的所有权。

第二十八条　婚姻法第四十六条规定的"损害赔偿"，包括物质损害赔偿和精神损害赔偿。涉及精神损害赔偿的，适用最高人民法院《关于确定民事侵权精神损害赔偿责任若干问题的解释》的有关规定。

第二十九条　承担婚姻法第四十六条规定的损害赔偿责任的主体，为离婚诉讼当事人中无过错方的配偶。

人民法院判决不准离婚的案件，对于当事人基于婚姻法第四十六条提出的损害赔偿请求，不予支持。

在婚姻关系存续期间，当事人不起诉离婚而单独依据该条规定提起损害赔偿请求的，人民法院不予受理。

第三十条 人民法院受理离婚案件时，应当将婚姻法第四十六条等规定中当事人的有关权利义务，书面告知当事人。在适用婚姻法第四十六条时，应当区分以下不同情况：

（一）符合婚姻法第四十六条规定的无过错方作为原告基于该条规定向人民法院提起损害赔偿请求的，必须在离婚诉讼的同时提出。

（二）符合婚姻法第四十六条规定的无过错方作为被告的离婚诉讼案件，如果被告不同意离婚也不基于该条规定提起损害赔偿请求的，可以在离婚后一年内就此单独提起诉讼。

（三）无过错方作为被告的离婚诉讼案件，一审时被告未基于婚姻法第四十六条规定提出损害赔偿请求，二审期间提出的，人民法院应当进行调解，调解不成的，告知当事人在离婚后一年内另行起诉。

第三十一条 当事人依据婚姻法第四十七条的规定向人民法院提起诉讼，请求再次分割夫妻共同财产的诉讼时效为两年，从当事人发现之次日起计算。

第三十二条 婚姻法第四十八条关于对拒不执行有关探望子女等判决和裁定的，由人民法院依法强制执行的规定，是指对拒不履行协助另一方行使探望权的有关个人和单位采取拘留、罚款等强制措施，不能对子女的人身、探望行为进行强制执行。

第三十三条 婚姻法修改后正在审理的一、二审婚姻家庭纠纷案件，一律适用修改后的婚姻法。此前最高人民法院作出的相关司法解释如与本解释相抵触，以本解释为准。

第三十四条 本解释自公布之日起施行。

最高人民法院

关于适用《中华人民共和国婚姻法》
若干问题的解释（二）

(2003年12月4日最高人民法院审判委员会第1299次会议通过 2003年12月25日中华人民共和国最高人民法院法释〔2003〕19号公布 自2004年4月1日起施行 根据2017年2月20日最高人民法院审判委员会第1710次会议《最高人民法院关于适用〈中华人民共和国婚姻法〉若干问题的解释(二)的补充规定(2017年2月28日中华人民共和国最高人民法院法释〔2017〕6号公布 自2017年3月1日起施行)》修正)

为正确审理婚姻家庭纠纷案件，根据《中华人民共和国婚姻法》（以下简称婚姻法）、《中华人民共和国民事诉讼法》等相关法律规定，对人民法院适用婚姻法的有关问题作出如下解释：

第一条 当事人起诉请求解除同居关系的，人民法院不予受理。但当事人请求解除的同居关系，属于婚姻法第三条、第三十二条、第四十六条规定的"有配偶者与他人同居"的，人民法院应当受理并依法予以解除。

当事人因同居期间财产分割或者子女抚养纠纷提起诉讼的，人民法院应当受理。

第二条 人民法院受理申请宣告婚姻无效案件后，经审查确属无效婚姻的，应当依法作出宣告婚姻无效的判决。原告申请撤诉的，不予准许。

第三条 人民法院受理离婚案件后，经审查确属无效婚姻的，应当将婚姻无效的情形告知当事人，并依法作出宣告婚姻无效的判决。

第四条　人民法院审理无效婚姻案件，涉及财产分割和子女抚养的，应当对婚姻效力的认定和其他纠纷的处理分别制作裁判文书。

第五条　夫妻一方或者双方死亡后一年内，生存一方或者利害关系人依据婚姻法第十条的规定申请宣告婚姻无效的，人民法院应当受理。

第六条　利害关系人依据婚姻法第十条的规定，申请人民法院宣告婚姻无效的，利害关系人为申请人，婚姻关系当事人双方为被申请人。

夫妻一方死亡的，生存一方为被申请人。

夫妻双方均已死亡的，不列被申请人。

第七条　人民法院就同一婚姻关系分别受理了离婚和申请宣告婚姻无效案件的，对于离婚案件的审理，应当待申请宣告婚姻无效案件作出判决后进行。

前款所指的婚姻关系被宣告无效后，涉及财产分割和子女抚养的，应当继续审理。

第八条　离婚协议中关于财产分割的条款或者当事人因离婚就财产分割达成的协议，对男女双方具有法律约束力。

当事人因履行上述财产分割协议发生纠纷提起诉讼的，人民法院应当受理。

第九条　男女双方协议离婚后一年内就财产分割问题反悔，请求变更或者撤销财产分割协议的，人民法院应当受理。

人民法院审理后，未发现订立财产分割协议时存在欺诈、胁迫等情形的，应当依法驳回当事人的诉讼请求。

第十条　当事人请求返还按照习俗给付的彩礼的，如果查明属于以下情形，人民法院应当予以支持：

（一）双方未办理结婚登记手续的；

（二）双方办理结婚登记手续但确未共同生活的；

（三）婚前给付并导致给付人生活困难的。

适用前款第（二）、（三）项的规定，应当以双方离婚为条件。

第十一条　婚姻关系存续期间，下列财产属于婚姻法第十七条规定的"其他应当归共同所有的财产"：

（一）一方以个人财产投资取得的收益；

（二）男女双方实际取得或者应当取得的住房补贴、住房公积金；

（三）男女双方实际取得或者应当取得的养老保险金、破产安置补偿费。

第十二条　婚姻法第十七条第三项规定的"知识产权的收益"，是指婚姻关系存续期间，实际取得或者已经明确可以取得的财产性收益。

第十三条　军人的伤亡保险金、伤残补助金、医药生活补助费属于个人财产。

第十四条　人民法院审理离婚案件，涉及分割发放到军人名下的复员费、自主择业费等一次性费用的，以夫妻婚姻关系存续年限乘以年平均值，所得数额为夫妻共同财产。

前款所称年平均值，是指将发放到军人名下的上述费用总额按具体年限均分得出的数额。其具体年限为人均寿命七十岁与军人入伍时实际年龄的差额。

第十五条　夫妻双方分割共同财产中的股票、债券、投资基金份额等有价证券以及未上市股份有限公司股份时，协商不成或者按市价分配有困难的，人民法院可以根据数量按比例分配。

第十六条　人民法院审理离婚案件，涉及分割夫妻共同财产中以一方名义在有限责任公司的出资额，另一方不是该公司股东的，按以下情形分别处理：

（一）夫妻双方协商一致将出资额部分或者全部转让给该股东的配偶，过半数股东同意、其他股东明确表示放弃优先购买权的，该股东的配偶可以成为该公司股东；

（二）夫妻双方就出资额转让份额和转让价格等事项协商一致后，过半数股东不同意转让，但愿意以同等价格购买该出资额的，人民法院可以对转让出资所得财产进行分割。过半数股东不同意转让，也不愿意以同等价格购买该出资额的，视为其同意转让，该股东的配偶可以成为该公司股东。

用于证明前款规定的过半数股东同意的证据，可以是股东会决议，也可以是当事人通过其他合法途径取得的股东的书面声明材料。

第十七条 人民法院审理离婚案件，涉及分割夫妻共同财产中以一方名义在合伙企业中的出资，另一方不是该企业合伙人的，当夫妻双方协商一致，将其合伙企业中的财产份额全部或者部分转让给对方时，按以下情形分别处理：

（一）其他合伙人一致同意的，该配偶依法取得合伙人地位；

（二）其他合伙人不同意转让，在同等条件下行使优先受让权的，可以对转让所得的财产进行分割；

（三）其他合伙人不同意转让，也不行使优先受让权，但同意该合伙人退伙或者退还部分财产份额的，可以对退还的财产进行分割；

（四）其他合伙人既不同意转让，也不行使优先受让权，又不同意该合伙人退伙或者退还部分财产份额的，视为全体合伙人同意转让，该配偶依法取得合伙人地位。

第十八条 夫妻以一方名义投资设立独资企业的，人民法院分割夫妻在该独资企业中的共同财产时，应当按照以下情形分别处理：

（一）一方主张经营该企业的，对企业资产进行评估后，由取得企业一方给予另一方相应的补偿；

（二）双方均主张经营该企业的，在双方竞价基础上，由取得企业的一方给予另一方相应的补偿；

（三）双方均不愿意经营该企业的，按照《中华人民共和国个人独资企业法》等有关规定办理。

第十九条 由一方婚前承租、婚后用共同财产购买的房屋，房屋权属证书登记在一方名下的，应当认定为夫妻共同财产。

第二十条 双方对夫妻共同财产中的房屋价值及归属无法达成协议时，人民法院按以下情形分别处理：

（一）双方均主张房屋所有权并且同意竞价取得的，应当准许；

（二）一方主张房屋所有权的，由评估机构按市场价格对房屋作出评估，取得房屋所有权的一方应当给予另一方相应的补偿；

（三）双方均不主张房屋所有权的，根据当事人的申请拍卖房屋，就所得价款进行分割。

第二十一条　离婚时双方对尚未取得所有权或者尚未取得完全所有权的房屋有争议且协商不成的，人民法院不宜判决房屋所有权的归属，应当根据实际情况判决由当事人使用。

当事人就前款规定的房屋取得完全所有权后，有争议的，可以另行向人民法院提起诉讼。

第二十二条　当事人结婚前，父母为双方购置房屋出资的，该出资应当认定为对自己子女的个人赠与，但父母明确表示赠与双方的除外。

当事人结婚后，父母为双方购置房屋出资的，该出资应当认定为对夫妻双方的赠与，但父母明确表示赠与一方的除外。

第二十三条　债权人就一方婚前所负个人债务向债务人的配偶主张权利的，人民法院不予支持。但债权人能够证明所负债务用于婚后家庭共同生活的除外。

第二十四条　债权人就婚姻关系存续期间夫妻一方以个人名义所负债务主张权利的，应当按夫妻共同债务处理。但夫妻一方能够证明债权人与债务人明确约定为个人债务，或者能够证明属于婚姻法第十九条第三款规定情形的除外。

夫妻一方与第三人串通，虚构债务，第三人主张权利的，人民法院不予支持。

夫妻一方在从事赌博、吸毒等违法犯罪活动中所负债务，第三人主张权利的，人民法院不予支持。

第二十五条　当事人的离婚协议或者人民法院的判决书、裁定书、调解书已经对夫妻财产分割问题作出处理的，债权人仍有权就夫妻共同债务向男女双方主张权利。

一方就共同债务承担连带清偿责任后，基于离婚协议或者人民法院的法律文书向另一方主张追偿的，人民法院应当支持。

第二十六条 夫或妻一方死亡的，生存一方应当对婚姻关系存续期间的共同债务承担连带清偿责任。

第二十七条 当事人在婚姻登记机关办理离婚登记手续后，以婚姻法第四十六条规定为由向人民法院提出损害赔偿请求的，人民法院应当受理。但当事人在协议离婚时已经明确表示放弃该项请求，或者在办理离婚登记手续一年后提出的，不予支持。

第二十八条 夫妻一方申请对配偶的个人财产或者夫妻共同财产采取保全措施的，人民法院可以在采取保全措施可能造成损失的范围内，根据实际情况，确定合理的财产担保数额。

第二十九条 本解释自 2004 年 4 月 1 日起施行。

本解释施行后，人民法院新受理的一审婚姻家庭纠纷案件，适用本解释。

本解释施行后，此前最高人民法院作出的相关司法解释与本解释相抵触的，以本解释为准。

最高人民法院

关于适用《中华人民共和国婚姻法》 若干问题的解释（三）

(2011 年 7 月 4 日最高人民法院审判委员会第 1525 次会议

通 过　2011年8月9日中华人民共和国最高人民法院法释

〔2011〕18 号公布　自 2011 年 8 月 13 日起施行)

为正确审理婚姻家庭纠纷案件，根据《中华人民共和国婚姻法》、《中华人民共和国民事诉讼法》等相关法律规定，对人民法院适用婚姻法的有关问题作出如下解释：

第一条　当事人以婚姻法第十条规定以外的情形申请宣告婚姻无效的，人民法院应当判决驳回当事人的申请。

当事人以结婚登记程序存在瑕疵为由提起民事诉讼，主张撤销结婚登记的，告知其可以依法申请行政复议或者提起行政诉讼。

第二条　夫妻一方向人民法院起诉请求确认亲子关系不存在，并已提供必要证据予以证明，另一方没有相反证据又拒绝做亲子鉴定的，人民法院可以推定请求确认亲子关系不存在一方的主张成立。

当事人一方起诉请求确认亲子关系，并提供必要证据予以证明，另一方没有相反证据又拒绝做亲子鉴定的，人民法院可以推定请求确认亲子关系一方的主张成立。

第三条　婚姻关系存续期间，父母双方或者一方拒不履行抚养子女义务，未成年或者不能独立生活的子女请求支付抚养费的，人民法院应予支持。

第四条　婚姻关系存续期间，夫妻一方请求分割共同财产的，人民法院不予支持，但有下列重大理由且不损害债权人利益的除外：

（一）一方有隐藏、转移、变卖、毁损、挥霍夫妻共同财产或者伪造夫妻共同债务等严重损害夫妻共同财产利益行为的；

（二）一方负有法定扶养义务的人患重大疾病需要医治，另一方不同意支付相关医疗费用的。

第五条 夫妻一方个人财产在婚后产生的收益，除孳息和自然增值外，应认定为夫妻共同财产。

第六条 婚前或者婚姻关系存续期间，当事人约定将一方所有的房产赠与另一方，赠与方在赠与房产变更登记之前撤销赠与，另一方请求判令继续履行的，人民法院可以按照合同法第一百八十六条的规定处理。

第七条 婚后由一方父母出资为子女购买的不动产，产权登记在出资人子女名下的，可按照婚姻法第十八条第（三）项的规定，视为只对自己子女一方的赠与，该不动产应认定为夫妻一方的个人财产。

由双方父母出资购买的不动产，产权登记在一方子女名下的，该不动产可认定为双方按照各自父母的出资份额按份共有，但当事人另有约定的除外。

第八条 无民事行为能力人的配偶有虐待、遗弃等严重损害无民事行为能力一方的人身权利或者财产权益行为，其他有监护资格的人可以依照特别程序要求变更监护关系；变更后的监护人代理无民事行为能力一方提起离婚诉讼的，人民法院应予受理。

第九条 夫以妻擅自中止妊娠侵犯其生育权为由请求损害赔偿的，人民法院不予支持；夫妻双方因是否生育发生纠纷，致使感情确已破裂，一方请求离婚的，人民法院经调解无效，应依照婚姻法第三十二条第三款第（五）项的规定处理。

第十条 夫妻一方婚前签订不动产买卖合同，以个人财产支付首付款并在银行贷款，婚后用夫妻共同财产还贷，不动产登记于首付款支付方名下的，离婚时该不动产由双方协议处理。

依前款规定不能达成协议的，人民法院可以判决该不动产归产权登记一方，尚未归还的贷款为产权登记一方的个人债务。双方婚后共同还贷支付的款项及其相对应财产增值部分，离婚时应根据婚姻法第三十九条第一款规定的原则，由产权登记一方对另一方进行补偿。

第十一条　一方未经另一方同意出售夫妻共同共有的房屋，第三人善意购买、支付合理对价并办理产权登记手续，另一方主张追回该房屋的，人民法院不予支持。

夫妻一方擅自处分共同共有的房屋造成另一方损失，离婚时另一方请求赔偿损失的，人民法院应予支持。

第十二条　婚姻关系存续期间，双方用夫妻共同财产出资购买以一方父母名义参加房改的房屋，产权登记在一方父母名下，离婚时另一方主张按照夫妻共同财产对该房屋进行分割的，人民法院不予支持。购买该房屋时的出资，可以作为债权处理。

第十三条　离婚时夫妻一方尚未退休、不符合领取养老保险金条件，另一方请求按照夫妻共同财产分割养老保险金的，人民法院不予支持；婚后以夫妻共同财产缴付养老保险费，离婚时一方主张将养老金账户中婚姻关系存续期间个人实际缴付部分作为夫妻共同财产分割的，人民法院应予支持。

第十四条　当事人达成的以登记离婚或者到人民法院协议离婚为条件的财产分割协议，如果双方协议离婚未成，一方在离婚诉讼中反悔的，人民法院应当认定该财产分割协议没有生效，并根据实际情况依法对夫妻共同财产进行分割。

第十五条　婚姻关系存续期间，夫妻一方作为继承人依法可以继承的遗产，在继承人之间尚未实际分割，起诉离婚时另一方请求分割的，人民法院应当告知当事人在继承人之间实际分割遗产后另行起诉。

第十六条　夫妻之间订立借款协议，以夫妻共同财产出借给一方从事个人经营活动或用于其他个人事务的，应视为双方约定处分夫妻共同财产的行为，离婚时可按照借款协议的约定处理。

第十七条　夫妻双方均有婚姻法第四十六条规定的过错情形，一方或者双方向对方提出离婚损害赔偿请求的，人民法院不予支持。

第十八条 离婚后，一方以尚有夫妻共同财产未处理为由向人民法院起诉请求分割的，经审查该财产确属离婚时未涉及的夫妻共同财产，人民法院应当依法予以分割。

第十九条 本解释施行后，最高人民法院此前作出的相关司法解释与本解释相抵触的，以本解释为准。

全国妇联　中央宣传部　最高人民检察院
公安部　民政部　司法部　卫生部

关于预防和制止家庭暴力的若干意见

（2008 年 7 月 31 日　妇字〔2008〕28 号印发）

为预防和制止家庭暴力，依法保护公民特别是妇女儿童的合法权益，建立平等和睦的家庭关系，维护家庭和社会稳定，促进社会主义和谐社会建设，依据《中华人民共和国婚姻法》、《中华人民共和国妇女权益保障法》、《中华人民共和国未成年人保护法》、《中华人民共和国治安管理处罚法》等有关法律，制定本意见。

第一条　本意见所称"家庭暴力"，是指行为人以殴打、捆绑、残害、强行限制人身自由或者其他手段，给其家庭成员的身体、精神等方面造成一定伤害后果的行为。

第二条　预防和制止家庭暴力，应当贯彻预防为主、标本兼治、综合治理的方针。处理家庭暴力案件，应当在查明事实、分清责任的基础上进行调解，实行教育和处罚相结合的原则。

预防和制止家庭暴力是全社会的共同责任。对于家庭暴力行为，应当及时予以劝阻、制止或者向有关部门报案、控告或者举报。

第三条　各部门要依法履行各自的职责，保障开展预防和制止家庭暴力工作的必要经费，做好预防和制止家庭暴力工作。各部门要加强协作、配合，建立处理家庭暴力案件的协调联动和家庭暴力的预防、干预、救助等长效机制，依法保护家庭成员特别是妇女儿童的合法权益。

第四条　处理家庭暴力案件的有关单位和人员，应当注意依法保护当事人的隐私。

第五条 各部门要面向社会持续、深入地开展保障妇女儿童权益法律法规和男女平等基本国策的宣传教育活动，不断增强公民的法律意识。

各部门要将预防和制止家庭暴力的有关知识列为相关业务培训内容，提高相关工作人员干预、处理家庭暴力问题的意识和能力，切实维护公民的合法权益。

第六条 各级宣传部门要指导主要新闻媒体加强舆论宣传，弘扬健康文明的家庭风尚，引导广大群众树立正确的家庭伦理道德观念，对家庭暴力行为进行揭露、批评，形成预防和制止家庭暴力的良好氛围。

第七条 公安派出所、司法所，居（村）民委员会、人民调解委员会、妇代会等组织，要认真做好家庭矛盾纠纷的疏导和调解工作，切实预防家庭暴力行为的发生。对正在实施的家庭暴力，要及时予以劝阻和制止。积极开展对家庭成员防范家庭暴力和自我保护的宣传教育，鼓励受害者及时保存证据、举报家庭暴力行为，有条件的地方应开展对施暴人的心理矫治和对受害人的心理辅导，以避免家庭暴力事件的再次发生和帮助家庭成员尽快恢复身心健康。

第八条 公安机关应当设立家庭暴力案件投诉点，将家庭暴力报警纳入"110"出警工作范围，并按照《"110"接处警规则》的有关规定对家庭暴力求助投诉及时进行处理。

公安机关对构成违反治安管理规定或构成刑事犯罪的，应当依法受理或立案，及时查处。

公安机关受理家庭暴力案件后，应当及时依法组织对家庭暴力案件受害人的伤情进行鉴定，为正确处理案件提供依据。

对家庭暴力案件，公安机关应当根据不同情况，依法及时作出处理：

（一）对情节轻微的家庭暴力案件，应当遵循既要维护受害人的合法权益，又要维护家庭团结，坚持调解的原则，对施暴者予以批评、训诫，告知其应承担的法律责任及相应的后果，防范和制止事态扩大；

（二）对违反治安管理规定的，依据《中华人民共和国治安管理处罚法》予以处罚；

（三）对构成犯罪的，依法立案侦查，做好调查取证工作，追究其刑事责任；

（四）对属于告诉才处理的虐待案件和受害人有证据证明的轻伤害案件，应当告知受害人或其法定代理人、近亲属直接向人民法院起诉，并及时将案件材料和有关证据移送有管辖权的人民法院。

第九条　人民检察院对公安机关提请批准逮捕或者移送审查起诉的家庭暴力犯罪案件，应当及时审查，区分不同情况依法作出处理。对于罪行较重、社会影响较大、且得不到被害人谅解的，依法应当追究刑事责任，符合逮捕或起诉条件的，应依法及时批准逮捕或者提起公诉。对于罪行较轻、主观恶性小、真诚悔过、人身危险性不大，以及当事人双方达成和解的，可以依法作出不批准逮捕、不起诉决定。

人民检察院要加强对家庭暴力犯罪案件的法律监督。对人民检察院认为公安机关应当立案侦查而不立案侦查的家庭暴力案件，或者受害人认为公安机关应当立案侦查而不立案侦查，而向人民检察院提出控告的家庭暴力案件，人民检察院应当认真审查，认为符合立案条件的，应当要求公安机关说明不予立案的理由。人民检察院审查后认为不予立案的理由不能成立的，应当通知公安机关依法立案，公安机关应予立案。

对人民法院在审理涉及家庭暴力案件中作出的确有错误的判决和裁定，人民检察院应当依法提出抗诉。

第十条　司法行政部门应当督促法律援助机构组织法律服务机构及从业人员，为符合条件的家庭暴力受害人提供法律援助。鼓励和支持法律服务机构对经济确有困难又达不到法律援助条件的受害人，按照有关规定酌情减收或免收法律服务费用。

对符合法律援助条件的委托人申请司法鉴定的，司法鉴定机构应当按照司法鉴定法律援助的有关规定，减收或免收司法鉴定费用。

第十一条　卫生部门应当对医疗卫生机构及其工作人员进行预防和制止家庭暴力方面的指导和培训。

医疗人员在诊疗活动中，若发现疾病和伤害系因家庭暴力所致，应对家庭暴力受害人进行及时救治，做好诊疗记录，保存相关证据，并协助公安部门调查。

第十二条　民政部门救助管理机构可以开展家庭暴力救助工作，及时受理家庭暴力受害人的求助，为受害人提供庇护和其他必要的临时性救助。

有条件的地方要建立民政、司法行政、卫生、妇联等各有关方面的合作机制，在家庭暴力受害人接受庇护期间为其提供法律服务、医疗救治、心理咨询等人文关怀服务。

第十三条　妇联组织要积极开展预防和制止家庭暴力的宣传、培训工作，建立反对家庭暴力热线，健全维权工作网络，认真接待妇女投诉，告知受害妇女享有的权利，为受害妇女儿童提供必要的法律帮助，并协调督促有关部门及时、公正地处理家庭暴力事件。

要密切配合有关部门做好预防和制止家庭暴力工作，深化"平安家庭"创建活动，推动建立社区妇女维权工作站或家庭暴力投诉站（点），推动"零家庭暴力社区（村庄）"等的创建，参与家庭矛盾和纠纷的调解。

妇联系统的人民陪审员在参与审理有关家庭暴力的案件时，要依法维护妇女儿童的合法权益。

最高人民法院　最高人民检察院
公安部　司法部
关于依法办理家庭暴力犯罪案件的意见

（2015 年 3 月 2 日　法发〔2015〕4 号印发）

发生在家庭成员之间，以及具有监护、扶养、寄养、同居等关系的共同生活人员之间的家庭暴力犯罪，严重侵害公民人身权利，破坏家庭关系，影响社会和谐稳定。人民法院、人民检察院、公安机关、司法行政机关应当严格履行职责，充分运用法律，积极预防和有效惩治各种家庭暴力犯罪，切实保障人权，维护社会秩序。为此，根据刑法、刑事诉讼法、婚姻法、未成年人保护法、老年人权益保障法、妇女权益保障法等法律，结合司法实践经验，制定本意见。

一、基本原则

1. 依法及时、有效干预。针对家庭暴力持续反复发生，不断恶化升级的特点，人民法院、人民检察院、公安机关、司法行政机关对已发现的家庭暴力，应当依法采取及时、有效的措施，进行妥善处理，不能以家庭暴力发生在家庭成员之间，或者属于家务事为由而置之不理，互相推诿。

2. 保护被害人安全和隐私。办理家庭暴力犯罪案件，应当首先保护被害人的安全。通过对被害人进行紧急救治、临时安置，以及对施暴人采取刑事强制措施、判处刑罚、宣告禁止令等措施，制止家庭暴力并防止再次发生，消除家庭暴力的现实侵害和潜在危险。对与案件有关的个人隐私，应当保密，但法律有特别规定的除外。

3. 尊重被害人意愿。办理家庭暴力犯罪案件，既要严格依法进行，也要尊重被害人的意愿。在立案、采取刑事强制措施、提起公诉、判处刑罚、减刑、假释时，应当充分听取被害人意见，在法律规定的范围内作出合情、合理的处理。对法律规定可以调解、和解的案件，应当在当事人双方自愿的基础上进行调解、和解。

4. 对未成年人、老年人、残疾人、孕妇、哺乳期妇女、重病患者特殊保护。办理家庭暴力犯罪案件，应当根据法律规定和案件情况，通过代为告诉、法律援助等措施，加大对未成年人、老年人、残疾人、孕妇、哺乳期妇女、重病患者的司法保护力度，切实保障他们的合法权益。

二、案件受理

5. 积极报案、控告和举报。依照刑事诉讼法第一百零八条第一款"任何单位和个人发现有犯罪事实或者犯罪嫌疑人，有权利也有义务向公安机关、人民检察院或者人民法院报案或者举报"的规定，家庭暴力被害人及其亲属、朋友、邻居、同事，以及村（居）委会、人民调解委员会、妇联、共青团、残联、医院、学校、幼儿园等单位、组织，发现家庭暴力，有权利也有义务及时向公安机关、人民检察院、人民法院报案、控告或者举报。

公安机关、人民检察院、人民法院对于报案人、控告人和举报人不愿意公开自己的姓名和报案、控告、举报行为的，应当为其保守秘密，保护报案人、控告人和举报人的安全。

6. 迅速审查、立案和转处。公安机关、人民检察院、人民法院接到家庭暴力的报案、控告或者举报后，应当立即问明案件的初步情况，制作笔录，迅速进行审查，按照刑事诉讼法关于立案的规定，根据自己的管辖范围，决定是否立案。对于符合立案条件的，要及时立案。对于可能构成犯罪但不属于自己管辖的，应当移送主管机关处理，并且通知报案人、控告人或者举报人；对于不属于自己管辖而又必须采取紧急措施的，应当先采取紧急措施，然后移送主管机关。

经审查，对于家庭暴力行为尚未构成犯罪，但属于违反治安管理行为的，应当将案件移送公安机关，依照治安管理处罚法的规定进行处理，同时告知被害人可以向人民调解委员会提出申请，或者向人民法院提起民事诉讼，要求施暴人承担停止侵害、赔礼道歉、赔偿损失等民事责任。

7. 注意发现犯罪案件。公安机关在处理人身伤害、虐待、遗弃等行政案件过程中，人民法院在审理婚姻家庭、继承、侵权责任纠纷等民事案件过程中，应当注意发现可能涉及的家庭暴力犯罪。一旦发现家庭暴力犯罪线索，公安机关应当将案件转为刑事案件办理，人民法院应当将案件移送公安机关；属于自诉案件的，公安机关、人民法院应当告知被害人提起自诉。

8. 尊重被害人的程序选择权。对于被害人有证据证明的轻微家庭暴力犯罪案件，在立案审查时，应当尊重被害人选择公诉或者自诉的权利。被害人要求公安机关处理的，公安机关应当依法立案、侦查。在侦查过程中，被害人不再要求公安机关处理或者要求转为自诉案件的，应当告知被害人向公安机关提交书面申请。经审查确系被害人自愿提出的，公安机关应当依法撤销案件。被害人就这类案件向人民法院提起自诉的，人民法院应当依法受理。

9. 通过代为告诉充分保障被害人自诉权。对于家庭暴力犯罪自诉案件，被害人无法告诉或者不能亲自告诉的，其法定代理人、近亲属可以告诉或者代为告诉；被害人是无行为能力人、限制行为能力人，其法定代理人、近亲属没有告诉或者代为告诉的，人民检察院可以告诉；侮辱、暴力干涉婚姻自由等告诉才处理的案件，被害人因受强制、威吓无法告诉的，人民检察院也可以告诉。人民法院对告诉或者代为告诉的，应当依法受理。

10. 切实加强立案监督。人民检察院要切实加强对家庭暴力犯罪案件的立案监督，发现公安机关应当立案而不立案的，或者被害人及其法定代理人、近亲属，有关单位、组织就公安机关不予立案向人民检察院提出异议的，人民检察院应当要求公安机关说明不立案的理由。人民检察院认为不立案理由不成立的，应当通知公安机关立案，公安机关接到通知后应当立案；认为不立案理由成立的，应当将理由告知提出异议的被害人及其法定代理人、近亲属或者有关单位、组织。

11. 及时、全面收集证据。公安机关在办理家庭暴力案件时，要充分、全面地收集、固定证据，除了收集现场的物证、被害人陈述、证人证言等证据外，还应当注意及时向村（居）委会、人民调解委员会、妇联、共青团、残联、医院、学校、幼儿园等单位、组织的工作人员，以及被害人的亲属、邻居等收集涉及家庭暴力的处理记录、病历、照片、视频等证据。

12. 妥善救治、安置被害人。人民法院、人民检察院、公安机关等负有保护公民人身安全职责的单位和组织，对因家庭暴力受到严重伤害需要紧急救治的被害人，应当立即协助联系医疗机构救治；对面临家庭暴力严重威胁，或者处于无人照料等危险状态，需要临时安置的被害人或者相关未成年人，应当通知并协助有关部门进行安置。

13. 依法采取强制措施。人民法院、人民检察院、公安机关对实施家庭暴力的犯罪嫌疑人、被告人，符合拘留、逮捕条件的，可以依法拘留、逮捕；没有采取拘留、逮捕措施的，应当通过走访、打电话等方式与被害人或者其法定代理人、近亲属联系，了解被害人的人身安全状况。对于犯罪嫌疑人、被告人再次实施家庭暴力的，应当根据情况，依法采取必要的强制措施。

人民法院、人民检察院、公安机关决定对实施家庭暴力的犯罪嫌疑人、被告人取保候审的，为了确保被害人及其子女和特定亲属的安全，可以依照刑事诉讼法第六十九条第二款的规定，责令犯罪嫌疑人、被告人不得再次实施家庭暴力；不得侵扰被害人的生活、工作、学习；不得进行酗酒、赌博等活动；经被害人申请且有必要的，责令不得接近被害人及其未成年子女。

14. 加强自诉案件举证指导。家庭暴力犯罪案件具有案发周期较长、证据难以保存、被害人处于相对弱势、举证能力有限，相关事实难以认定等特点。有些特点在自诉案件中表现得更为突出。因此，人民法院在审理家庭暴力自诉案件时，对于因当事人举证能力不足等原因，难以达到法律规定的证据要求的，应当及时对当事人进行举证指导，告知需要收集的证据及收集证据的方法。对于因客观原因不能取得的证据，当事人申请人民法院调取的，人民法院应当认真审查，认为确有必要的，应当调取。

15. 加大对被害人的法律援助力度。人民检察院自收到移送审查起诉的案件材料之日起三日内，人民法院自受理案件之日起三日内，应当告知被害人及其法定代理人或者近亲属有权委托诉讼代理人，如果经济困难，可以向法律援助机构申请法律援助；对于被害人是未成年人、老年人、重病患者或者残疾人等，因经济困难没有委托诉讼代理人的，人民检察院、人民法院应当帮助其申请法律援助。

法律援助机构应当依法为符合条件的被害人提供法律援助，指派熟悉反家庭暴力法律法规的律师办理案件。

三、定罪处罚

16. 依法准确定罪处罚。对故意杀人、故意伤害、强奸、猥亵儿童、非法拘禁、侮辱、暴力干涉婚姻自由、虐待、遗弃等侵害公民人身权利的家庭暴力犯罪，应当根据犯罪的事实、犯罪的性质、情节和对社会的危害程度，严格依照刑法的有关规定判处。对于同一行为同时触犯多个罪名的，依照处罚较重的规定定罪处罚。

17. 依法惩处虐待犯罪。采取殴打、冻饿、强迫过度劳动、限制人身自由、恐吓、侮辱、谩骂等手段，对家庭成员的身体和精神进行摧残、折磨，是实践中较为多发的虐待性质的家庭暴力。根据司法实践，具有虐待持续时间较长、次数较多；虐待手段残忍；虐待造成被害人轻微伤或者患较严重疾病；对未成年人、老年人、残疾人、孕妇、哺乳期妇女、重病患者实施较为严重的虐待行为等情形，属于刑法第二百六十条第一款规定的虐待"情节恶劣"，应当依法以虐待罪定罪处罚。

准确区分虐待犯罪致人重伤、死亡与故意伤害、故意杀人犯罪致人重伤、死亡的界限，要根据被告人的主观故意、所实施的暴力手段与方式、是否立即或者直接造成被害人伤亡后果等进行综合判断。对于被告人主观上不具有侵害被害人健康或者剥夺被害人生命的故意，而是出于追求被害人肉体和精神上的痛苦，长期或者多次实施虐待行为，逐渐造成被害人身体损害，过失导致被害人重伤或者死亡的；或者因虐待致使被害人不堪忍受而自残、自杀，导致重伤或者死亡的，属于刑法第二百六十条第二款规定的虐待"致使被害人重伤、死亡"，应当以虐待罪定罪处罚。对于被告人虽然实施家庭暴力呈现出经常性、持续性、反复性的特点，但其主观上具有希望或者放任被害人重伤或者死亡的故意，持凶器实施暴力，暴力手段残忍，暴力程度较强，直接或者立即造成被害人重伤或者死亡的，应当以故意伤害罪或者故意杀人罪定罪处罚。

依法惩处遗弃犯罪。负有扶养义务且有扶养能力的人，拒绝扶养年幼、年老、患病或者其他没有独立生活能力的家庭成员，是危害严重的遗弃性质的家庭暴力。根据司法实践，具有对被害人长期不予照顾、不提供生活来源；驱赶、逼迫被害人离家，致使被害人流离失所或者生存困难；遗弃患严重疾病或者生活不能自理的被害人；遗弃致使被害人身体严重损害或者造成其他严重后果等情形，属于刑法第二百六十一条规定的遗弃"情节恶劣"，应当依法以遗弃罪定罪处罚。

准确区分遗弃罪与故意杀人罪的界限，要根据被告人的主观故意、所实施行为的时间与地点、是否立即造成被害人死亡，以及被害人对被告人的依赖程度等进行综合判断。对于只是为了逃避扶养义务，并不希望或者放任被害人死亡，将生活不能自理的被害人弃置在福利院、医院、派出所等单位或者广场、车站等行人较多的场所，希望被害人得到他人救助的，一般以遗弃罪定罪处罚。对于希望或者放任被害人死亡，不履行必要的扶养义务，致使被害人因缺乏生活照料而死亡，或者将生活不能自理的被害人带至荒山野岭等人迹罕至的场所扔弃，使被害人难以得到他人救助的，应当以故意杀人罪定罪处罚。

18. 切实贯彻宽严相济刑事政策。对于实施家庭暴力构成犯罪的，应当根据罪刑法定、罪刑相适应原则，兼顾维护家庭稳定、尊重被害人意愿等因素综合考虑，宽严并用，区别对待。根据司法实践，对于实施家庭暴力手段残忍或者造成严重后果；出于恶意侵占财产等卑劣动机实施家庭暴力；因酗酒、吸毒、赌博等恶习而长期或者多次实施家庭暴力；曾因实施家庭暴力受到刑事处罚、行政处罚；或者具有其他恶劣情形的，可以酌情从重处罚。对于实施家庭暴力犯罪情节较轻，或者被告人真诚悔罪，获得被害人谅解，从轻处罚有利于被扶养人的，可以酌情从轻处罚；对于情节轻微不需要判处刑罚的，人民检察院可以不起诉，人民法院可以判处免予刑事处罚。

对于实施家庭暴力情节显著轻微危害不大不构成犯罪的，应当撤销案件、不起诉，或者宣告无罪。

人民法院、人民检察院、公安机关应当充分运用训诫，责令施暴人保证不再实施家庭暴力，或者向被害人赔礼道歉、赔偿损失等非刑罚处罚措施，加强对施暴人的教育与惩戒。

19. 准确认定对家庭暴力的正当防卫。为了使本人或者他人的人身权利免受不法侵害，对正在进行的家庭暴力采取制止行为，只要符合刑法规定的条件，就应当依法认定为正当防卫，不负刑事责任。防卫行为造成施暴人重伤、死亡，且明显超过必要限度，属于防卫过当，应当负刑事责任，但是应当减轻或者免除处罚。

认定防卫行为是否"明显超过必要限度"，应当以足以制止并使防卫人免受家庭暴力不法侵害的需要为标准，根据施暴人正在实施家庭暴力的严重程度、手段的残忍程度，防卫人所处的环境、面临的危险程度、采取的制止暴力的手段、造成施暴人重大损害的程度，以及既往家庭暴力的严重程度等进行综合判断。

20. 充分考虑案件中的防卫因素和过错责任。对于长期遭受家庭暴力后，在激愤、恐惧状态下为了防止再次遭受家庭暴力，或者为了摆脱家庭暴力而故意杀害、伤害施暴人，被告人的行为具有防卫因素，施暴人在案件起因上具有明显过错或者直接责任的，可以酌情从宽处罚。对于因遭受严重家庭暴力，身体、精神受到重大损害而故意杀害施暴人；或者因不堪忍受长期家庭暴力而故意杀害施暴人，犯罪情节不是特别恶劣，手段不是特别残忍的，可以认定为刑法第二百三十二条规定的故意杀人"情节较轻"。在服刑期间确有悔改表现的，可以根据其家庭情况，依法放宽减刑的幅度，缩短减刑的起始时间与间隔时间；符合假释条件的，应当假释。被杀害施暴人的近亲属表示谅解的，在量刑、减刑、假释时应当予以充分考虑。

四、其他措施

21. 充分运用禁止令措施。人民法院对实施家庭暴力构成犯罪被判处管制或者宣告缓刑的犯罪分子，为了确保被害人及其子女和特定亲属的人身安全，可以依照刑法第三十八条第二款、第七十二条第二款的规定，同时禁止犯罪分子再次实施家庭暴力，侵扰被害人的生活、工作、学习，进行酗酒、赌博等活动；经被害人申请且有必要的，禁止接近被害人及其未成年子女。

22. 告知申请撤销施暴人的监护资格。人民法院、人民检察院、公安机关对于监护人实施家庭暴力，严重侵害被监护人合法权益的，在必要时可以告知被监护人及其他有监护资格的人员、单位，向人民法院提出申请，要求撤销监护人资格，依法另行指定监护人。

23. 充分运用人身安全保护措施。人民法院为了保护被害人的人身安全，避免其再次受到家庭暴力的侵害，可以根据申请，依照民事诉讼法等法律的相关规定，作出禁止施暴人再次实施家庭暴力、禁止接近被害人、迁出被害人的住所等内容的裁定。对于施暴人违反裁定的行为，如对被害人进行威胁、恐吓、殴打、伤害、杀害，或者未经被害人同意拒不迁出住所的，人民法院可以根据情节轻重予以罚款、拘留；构成犯罪的，应当依法追究刑事责任。

24. 充分运用社区矫正措施。社区矫正机构对因实施家庭暴力构成犯罪被判处管制、宣告缓刑、假释或者暂予监外执行的犯罪分子，应当依法开展家庭暴力行为矫治，通过制定有针对性的监管、教育和帮助措施，矫正犯罪分子的施暴心理和行为恶习。

25. 加强反家庭暴力宣传教育。人民法院、人民检察院、公安机关、司法行政机关应当结合本部门工作职责，通过以案说法、社区普法、针对重点对象法制教育等多种形式，开展反家庭暴力宣传教育活动，有效预防家庭暴力，促进平等、和睦、文明的家庭关系，维护社会和谐、稳定。

民政部 全国妇联

关于做好家庭暴力受害人庇护救助
工作的指导意见

（2015 年 9 月 24 日 民发〔2015〕189 号）

各省、自治区、直辖市民政厅（局）、妇联，新疆生产建设兵团民政局、妇联：

为加大反对家庭暴力工作力度，依法保护家庭暴力受害人，特别是遭受家庭暴力侵害的妇女、未成年人、老年人等弱势群体的人身安全和其他合法权益，根据《中华人民共和国妇女权益保障法》、《中华人民共和国未成年人保护法》、《中华人民共和国老年人权益保障法》、《社会救助暂行办法》等有关规定，现就民政部门和妇联组织做好家庭暴力受害人（以下简称受害人）庇护救助工作提出以下指导意见：

一、工作对象

家庭暴力受害人庇护救助工作对象是指常住人口及流动人口中，因遭受家庭暴力导致人身安全受到威胁，处于无处居住等暂时生活困境，需要进行庇护救助的未成年人和寻求庇护救助的成年受害人。寻求庇护救助的妇女可携带需要其照料的未成年子女同时申请庇护。

二、工作原则

（一）未成年人特殊、优先保护原则。为遭受家庭暴力侵害的未成年人提供特殊、优先保护，积极主动庇护救助未成年受害人。依法干预处置监护人侵害未成年人合法权益的行为，切实保护未成年人合法权益。

（二）依法庇护原则。依法为受害人提供临时庇护救助服务，充分尊重受害人合理意愿，严格保护其个人隐私。积极运用家庭暴力告诫书、人身安全保护裁定、调解诉讼等法治手段，保障受害人人身安全，维护其合法权益。

（三）专业化帮扶原则。积极购买社会工作、心理咨询等专业服务，鼓励受害人自主接受救助方案和帮扶方式，协助家庭暴力受害人克服心理阴影和行为障碍，协调解决婚姻、生活、学习、工作等方面的实际困难，帮助其顺利返回家庭、融入社会。

（四）社会共同参与原则。在充分发挥民政部门和妇联组织职能职责和工作优势的基础上，动员引导多方面社会力量参与受害人庇护救助服务和反对家庭暴力宣传等工作，形成多方参与、优势互补、共同协作的工作合力。

三、工作内容

（一）及时受理求助。妇联组织要及时接待受害人求助请求或相关人员的举报投诉，根据调查了解的情况向公安机关报告，请公安机关对家庭暴力行为进行调查处置。妇联组织、民政部门发现未成年人遭受虐待、暴力伤害等家庭暴力情形的，应当及时报请公安机关进行调查处置和干预保护。民政部门及救助管理机构应当及时接收公安机关、妇联等有关部门护送或主动寻求庇护救助的受害人，办理入站登记手续，根据性别、年龄实行分类分区救助，妥善安排食宿等临时救助服务并做好隐私保护工作。救助管理机构庇护救助成年受害人期限一般不超过 10 天，因特殊情况需要延长的，报主管民政部门备案。城乡社区服务机构可以为社区内遭受家庭暴力的居民提供应急庇护救助服务。

（二）按需提供转介服务。民政部门及救助管理机构和妇联组织可以通过与社会工作服务机构、心理咨询机构等专业力量合作方式对受害人进行安全评估和需求评估，根据受害人的身心状况和客观需求制定个案服务方案。要积极协调人民法院、司法行政、人力资源社会保障、卫生等部门、社会救助经办机构、医院和社会组织，为符合条件的受害人提供司法救助、法律援助、婚姻家庭纠纷调解、就业援助、医疗救助、心理康复等转介服务。对于实施家庭暴力的未成年人监护人，应通过家庭教育指导、监护监督等多种方式，督促监护人改善监护方式，提升监护能力；对于目睹家庭暴力的未成年人，要提供心理辅导和关爱服务。

（三）加强受害人人身安全保护。民政部门及救助管理机构或妇联组织可以根据需要协助受害人或代表未成年受害人向人民法院申请人身安全保护裁定，依法保护受害人的人身安全，避免其再次受到家庭暴力的侵害。成年受害人在庇护期间自愿离开救助管理机构的，应提出书面申请，说明离开原因，可自行离开、由受害人亲友接回或由当地村（居）民委员会、基层妇联组织护送回家。其他监护人、近亲属前来接领未成年受害人的，经公安机关或村（居）民委员会确认其身份后，救助管理机构可以将未成年受害人交由其照料，并与其办理书面交接手续。

（四）强化未成年受害人救助保护。民政部门和救助管理机构要按照《最高人民法院 最高人民检察院 公安部 民政部关于依法处理监护人侵害未成年人权益行为若干问题的意见》（法发〔2014〕24 号）要求，做好未成年受害人临时监护、调查评估、多方会商等工作。救助管理机构要将遭受家庭暴力侵害的未成年受害人安排在专门区域进行救助保护。对于年幼的未成年受害人，要安排专业社会工作者或专人予以陪护和精心照料，待其情绪稳定后可根据需要安排到爱心家庭寄养。未成年受害人接受司法机关调查时，民政部门或救助管理机构要安排专职社会工作者或专人予以陪伴，必要时请妇联组织派员参加，避免其受到"二次伤害"。对于遭受严重家庭暴力侵害的未成年人，民政部门或救助管理机构、妇联组织可以向人民法院提出申请，要求撤销施暴人监护资格，依法另行指定监护人。

四、工作要求

（一）健全工作机制。民政部门和妇联组织要建立有效的信息沟通渠道，建立健全定期会商、联合作业、协同帮扶等联动协作机制，细化具体任务职责和合作流程，共同做好受害人的庇护救助和权益维护工作。民政部门及救助管理机构要为妇联组织、司法机关开展受害人维权服务、司法调查等工作提供设施场所、业务协作等便利。妇联组织要依法为受害人提供维权服务。

（二）加强能力建设。民政部门及救助管理机构和妇联组织要选派政治素质高、业务能力强的工作人员参与受害人庇护救助工作，加强对工作人员的业务指导和能力培训。救助管理机构应开辟专门服务区域设立家庭暴力庇护场所，实现与流浪乞讨人员救助服务区域的相对隔离，有条件的地方可充分利用现有设施设置生活居室、社会工作室、心理访谈室、探访会客室等，设施陈列和环境布置要温馨舒适。救助管理机构要加强家庭暴力庇护工作的管理服务制度建设，建立健全来访会谈、出入登记、隐私保护、信息查阅等制度。妇联组织要加强"12338"法律维权热线和维权队伍建设，为受害人主动求助、法律咨询和依法维权提供便利渠道和服务。

（三）动员社会参与。民政部门和救助管理机构可以通过购买服务、项目合作、志愿服务等多种方式，鼓励支持社会组织、社会工作服务机构、法律服务机构参与家庭暴力受害人庇护救助服务，提供法律政策咨询、心理疏导、婚姻家庭纠纷调解、家庭关系辅导、法律援助等服务，并加强对社会力量的统筹协调。妇联组织可以发挥政治优势、组织优势和群众工作优势，动员引导爱心企业、爱心家庭和志愿者等社会力量通过慈善捐赠、志愿服务等方式参与家庭暴力受害人庇护救助服务。

（四）强化宣传引导。各级妇联组织和民政部门要积极调动舆论资源，主动借助新兴媒体，切实运用各类传播阵地，公布家庭暴力救助维权热线电话，开设反对家庭暴力专题栏目，传播介绍反对家庭暴力的法律法规；加强依法处理家庭暴力典型事例（案例）的法律解读、政策释义和宣传报道，引导受害人及时保存证据，依法维护自身合法权益；城乡社区服务机构要积极开展反对家庭暴力宣传，提高社区居民参与反对家庭暴力工作的意识，鼓励社区居民主动发现和报告监护人虐待未成年人等家庭暴力线索。

最高人民法院公布十起涉家庭暴力典型案例

(2014 年 2 月 27 日)

案例一

女童罗某某诉罗某抚养权纠纷案

——人身安全保护裁定制止儿童虐待

（一）基本案情

2007 年，原告余某某与被告罗某离婚，婚生女孩罗某某（2001 年 12 月 26 日出生）由被告罗某抚养。2011 年 12 月 28 日，原告向法院诉称，被告长期在外打工，女儿罗某某与祖母和大伯共同生活期间，罗某某经常遭受殴打和辱骂，且罗某某与离异的大伯同住一室，随时可能遭受性侵犯。原告向法院提供了女儿的伤情鉴定书及其要求与母亲共同生活的书信等证据，并请求法院判令变更女儿罗某某由原告抚养。诉讼过程中，罗某某向法院申请人身安全保护。

（二）裁判结果

法院经审理认为，申请人罗某某在与被申请人余某金、罗某衡共同生活期间多次无故遭受殴打，且有法医学人体损伤程度鉴定书为证。申请人罗某某的申请符合法律规定。据此，依法裁定禁止被申请人余某金、罗某衡殴打、威胁、辱骂、骚扰、跟踪申请人罗某某，裁定有效期为 6 个月。之后，经法院调解，双方变更了抚养权，此案在一周内结案，未成年人罗某某在最短的时间摆脱了家庭暴力。

案例二

郑某丽诉倪某斌离婚纠纷案

——威胁作为一种家庭暴力手段的司法认定

（一）基本案情

原告郑某丽与被告倪某斌于 2009 年 2 月 11 日登记结婚，2010 年 5 月 7 日生育儿子倪某某。在原、被告共同生活期间，被告经常击打一个用白布包裹的篮球，上面写着"我要打死、打死郑某丽"的字句。2011 年 2 月 23 日，原、被告因家庭琐事发生争执，后被告将原告殴打致轻微伤。2011 年 3 月 14 日，原告向法院提起离婚诉讼，请求法院依法判令准予原、被告离婚；婚生男孩倪某某由原告抚养，抚养费由原告自行承担；原、被告夫妻共同财产依法分割；被告赔偿原告精神损失费人民币 3 万元。

（二）裁判结果

法院经审理认为，原告郑某丽与被告倪某斌婚前缺乏了解，草率结婚。婚后被告将一个裹着白布的篮球挂在家中的阳台上，且在白布上写着对原告具有攻击性和威胁性的字句，还经常击打篮球，从视觉上折磨原告，使原告产生恐惧感，该行为构成精神暴力。在夫妻发生矛盾时，被告对原告实施身体暴力致其轻微伤，最终导致了原、被告夫妻感情的完全破裂。因被告存在家庭暴力行为不宜直接抚养子女，且婚生男孩倪某某未满 2 周岁随母亲生活更有利于其身心健康。被告对原告实施家庭暴力使原告遭受精神损害，被告应承担过错责任，故被告应酌情赔偿原告精神损害抚慰金。据此，依法判决准予原告郑某丽与被告倪某斌离婚；婚生男孩倪某某由原告郑某丽抚养，抚养费由原告承担；被告倪某斌赔偿原告郑某丽精神损害抚慰金人民币5000元。该判决已生效。

案例三

陈某转诉张某强离婚纠纷案

——滥施"家规"构成家庭暴力

（一）基本案情

原告陈某转、被告张某强于1988年8月16日登记结婚，1989年7月9日生育女儿张某某（已成年）。因经常被张某强打骂，陈某转曾于1989年起诉离婚，张某强当庭承认错误保证不再施暴后，陈某转撤诉。此后，张某强未有改变，依然要求陈某转事事服从，稍不顺从，轻则辱骂威胁，重则拳脚相加。2012年5月14日，张某强认为陈某转未将其衣服洗净，辱骂陈某转并命令其重洗。陈某转不肯，张某强即殴打陈某转。女儿张某某在阻拦过程中也被打伤。2012年5月17日，陈某转起诉离婚。被告张某强答辩称双方只是一般夫妻纠纷，保证以后不再殴打陈某转。庭审中，张某强仍态度粗暴，辱骂陈某转，又坚决不同意离婚。

（二）裁判结果

法院经审理认为，家庭暴力是婚姻关系中一方控制另一方的手段。法院查明事实说明，张某强给陈某转规定了很多不成文的家规，如所洗衣服必须让张某强满意、挨骂不许还嘴、挨打后不许告诉他人等。张某强对陈某转的控制还可见于其诉讼中的表现，如在答辩状中表示道歉并保证不再殴打陈某转，但在庭审中却对陈某转进行威胁、指责、贬损，显见其无诚意和不思悔改。遂判决准许陈某转与张某强离婚。一审宣判后，双方均未上诉。

一审宣判前，法院依陈某转申请发出人身安全保护裁定，禁止张某强殴打、威胁、跟踪、骚扰陈某转及女儿张某某。裁定有效期6个月，经跟踪回访确认，张某强未违反。

案例四

李某娥诉罗某超离婚纠纷案

——优先考虑儿童最佳利益

（一）基本案情

原告李某娥、被告罗某超于 1994 年 1 月 17 日登记结婚，1994 年 8 月 7 日生育女儿罗某蔚，2002 年 6 月 27 日生育儿子罗某海。双方婚后感情尚可，自 2003 年开始因罗某超经常酗酒引起矛盾。2011 年起，罗某超酗酒严重，经常酒后施暴。女儿罗某蔚在日记中记录了罗某超多次酒后打骂李某娥母子 3 人的经过。2012 年 1 月 5 日，李某娥第一次起诉离婚。因罗某超提出双方登记离婚，李某娥申请撤诉。但之后罗某超反悔，酗酒和施暴更加频繁。2012 年 7 月 30 日，罗某超酒后扬言要杀死全家。李某娥母子反锁房门在卧室躲避，罗某超踢烂房门后殴打李某娥，子女在劝阻中也被殴打，李某娥当晚 2 次报警。2012 年 8 月底，为躲避殴打，李某娥带子女在外租房居住，与罗某超分居。2012 年 9 月 21 日，李某娥再次起诉离婚并请求由自己抚养一双子女。罗某超答辩称双方感情好，不承认自己酗酒及实施家庭暴力，不同意离婚，也不同意由李某娥抚养子女。

（二）裁判结果

法院经审理认为，罗某超长期酗酒，多次酒后实施家庭暴力。子女罗某蔚、罗某海数次目睹父亲殴打母亲，也曾直接遭受殴打，这都给他们身心造成严重伤害，同时也可能造成家庭暴力的代际传递。为避免罗某蔚、罗某海继续生活在暴力环境中，应由李某娥抚养两个子女，罗某超依法支付抚养费。遂判决准许李某娥与罗某超离婚，子女罗某蔚、罗某海由李某娥抚养，罗某超每月支付抚养费共计900元。罗某超可于每月第一个星期日探视子女，探视前12小时内及探视期间不得饮酒，否则视为放弃该次探视权利，李某娥及子女可拒绝其探视。一审宣判后双方均未提起上诉。

案例五

郝某某诉郝某华赡养纠纷案

——人身安全保护裁定制止子女虐待老人

（一）基本案情

申请人郝某某与其妻王某某（已故）育有5个子女。现郝某某已丧失劳动能力，除每月的低保金320元外，无其他经济来源，其日常生活需要子女照顾。申请人郝某某轮流在除被告郝某华之外的其他子女处居住生活。因其他子女经济情况一般，住房较为紧张，申请人郝某某遂要求被告郝某华支付赡养费，并解决其居住问题。被申请人郝某华对原告郝某某提出的要求不满，经常用激烈言辞对郝某某进行言语威胁、谩骂，致使郝某某产生精神恐惧，情绪紧张。郝某某诉至法院，要求被告郝某华支付赡养费，并解决其居住问题。经法院多次通知，被告郝某华仍不到庭应诉，反而对原告恫吓威胁，致使原告终日处在恐惧之中。原告遂在诉讼期间向本院申请人身安全保护裁定，要求法院采取措施，制止被告郝某华对郝某某威胁、谩骂侮辱行为。

（二）裁判结果

针对申请人提出的人身安全保护裁定申请，法院经审理认为，被申请人郝某华对申请人郝某某经常进行言语威胁、谩骂等行为，导致申请人终日生活在恐惧之中，故其申请符合法律规定，应予支持。法院裁定，禁止被申请人郝某华对申请人郝某某采取言语威胁、谩骂、侮辱以及可能导致申请人产生心理恐惧、担心、害怕的其他行为。同时，法院对被申请人进行了训诫，告知其在有效期内，若发生上述行为，则视情节轻重对被申请人采取拘留、罚款等强制措施。经跟踪回访，被申请人对申请人再无威胁行为。对原告请求被告履行赡养义务的请求，法院判决被告郝某华每月向原告郝某某支付赡养费600元。

案例六

钟某芳申请诉后人身安全保护案

——诉后人身安全保护裁定制止"分手暴力"

（一）基本案情

申请人钟某芳与被申请人陈某于2010年2月2日经法院判决离婚，子女由钟某芳抚养。判决生效后，陈某拒不搬出钟某芳的房屋，还要求与钟某芳同吃、同睡，限制钟某芳的人身自由和社会交往。钟某芳稍有不从，就遭其辱骂和殴打，并多次写字条威胁钟某芳。法院强制其搬离后，他仍然借探视子女为由，多次进入钟某芳家中对其实施威胁，还经常尾随、监视钟某芳的行踪，不仅使钟某芳的身体受到伤害，还使其处于极度恐惧之中。钟某芳于2010年5月6日向法院提出了人身安全保护裁定的申请，并提交了报警证明、妇联的来访记录、被申请人威胁申请人的字条、被撕烂的衣物、照片等证明材料。

（二）裁判结果

法院经审理认为，申请人钟某芳在离婚后仍然被前夫陈某无理纠缠，经常遭其辱骂、殴打和威胁，人身自由和社会交往仍受前夫的限制，是典型的控制型暴力行为受害者。为保护申请人的人身安全，防止"分手暴力"事件从民事转为刑事案件，法院裁定：禁止被申请人陈某骚扰、跟踪、威胁、殴打申请人钟某芳，或与申请人钟某芳以及未成年子女陈某某进行不受欢迎的接触；禁止被申请人陈某在距离申请人钟某芳的住所或工作场所 200 米内活动；被申请人陈某探视子女时应征得子女的同意，并不得到申请人的家中进行探视。该保护令的有效期为 6 个月。经跟踪回访，申请人此后再没有受到被申请人的侵害或骚扰。

案例七

邓荣萍故意伤害案

——长期对养女实施家暴获刑

（一）基本案情

被害人范某某（女，时年 7 岁）出生后不久即由被告人邓荣萍收养。在收养期间，邓荣萍多次采取持木棒打、用火烧、拿钳子夹等手段虐待范某某，致范某某头部、面部、胸腹部、四肢多达百余处皮肤裂伤，数枚牙齿缺失。2010 年 3 月 26 日上午，因范某某尿床，邓荣萍便用木棒殴打范某某腿部，致范某某左股骨骨折，构成轻伤。案发后，邓荣萍向公安机关投案。

（二）裁判结果

法院经审理认为，被告人邓荣萍故意伤害他人身体的行为已构成故意伤害罪。邓荣萍为人之母，长期对养女范某某进行虐待，又因琐事持木棒将范某某直接打致轻伤，手段残忍，情节恶劣，后果严重，应依法惩处。鉴于邓荣萍自动投案后，如实供述自己的罪行，具有自首情节，依法可对其从轻处罚。据此，贵州省关岭布依族苗族自治县人民法院依法以故意伤害罪判处被告人邓荣萍有期徒刑 2 年 2 个月。

案例八

汤翠连故意杀人案

——经常遭受家暴致死丈夫获刑

（一）基本案情

被告人汤翠连与被害人杨玉合（殁年 39 岁）系夫妻。杨玉合经常酗酒且酒后无故打骂汤翠连。2002 年 4 月 15 日 17 时许，杨玉合醉酒后吵骂着进家，把几块木板放到同院居住的杨某洪、杨某春父子家的墙脚处。为此，杨某春和杨玉合发生争执、拉扯。汤翠连见状上前劝阻，杨玉合即用手中的木棍追打汤翠连。汤翠连随手从柴堆上拿起一块柴，击打杨玉合头部左侧，致杨玉合倒地。杨某洪劝阻汤翠连不要再打杨玉合。汤翠连因惧怕杨玉合站起来后殴打自己，仍继续用柴块击打杨玉合头部数下，致杨玉合因钝器打击头部颅脑损伤死亡。案发后，村民由于同情汤翠连，劝其不要投案，并帮助掩埋了杨玉合的尸体。

（二）裁判结果

法院经审理认为，被告人汤翠连故意非法剥夺他人生命的行为已构成故意杀人罪。被害人杨玉合因琐事与邻居发生争执和拉扯，因汤翠连上前劝阻，杨玉合即持木棍追打汤翠连。汤翠连持柴块将杨玉合打倒在地后，不顾邻居劝阻，继续击打杨玉合头部致其死亡，后果严重，应依法惩处。鉴于杨玉合经常酒后实施家庭暴力，无故殴打汤翠连，具有重大过错；汤翠连在案发后能如实供述犯罪事实，认罪态度好；当地群众请求对汤翠连从轻处罚。综上，对汤翠连可酌情从轻处罚。据此，云南省施甸县人民法院依法以故意杀人罪判处被告人汤翠连有期徒刑 10 年。

案例九

肖正喜故意杀人、故意伤害案

——长期实施家暴并杀人获死刑

（一）基本案情

被告人肖正喜和被害人肖海霞（殁年 26 岁）于 1998 年结婚并生育一女一子。2005 年，肖正喜怀疑肖海霞与他人有染，二人感情出现矛盾。2009 年 4 月，肖海霞提出离婚，肖正喜未同意。2010 年 5 月 22 日，肖正喜将在外打工的肖海霞强行带回家中，并打伤肖海霞。肖海霞的父母得知情况后报警，将肖海霞接回江西省星子县娘家居住。

2010 年 5 月 25 日下午，肖正喜与其表哥程某欲找肖海霞的父亲肖某谈谈。肖某拒绝与肖正喜见面。肖正喜遂购买了一把菜刀、一把水果刀以及黑色旅行包、手电筒等物品，欲杀死肖海霞。当日 16 时许，肖正喜不顾程某劝阻，独自乘车来到肖海霞父亲家中，躲在屋外猪圈旁。23 时许，肖正喜进入肖海霞所住房间，持菜刀砍击肖海霞头部、脸部和手部数下，又用水果刀捅刺肖海霞前胸，致肖海霞开放性血气胸合并失血性、创伤性休克死亡。肖正喜扔弃水果刀后逃离。肖某及其妻子李某听到肖海霞的呼救声后，即追赶上肖正喜并与之发生搏斗，肖正喜用菜刀砍伤肖某，用随身携带的墙纸刀划伤李某。后肖正喜被接到报警赶来的公安民警抓获。

（二）裁判结果

法院经审理认为，被告人肖正喜故意非法剥夺他人生命的行为已构成故意杀人罪，故意伤害他人身体的行为又构成故意伤害罪，应依法数罪并罚。肖正喜不能正确处理夫妻矛盾，因肖海霞提出离婚，即将肖海霞打伤，后又携带凶器至肖海霞家中将肖海霞杀死，将岳父、岳母刺伤，情节极其恶劣，后果极其严重，应依法惩处。据此，依法对被告人肖正喜以故意杀人罪判处死刑，剥夺政治权利终身；以故意伤害罪判处有期徒刑 2 年，决定执行死刑，剥夺政治权利终身。经最高人民法院复核核准，罪犯肖正喜已被执行死刑。

案例十

薛某凤故意杀人案

——养女被养父长期性侵杀死养父获刑

（一）基本案情

被告人薛某凤自幼被薛某太（被害人，殁年 54 岁）收养。自 1999 年薛某凤 11 岁起，薛某太曾多次对薛某凤强行实施奸淫。2004 年 3 月，薛某凤因被薛某太强奸导致怀孕，后引产。2005 年 1 月，薛某凤与他人结婚。2007 年 11 月 11 日晚，薛某太酒后将薛某凤叫至其房间内，持刀威胁薛某凤，要求发生性关系。薛某凤谎称同意，趁机用绳子将薛某太双手、双脚捆住，薛某凤离开房间。次日 3 时许，薛某凤返回房间，采取用扳手击打薛某太头部等手段，致薛某太颅脑损伤死亡。后薛某凤将薛某太的尸体浇油焚烧。

（二）裁判结果

法院经审理认为，被告人薛某凤故意非法剥夺他人生命的行为已构成故意杀人罪。薛某凤持械击打被害人薛某太头部致其死亡，后果严重，应依法惩处。鉴于薛某太利用其养父身份，在薛某凤还系幼女时即长期奸淫并导致薛某凤怀孕引产，对薛某凤的身心健康造成巨大伤害。在薛某凤与他人结婚后，薛某太仍持刀欲强行奸淫薛某凤，具有重大过错；河北省临漳县人民检察院认为，因薛某凤自幼被薛某太长期奸淫，薛某凤为反抗而杀死薛某太，故意杀人情节较轻，建议对薛某凤适用缓刑；当地村委会及数百名群众以薛某凤实施杀人行为实属忍无可忍，其家中又有 2 个年幼子女和 1 个呆傻养母需要照顾为由，联名请求对薛某凤从轻处罚；临漳县妇女联合会建议，为挽救薛某凤的家庭，减少社会不和谐因素，尽量从轻处罚；案发后薛某凤认罪态度较好，有悔罪表现。综上，对被告人薛某凤可从轻处罚。据此，临漳县人民法院依法以故意杀人罪判处被告人薛某凤有期徒刑 3 年，缓刑 5 年。

最高人民法院发布涉家庭暴力
犯罪典型案例

（2015 年 3 月 5 日）

案例一

许红涛故意伤害案

（一）基本案情

被告人许红涛平时经常打骂父母，其母被打得不敢回家。2012 年 5 月 28 日，许红涛又因琐事在家中殴打因患脑血栓行动不便的父亲许二（被害人，殁年 63 岁）。同月 30 日中午，许红涛再次拳打脚踢许二的头面部及胸部等处，造成许二双侧胸部皮下及肌间广泛出血，双侧肋骨多根多段骨折，左肺广泛挫伤，致创伤性、疼痛性休克并发呼吸困难死亡。

（二）裁判结果

河北省衡水市中级人民法院经审理认为，许红涛因琐事殴打患脑血栓行动不便的父亲许二致死，其行为已构成故意伤害罪，应依法惩处。依照《刑法》有关规定，以故意伤害罪判处被告人许红涛死刑，剥夺政治权利终身。宣判后，许红涛提出上诉。河北省高级人民法院经审理，裁定驳回上诉，维持原判，并依法报请最高人民法院核准。最高人民法院经依法复核，核准许红涛死刑。罪犯许红涛已被执行死刑。

（三）典型意义

本案是一起殴打病重父亲致死的家庭暴力犯罪案件。尊老爱幼是中华民族的传统美德，而被告人许红涛平时好吃懒做，还经常打骂父母，在案发前和案发当日先后两次对患脑血栓行动不便的父亲施暴，且是殴打其父头面部及胸部等要害部位，从许二双侧肋骨多根多段骨折的情况看，暴力程度很强，说明许红涛主观上具有伤害的故意。案发后，许红涛的近亲属及村民代表均要求严惩不务正业、打死生父、违背人伦道德的"逆子"。因此，对许红涛以故意伤害罪核准死刑，定性准确，量刑适当。充分体现了对严重侵犯老人等弱势群体的暴力犯罪予以严惩的政策，即便是发生在家庭成员间也不例外。

案例二

沐正盈故意杀人案

（一）基本案情

被告人沐正盈经常酗酒后殴打父母、妻儿，因不堪忍受其暴行，父母搬离，妻子亦离家，留下其与女儿沐某某（被害人，殁年5岁）共同生活。2014年2月2日晚，沐正盈认为沐某某常在外面玩耍、难以管教，遂用绳子将沐某某捆绑在家里的柱子上，并对沐某某扇耳光、用绳子抽打。后沐正盈将沐某某松绑，见沐某某又往外跑，遂用力拉扯沐某某的衣袖，将沐某某拽倒在地，随后又用木棒殴打，致沐某某因钝性外力致颅脑损伤死亡。后沐正盈将沐某某的尸体用编织袋包裹并移至树林里掩埋。同月11日，沐正盈到公安机关投案自首。

（二）裁判结果

云南省曲靖市中级人民法院经审理认为，沐正盈作为被害人的监护人，长期以来经常殴打被害人，案发当日多次对被害人进行殴打，致被害人死亡，后为掩盖罪行掩埋尸体，其行为已构成故意杀人罪。沐正盈针对毫无反抗能力的儿童实施加害行为，情节恶劣，应依法严惩。鉴于沐正盈有自首情节，可依法对其从轻处罚。依照《刑法》有关规定，以故意杀人罪判处被告人沐正盈无期徒刑，剥夺政治权利终身。宣判后，在法定期限内没有上诉、抗诉，判决已发生法律效力。

（三）典型意义

本案虽发生在家庭内部，但被告人常年对至亲之人实施家庭暴力，案发时又对年仅5岁的女儿施暴，且不加节制，案发后也不积极救助，终致被害人死亡，犯罪情节恶劣，后果极其严重，应从严惩处，但因其具备自首情节，故从轻判处无期徒刑，量刑适当。

本案系父亲殴打亲生女儿致死的恶性案件。年仅5岁的女童，本该生活于童话一般的世界，却一直在暴力的阴影中成长，直至最后殒命于自己父亲手中。这给我们所有家长敲响了警钟。我们在此提醒家长，千万不要殴打孩子，以免酿成悲剧而后悔莫及。

案例三

常磊故意伤害案

（一）基本案情

被告人常磊与其父亲常新春（被害人，殁年56岁）、母亲郑玲共同居住，常新春饮酒后脾气暴躁，经常辱骂、殴打家人。2012年8月29日18时许，常新春酒后又因琐事辱骂郑玲，郑玲躲至常磊卧室。当日20时许，常新春到常磊卧室继续辱骂郑玲，后又殴打郑玲和常磊，扬言要杀死全家并到厨房取来菜刀。常磊见状夺下菜刀，常新春按住郑玲头部继续殴打。常磊义愤之下，持菜刀砍伤常新春头、颈、肩部等处，后将常新春送往医院救治。次日，常磊到公安机关投案。当晚，常新春因失血性休克死亡。

（二）裁判结果

重庆市江津区人民法院经审理认为，常磊持刀故意伤害致一人死亡的行为已构成故意伤害罪，但其行为属防卫过当，依法应当减轻或免除处罚。案发后，常磊投案自首，其母表示谅解，同时考虑被害人常新春平时饮酒后常常对家庭成员实施家庭暴力，故对常磊减轻处罚并适用缓刑。依照《刑法》有关规定，以故意伤害罪判处常磊有期徒刑三年，缓刑五年。宣判后，在法定期限内没有上诉、抗诉，判决已发生法律效力。

（三）典型意义

本案被告人常磊已经将被害人常新春手中的菜刀夺下，但常新春对郑玲的不法侵害仍在继续，虽然殴打的不是常磊，但其扬言要杀死全家，结合常新春平时酒后常有严重的家庭暴力行为，不能排除其暴力行为造成更严重后果的可能。因此，常磊针对常新春正在进行的家庭暴力，有权进行防卫。但从常磊持菜刀砍击常新春造成多处损伤并致其因失血性休克死亡分析，确实与常新春徒手家暴行为的手段和严重程度不对等，因此可以认定常磊的行为构成防卫过当，同时考虑到常磊将常新春砍伤后立即送往医院救治，案发后投案自首，得到其母亲的谅解。常新春具有家庭暴力既往史，常新春的其他亲属和邻居也要求对常磊从轻处罚等情节，对常磊减轻处罚并适用缓刑，是完全适当的。

案例四

朱朝春虐待案

（一）基本案情

1998 年 9 月，被告人朱朝春与被害人刘祎（女，殁年 31 岁）结婚。2007 年 11 月，二人协议离婚，但仍以夫妻名义共同生活。2006 年至案发前，朱朝春经常因感情问题及家庭琐事殴打刘祎，致刘祎多次受伤。2011 年 7 月 11 日，朱朝春又因女儿的教育问题及怀疑女儿非自己亲生等与刘祎发生争执。朱朝春持皮带抽打刘祎，致使刘祎持刀自杀。朱朝春随即将刘祎送医院抢救。经鉴定，刘祎体表多处挫伤，因被锐器刺中左胸部致心脏破裂大失血，经抢救无效死亡。当日，朱朝春投案自首。

（二）裁判结果

湖北省武汉市汉阳区人民法院经审理认为，朱朝春经常性、持续性地采用殴打等手段损害家庭成员身心健康，致使被害人刘祎不堪忍受身体上和精神上的摧残而自杀身亡，其行为已构成虐待罪。朱朝春自动投案，如实供述自己的罪行，构成自首，可以从轻处罚。依照《刑法》有关规定，以虐待罪判处被告人朱朝春有期徒刑五年。宣判后，朱朝春提出上诉。武汉市中级人民法院经依法审理，裁定驳回上诉，维持原判。

（三）典型意义

本案是一起虐待共同生活的前配偶致被害人自杀身亡的典型案例。司法实践中，家庭暴力犯罪不仅发生在家庭成员之间，在具有监护、扶养、寄养、同居等关系的人员之间也经常发生。为了更好地保护儿童、老人和妇女等弱势群体的权利，促进家庭和谐，维护社会稳定，最高人民法院、最高人民检察院、公安部、司法部《关于依法办理家庭暴力犯罪案件的意见》将具有监护、扶养、寄养、同居等关系的人员界定为家庭暴力犯罪的主体范围。本案被告人朱朝春虽与被害人刘祎离婚，二人仍以夫妻名义共同生活，朱朝春经常性、持续性地实施虐待行为，致使刘祎不堪忍受而自杀身亡，属于虐待"致使被害人死亡"的加重处罚情节，应依法予以重判。

案例五

邓某故意杀人案

（一）基本案情

2012年七八月间，被告人邓某未婚先孕后，便离家到亲戚朋友处借住。同年 12 月下旬的一天上午，邓某在网吧上网时，突然感到腹痛，遂至网吧卫生间产下一名女婴。因担心被人发现，邓某将一团纸巾塞入女婴口中，将女婴弃于垃圾桶内，而后将垃圾桶移至难以被人发现的卫生间窗外的窗台上，致该女婴因机械性窒息死亡。

（二）裁判结果

江苏省南京市中级人民法院经审理认为，邓某故意非法剥夺他人生命的行为已构成故意杀人罪。邓某犯罪时未满 18 周岁，归案后认罪态度好，有悔罪表现，可依法从轻处罚。依照《刑法》有关规定，以故意杀人罪判处被告人邓某有期徒刑三年。宣判后，在法定期限内没有上诉、抗诉，判决已发生法律效力。

（三）典型意义

本案系少女因未婚先孕，遗弃自己刚出生的婴儿并致婴儿死亡的案例。被告人邓某因不敢让家人知道未婚先孕的情况，在隆冬之际生下女婴后，为达到不履行扶养义务的目的，将一团纸巾塞进新生儿口中，并将新生儿置于户外难以被人发现之处。从其主观上看，并不希望婴儿被他人发现后捡走或得到救治，而是积极追求新生儿死亡，最终造成婴儿被遗弃后死亡多日才被发现的严重后果，故邓某的行为构成故意杀人罪。鉴于邓某作案时未满 18 周岁，系新生儿的亲生母亲，且是在无助并不敢让家人知道的情况下选择的错误之举，故对其从轻判处有期徒刑三年。

最高人民法院公布实施反家庭暴力法十大典型案例

（2017 年 3 月 8 日）

案例一

程某申请撤销李某监护人资格案

（一）基本案情

程某（女）与李某系夫妻关系，婚生子李某程。因李某程哭闹，李某在吸毒后用手扇打李某程头面部，造成李某程硬膜下大量积液，左额叶、左颞叶脑挫伤，经鉴定为重伤二级。后李某被判处有期徒刑七年。中华少年儿童慈善救助基金会（以下简称基金会）对李某程及程某展开救助，为李某程筹集部分医疗及生活费用。基金会与程某签订《共同监护协议》，约定由基金会作为李某程的辅助监护人，与程某共同监护李某程，并由程某向北京市通州区人民法院起诉撤销李某的监护人资格，同时确认基金会为李某程的辅助监护人。还约定，为了使李某程更好地康复，经征得程某同意，基金会可以寻找合适的寄养机构照料李某程。程某向北京市通州区人民法院提出申请，请求撤销李某对李某程的监护人资格；指定基金会作为李某程的辅助监护人，与程某共同监护李某程。基金会以第三人身份参加诉讼。

（二）裁判结果

北京市通州区人民法院判决撤销李某的监护人资格；驳回了程某的其他申请。

（三）典型意义

本案是一起未成年人母亲申请撤销父亲监护人资格的案件。撤销监护人资格制度，是未成年人权益保护的重要手段，目的是及时终止对未成年人的家庭伤害，提供安全庇护，促进未成年人健康成长。李某作为李某程之父，不仅未尽到对孩子的关怀照顾义务，反而在吸毒后将不足三个月的幼儿李某程殴打至重伤二级，严重侵害了未成年人合法权益。程某作为李某程之母，申请撤销李某对李某程的监护人资格，符合反家庭暴力法的规定，法院予以支持。在撤销李某监护人资格的同时，为保障李某程的合法权益，法院判决程某作为李某程的法定监护人，应积极履行对李某程的监护义务。

虽然基金会在筹集善款、及时救治李某程的过程中，起到了积极的作用，其行为应当得到表彰和肯定，但基金会并不在法定的监护人主体范围内，且我国法律法规中并无辅助监护人的概念。因此对于程某要求基金会担任辅助监护人的请求，法院不予支持。

案例二

张某某申请人身安全保护令案

（一）基本案情

申请人张某某（女）与被申请人熊某某为同居关系。张某某向法院申请述称：张某某与熊某某于 1996 年同居生活，2012 年张某某双眼病变失明后，熊某某及其父母对张某某百般虐待和实施暴力，为此张某某亲属多次报警，张某某亲属也多次遭熊某某及其家人的威胁、限制人身自由。2015 年 3 月 12 日，熊某某将张某某打伤，在张某某入院治疗期间，熊某某拒绝看望和道歉。之后，熊某某将张某某驱赶出家门并拒绝支付医药费，致张某某居无定所、食无来源、生病无人照料和无钱医治。张某某向江西省南昌市高新技术产业开发区人民法院申请禁止熊某某对其语言侮辱、恐吓、谩骂和肢体暴力、殴打、限制其人身自由；禁止熊某某对其近亲属进行骚扰、侮辱。

（二）裁判结果

江西省南昌市高新技术产业开发区人民法院依照反家庭暴力法第二十七条、第三十七条规定，裁定禁止熊某某对张某某实施家庭暴力；禁止熊某某骚扰、侮辱张某某及其近亲属。裁定有效期为六个月，自送达之日起生效，送达后立即执行。

（三）典型意义

本案是一起残疾人申请人身安全保护令的案件。申请人张某某与被申请人熊某某均为残障人士，双方虽未领取结婚证，但同居多年，并育有一子。张某某近年来因眼疾加重，生活无法自理。熊某某及其家人平日对张某某非常粗暴，2015 年对张某某进行了暴力殴打，当地政府和派出所均对双方纠纷进行过多次调处。

法院依据张某某的申请，依法发出人身保护令，送达了张某某、熊某某以及当地的村委会及派出所。人身安全保护令送达后，熊某某没有再采取过过激行为。为了进一步保护妇女权益，法院联系当地综治办、村委会共同做工作，最终确定张某某有权在该村的拆迁房分配中获得一人份额的拆迁房屋面积，现张某某已回到其娘家居住，其户口也与熊某某拆分。法院发出的人身安全保护令，取得了良好的法律效果与社会效果，真正起到了为妇女维权、为社会弱势群体撑起"保护伞"的作用。

案例三

李某申请人身安全保护令案

（一）基本案情

申请人李某（女）与被申请人宋某系夫妻关系，2011 年 11 月结婚。2015 年宋某开始对李某实施捆绑、殴打、谩骂等暴力行为。2016 年 3 月 15 日，李某在被连续殴打三天后，逼迫无奈从家中跳楼，跳楼又被宋某抱回楼上继续殴打，直至李某坚持不住，宋某才拨打 120 急救电话，将李某送往医院救治。在医院治疗期间，宋某又多次到医院骚扰李某，辱骂医生、病人及李某家属。李某于 2016 年 9 月 28 日向辽宁省沈阳市皇姑区人民法院提出申请，禁止宋某实施家庭暴力，禁止宋某骚扰、跟踪、接触李某及其近亲属。

（二）裁判结果

辽宁省沈阳市皇姑区人民法院根据李某的陈述及公安机关记载材料、医院病情介绍单、皇姑区妇联出具的意见等材料，认定李某面临家庭暴力风险，依照反家庭暴力法的相关规定，依法裁定禁止宋某实施家庭暴力；禁止宋某骚扰、跟踪、接触李某及其近亲属。

（三）典型意义

根据反家庭暴力法的规定，人身安全保护令涵盖了诉前、诉中和诉后各时间段，当事人申请人身安全保护令无需依附离婚诉讼，本案李某就是在两次离婚诉讼间隔期间申请的人身安全保护令。当地妇联也发挥了积极作用，为李某出具意见，有效维护了家暴受害者的权益。法院通过发出人身安全保护令，依法、适时、适度干预家庭暴力，保护了受害人的人身安全和人格尊严，彰显了法律的权威。

案例四

谢某申请人身安全保护令案

（一）基本案情

申请人谢某（女）与被申请人陆某结婚十多年，婚后陆某经常殴打、辱骂谢某。谢某曾向社区、妇联寻求过救助，亦多次报警，但陆某丝毫没有收敛。长期遭受家庭暴力使谢某陷入极度恐慌，有家不敢回。2016年5月25日，谢某不堪忍受，向广西壮族自治区南宁市青秀区人民法院申请人身安全保护令。

（二）裁判结果

广西壮族自治区南宁市青秀区人民法院经审查，发出人身安全保护令，禁止陆某殴打、威胁、辱骂及骚扰、跟踪谢某，并将人身安全保护令分别抄送给当事人住所地的社区居委会和社区派出所，形成人民法院—社区居委会—社区派出所三方联动的工作模式，全方位保障谢某的人身安全，帮助谢某尽早走出家庭暴力的阴霾。

但在该院组织谢某与陆某到法院进行回访时，陆某在法院追打谢某，其行为严重违反了人身安全保护令的要求，该院依法对陆某予以训诫并处以十日拘留。在拘留期间，陆某认识到错误，在拘留所内写下保证书，保证以后要与妻子和睦相处，不再殴打、辱骂、跟踪妻子。

（三）典型意义

本案是一起人民法院依法处罚违反人身安全保护令行为的案件。对于公然违反人身安全保护令者，法院应当依照法律规定及时采取处罚措施。人身安全保护令能够落到实处，不仅要靠当事人的自觉遵守和相关单位的监督，同时也需要对违反者进行依法制裁。

案例五

王某诉罗某离婚纠纷同时申请
人身安全保护令案

（一）基本案情

申请人王某（女）与被申请人罗某于 2016 年 3 月办理结婚登记手续。婚后王某发现罗某性格粗暴，常因家庭小事发怒，结婚不到一个月就出现家暴行为，几次家暴造成王某身上多处青紫瘀伤。王某为躲避家暴行为返回娘家，罗某寻至王某娘家后殴打王某，并对王某母亲进行殴打。王某认为罗某的家庭暴力行为使夫妻双方感情彻底破裂，遂诉至黑龙江省甘南县人民法院要求与罗某离婚，该院立案受理后，王某又申请人身安全保护令，请求禁止罗某殴打、威胁王某及其近亲属；禁止罗某骚扰、跟踪王某及其近亲属。

（二）裁判结果

黑龙江省甘南县人民法院经审查认为，王某的申请符合条件，遂作出民事裁定：禁止罗某殴打、威胁、骚扰、跟踪王某及其近亲属，裁定有效期六个月，自送达之日起生效。并分别向罗某、王某、罗某所在社区、住所地派出所送达了裁定。裁定送达后，家庭暴力没有再发生，人身安全保护令发挥了作用。

对于王某诉罗某离婚纠纷，黑龙江省甘南县人民法院判决准予王某与罗某离婚，并对有关财产问题进行了处理。判决送达后，双方均未上诉，该判决已生效。

（三）典型意义

反家庭暴力法对人身安全保护令做了比较全面的规定，家庭成员一旦遭受家暴，可以向法院申请人身安全保护令，从而避免严重后果的产生。本案人身安全保护令的下发，促使女性提高自身权益保护意识，敢于拒绝家庭暴力，依法维护自身权益。

案例六

马某某申请人身安全保护令案

（一）基本案情

申请人马某某（女）与被申请人马某系夫妻关系。2016年7月20日，马某某与马某因琐事发生争吵后，马某使用砖头对马某某脸部打了一下，致使马某某上唇软组织穿通伤。马某某向宁夏回族自治区银川市公安局西夏区分局南梁派出所报警，后银川市公安局西夏区分局作出《公安行政处罚决定书》，给予马某行政拘留十日。为防止再次受到马某的伤害，马某某向宁夏回族自治区银川市西夏区人民法院申请人身安全保护令。

（二）裁判结果

宁夏回族自治区银川市西夏区人民法院经审查，马某某提交的银川市公安局西夏区分局《公安行政处罚决定书》证实，马某的行为致使马某某面临家庭暴力威胁，马某某的申请符合发出人身安全保护令的条件，故裁定：禁止马某实施殴打、辱骂马某某等家庭暴力行为；禁止马某骚扰、跟踪、接触马某某及其近亲属。裁定有效期六个月，自作出之日起生效，送达后立即执行。

（三）典型意义

本案是一起典型的家庭暴力案件，有公安部门的《公安行政处罚决定书》在案证明。法院作出裁定后，被申请人马某未再实施暴力行为，说明人身安全保护令对施暴者发挥了震慑作用，有效维护了妇女权益。

案例七

刘某某申请人身安全保护令案

（一）基本案情

申请人刘某某（女）以被申请人蒲某某婚前隐瞒吸毒恶习、吸毒后失去理智经常对其实施家暴导致夫妻感情破裂为由，于2016年2月21日诉至四川省南充市顺庆区人民法院，请求离婚。2016年3月1日，刘某某得知反家庭暴力法正式实施，来到法院申请人身安全保护令。

（二）裁判结果

四川省南充市顺庆区人民法院经审查认为，刘某某的申请事项和提供的证据符合法律规定，依照反家庭暴力法作出民事裁定：禁止蒲某某对刘某某实施恐吓、谩骂、殴打等暴力行为；禁止蒲某某骚扰、跟踪、接触刘某某及其近亲属；责令蒲某某不得进入刘某某的住所。

（三）典型意义

本案是公安机关协助执行人身安全保护令的典型案例。裁定作出后，法院立即向刘某某及蒲某某住所地的公安派出所、社区、妇联等单位送达了裁定书，并发出协助执行通知。蒲某某严格执行裁定内容，未再向刘某某实施家暴，且在公安部门的协调下接受了强制戒毒。本案是反家庭暴力法实施后四川省受理的第一例案件，各大新闻媒体广泛报道，在社会上引起强烈反响，推动对人身安全保护令有了全新的认知和理解。

案例八

王某某申请人身安全保护令案

（一）基本案情

申请人王某某与被申请人万某某（女）系夫妻关系。王某某1995年退休后离开工作地点南昌回到上海生活，万某某霸占王某某退休工资和奖金，逼迫王某某出去打工赚取生活费用。2015年初，王某某已年过八十，体弱多病，没有劳动能力，万某某不但不加照顾，反而经常对王某某拳打脚踢，用棍棒将王某某打得青紫血肿，伤痕累累，并在深夜辱骂，使王某某忍饥挨饿，受冻受寒。2016年1月底，万某某再次对王某某进行殴打，至王某某颅脑出血并在医院进行了手术。万某某的行为使王某某遭受精神上、肉体上的长期折磨，生命安全受到严重威胁。王某某向上海市长宁区人民法院提出申请，要求禁止万某某实施家庭暴力，并提交了相关证据。

（二）裁判结果

上海市长宁区人民法院查明，万某某与王某某经常为家庭琐事发生争吵。2015年起万某某对王某某打骂频繁，程度也越发激烈。2016年1月24日，双方又为家庭琐事发生纠纷，吵闹中万某某用拖把棍猛击王某某头部，致王某某右侧急性硬膜下血肿，于次日住院接受右侧硬膜下血肿钻孔引流手术。上海市长宁区人民法院认为，万某某长期对王某某实施暴力，侵害了王某某的人身健康权，遂裁定：禁止被申请人万某某对申请人王某某实施家庭暴力。

（三）典型意义

本案是一起由男性家庭成员不依附其他诉讼而单独提起的人身安全保护令案件。在实践中把握何种行为可被定性为"家庭暴力"时，应在正确理解反家庭暴力法立法精神与相关条文的基础上，结合出警记录、就医记录，当事人及第三方调查情况，准确解读家庭暴力的持久性、故意性、控制性、恐惧性及后果严重性。对于家庭暴力的现实危险，应根据家庭暴力发生史、过去家庭暴力出警记录、就医记录，第三方描述等明确危险存在的可能性及大小。本案中王某某已年过八十，体弱多病，结合出警记录、同事证言、法院和居委会谈话笔录、医院诊疗记录、出院小结、验伤单、影像资料等证据，可证实王某某长期遭受来自万某某精神及身体上的折磨，并导致颅脑出血、身上多处受伤的严重后果，万某某的行为符合家庭暴力及现实危险的定义。

案例九

陈某某、泮某某申请人身安全保护令案

（一）基本案情

申请人陈某某、泮某某系夫妻，与被申请人陈某伟（二申请人之子）共同居住。陈某伟因家庭琐事，多次打骂二申请人。2015 年 3 月 18 日晚，陈某伟殴打陈某某致其头面部及身多处软组织挫伤。2016 年 5 月 15 日上午，陈某伟因琐事打击陈某某头部，泮某某上前劝阻时倒地，此事致陈某某左肩胛骨挫伤，泮某某右侧肋骨骨折。2016 年 7 月 7 日，陈某某、泮某某向浙江省仙居县人民法院申请人身安全保护令，要求禁止陈某伟实施家庭暴力并责令陈某伟搬出居所。

（二）裁判结果

浙江省仙居县人民法院经审查认为，陈某某、泮某某的申请符合反家庭暴力法规定的发出人身安全保护令的条件，故裁定如下：禁止陈某伟对陈某某、泮某某实施家庭暴力。裁定送达后，陈某伟没有申请复议。

（三）典型意义

本案是一起老年人申请人身安全保护令的案件。被申请人陈某伟多次殴打其父母，有病历卡、诊断书及陈某伟自认等证据证明。为维护老年人人身安全和合法权益，法院作出禁止陈某伟对其父母实施家庭暴力的裁定。但陈某某、泮某某要求陈某伟搬离居所的请求，经核查该居所系在村中宅基地上建造，陈某伟享有宅基地份额且在该房屋上有共同建造行为。陈某某、泮某某要求陈某伟搬离居所的请求，不宜在本案中解决，应另行分家析产。法院在向当地村委会、派出所送达裁定书过程中，进行了相关法律宣传，得到村委会和派出所的支持和配合。当地媒体对该案件办理情况进行报道，推动了群众对人身安全保护令的认知和接受。

案例十

刘某申请人身安全保护令案

（一）基本案情

申请人刘某（女）与被申请人李某自 2011 年 11 月开始同居生活，共同居住在以刘某名义申请的廉租房内，双方未办理结婚登记。同居生活期间，李某经常对刘某实施殴打、威胁、跟踪、骚扰行为，并以刘某家属生命安全相威胁。为此，刘某多次向派出所、妇联等相关部门反映情况、寻求保护，相关部门多次组织双方调解并对李某进行批评教育，但李某仍未改变。2016 年，刘某认为李某与其他女子有不正当男女关系，劝解李某回心转意，李某以此为由对刘某发脾气，数次酒后殴打刘某，并扬言提刀砍死刘某。同年 4 月，李某再次以刘某怀疑其有外遇一事，对刘某进行殴打，并持菜刀砍伤刘某。2016 年 9 月 12 日，刘某向重庆市城口县人民法院申请人身安全保护令。

（二）裁判结果

重庆市城口县人民法院经审查后，依法作出裁定：禁止李某实施家庭暴力；禁止李某骚扰、跟踪、接触刘某及其近亲属；责令李某迁出刘某的住所。裁定作出后，李某未申请复议。

（三）典型意义

本案是一起同居者申请人身安全保护令的案件。反家庭暴力法调整的不仅仅是家庭成员之间的暴力行为，还包括不属于家庭成员关系、但基于特殊的亲密关系或因法律规定而产生类似家庭成员之间的权利义务关系的人，比如同居关系当事人。反家庭暴力法第三十七条规定，"家庭成员以外共同生活的人之间实施的暴力行为，参照本法规定执行。"因此，同居者遭受家庭暴力或者面临家庭暴力现实危险的，人民法院也可依当事人申请作出人身安全保护令。